高等职业教育校企合作新形态系列教材——城市轨道交通类

城市轨道交通概论

（第 4 版）（活页式）

主　编　张　凡

副主编　熊　辉　罗　昊　孟　凯　徐　霖

西南交通大学出版社

·成　都·

图书在版编目（C I P）数据

城市轨道交通概论 / 张凡主编. —4 版. —成都：西南交通大学出版社，2021.8（2025.7 重印）
高等职业教育校企合作新形态系列教材. 城市轨道交通类
ISBN 978-7-5643-8184-4

Ⅰ. ①城… Ⅱ. ①张… Ⅲ. ①城市铁路 - 轨道交通 - 高等职业教育 - 教材 Ⅳ. ①U239.5

中国版本图书馆 CIP 数据核字（2021）第 164016 号

高等职业教育校企合作新形态系列教材——城市轨道交通类
Chengshi Guidao Jiaotong Gailun
城市轨道交通概论
（第 4 版）

主编　张　凡

责任编辑　宋浩田
封面设计　何东琳设计工作室

出版发行　西南交通大学出版社
（四川省成都市金牛区二环路北一段 111 号
西南交通大学创新大厦 21 楼）
邮政编码　610031
营销部电话　028-87600564　028-87600533
网址　http://www.xnjdcbs.com
印刷　四川玖艺呈现印刷有限公司

成品尺寸　185 mm × 260 mm
印张　15.5
字数　347 千
版次　2007 年 9 月第 1 版
2011 年 8 月第 2 版
2016 年 8 月第 3 版
2021 年 8 月第 4 版
印次　2025 年 7 月第 21 次
定价　49.50 元
书号　ISBN 978-7-5643-8184-4

课件咨询电话：028-81435775

前言

PREFACE

2019年2月，国务院印发《国家职业教育改革实施方案》（职教20条），进一步明确了职业教育在我国教育体系中的重要地位，提出了深化职业教育改革的路线图、时间表、任务书，文件明确要求，“健全专业教学资源库，建立共建共享平台的资源认证标准和交易机制，进一步扩大优质资源覆盖面。遴选认定一大批职业教育在线精品课程，建设一大批校企‘双元’合作开发的国家规划教材，倡导使用新型活页式、工作手册式教材并配套开发信息化资源。……适应‘互联网+职业教育’发展需求，运用现代信息技术改进教学方式方法，推进虚拟工厂等网络学习空间建设和普遍应用。”2019年10月，教育部启动“十三五”职教国家规划教材建设工作，在《关于组织开展“十三五”职业教育国家规划教材建设工作的通知》（教职成司函〔2019〕94号）中提出，“进一步完善教材编写、审核、选用、更新、管理和服务机制，健全制度体系。建设一大批校企‘双元’合作开发的优质教材，倡导使用新型活页式、工作手册式教材并配套开发信息化资源。”2019年12月，教育部印发《职业院校教材管理办法》，倡导及时吸收比较成熟的新技术、新工艺、新规范等，“开发活页式、工作手册式新形态教材”。新形态教材的建设与普及，被提到一个极为重要的位置。

新形态教材，是以纸质教材为核心，数字化资源、数字课程开发应用相结合的新型教材。它以课程建设为中心，承载了课程建设的所有资源，为教师提供“一条龙”服务，是课程标准、教学计划、课件、习题及答案、模拟试卷、题库、微课、动画等的集合。它满足了信息时代泛在学习需要，广泛适应当下混合式教学、在线学习等泛在教学模式，适应“互联网+职业教育”发展需求，回应“现代信息技术改进教学方式方法”的政策关切，充分发挥了数字化资源价值，实现了教材内容与数字资源建设一体化、教材编写与课程开发一体化、教学与学习过程一体化。

进行新形态教材开发，是现代职业教育教学改革创新的需要；是推进产教融合、专业融合、课程与教学融合的需要；是技术、新工艺、新规范融入教学的需要；是职教云、云课堂等教学工具深入课堂，各类专业教学资源库、精品在线课程建设所带来的海量数字资源应用的需要，是信息技术进步进而在现实场景中深化运用的必然结果。湖北铁道运输职业学院近年来积极结合深化高职院校教育教学改革的诸多要求，紧密联系湖北铁道运输职业学院专业特色和校企合作、订单办学的特点，结合新时期高职在校学生特点，贴合其学习能力、阅读习惯、学习目标、接受习惯等，推动新形态教材开发与建设，《城市轨道交通概论》教材即为我校“校企合作，工学结合”新形态教材建设的系列成果之一。

本教材遵循“知识目标—能力目标—素质目标—案例导入—知识链接—任务小结—课后习题”的编写逻辑，在教学改革的基础上，通过广泛调研论证，以《国家职业标准》规定的岗位需求和职业能力为依据，以工作任务为中心，以理论知识为基础，以实践技能为依托，以案例呈现为特点，以拓展知识为延伸，充分考虑城市轨道交通典型工作岗位的工作特点与教学过程的结合，体现职业教育的特点。全书共分为 7 大项目、25 项工作任务、80 个知识点，且典型案例选取大多来自地铁员工实际工作场景或案例。通过本书的学习和实践操作，可以使学生对城市轨道交通体系和相关工种、设备有一个清晰的认识，培养学生在城市轨道交通车辆设备、供电系统、车站、线路、信号、通信、行车组织、客运组织等方面的专业知识和技术，包括车辆维修、行车调度、车站站长、客运服务等典型岗位的应用技术和实践运用能力。

本教材既可用作高等职业院校城市轨道交通专业学生的专业入门教材，也可作为城市轨道交通行业相关人员在职进修提高和培训教材，亦可供城市轨道交通专业技术人员参考。

本书具有以下特点：

（1）采用项目式教学的形式进行编排，每个项目包括 2 ~ 5 个任务，每个任务下设有“知识目标”“能力目标”“素质目标”“案例导入”“知识链接”“任务小结”和“课后习题”。在任务的编排上遵循由浅入深、从整体到部分、由简单到复杂的原则，且每个项目后面还编排了拓展知识，以扩大视野。

（2）教材注重实用、案例多、观念新，融入和结合了在教学一线的轨道交通专业骨干教师十多年的教学经验和体会，以及从业十多年的地铁运营管理一线员工的亲身经历。

（3）突出职业教育的特色。教材内容的组织围绕职业能力的培养，侧重于实际工作岗位的职业素养与操作技能的培养。

（4）注重城市轨道交通岗位需求和学生职业发展相结合，强调学生知识、能力、素质的培养，满足培养面向城市轨道交通驾驶、检修、供电、通信信号、运营管理等一线岗位需求的高素质技能人才的目标要求。

（5）精心策划了与教材配套的教学资源包，向教师提供课程标准、教学课件、视频、动画、仿真、教学大纲、授课计划、习题及答案、模拟试卷库等，以支持网络化及多媒体等现代化教学方式，有效提高教学质量。

本套教材的编写历经十多年，几经修改，蕴含了湖北铁道运输职业学院长期从事教学一线工作的老师和武汉地铁一线员工的心血，也是校企合作成果的具体体现。本书由湖北铁道运输职业学院张凡任主编，湖北铁道运输职业学院熊辉和罗昊、武汉地铁集团有限公司孟凯和徐霖任副主编。具体分工如下：张凡编写了项目一、项目二、项目四，熊辉编写了项目三，徐霖编写了项目四，罗昊编写了项目五，孟凯编写了项目六和项目七，全书由张凡统稿。

在本书的编写过程中，我们参考了大量的书籍和资料，引用了国内外轨道交通运营企业的一些数据、图片和案例，在此表示衷心的感谢！同时也可能由于我们的疏忽，有些被引用的资料没有列出出处，若有此类情况发生，深表歉意！

由于编者水平有限，加之城市轨道交通领域的技术发展迅速，书中难免有疏漏和错误之处，敬请广大读者批评指正，我们将在后续工作中不断完善。

编者

2023年6月

目录

CONTENTS

项目一　城市轨道交通认知

任务一　了解城市交通与城市轨道交通的基本概念与作用

任务目标

1. 知识目标

（1）了解城市与城市化进程的概念。
（2）掌握城市轨道交通的定义与作用。
（3）掌握城市轨道交通系统的构成。

2. 能力目标

（1）会用专业知识，通过专业书籍、多媒体课件和图片资料获得有帮助的信息。
（2）会口头表达本次任务的知识要点及学习成果。

3. 素质目标

（1）具有良好的职业意识。
（2）能自主学习新知识、新技能。
（3）具有高度的职业责任心和正确的学习态度。
（4）具有较强的信息搜集能力，会查找轨道交通领域的新知识和新的发展动向。
（5）具有团队协作能力和吃苦耐劳的精神。

案例导入

北京地铁（Beijing Subway），是服务于我国北京市的城市轨道交通系统，也是国际地铁联盟（COMET）的17个成员之一，其规划始于1953年，工程始建于1965年，最初于1969年10月1日试运营，于1971年1月15日正式开通运营，使北京成为中国第一个开通地铁的城市。

截至2020年12月31日，北京市轨道交通路网运营线路达24条，总里程727 km，车站428座（包括换乘站64座）。总里程位于中国内地第二名。

截至2019年12月，北京地铁在建线路15条。到2025年，北京地铁将形成有30条运营线路，总长1 177 km的轨道交通网络。

2017 年，北京地铁年乘客量达到 45.3 亿人次，日均客流为 1 241.1 万人次，单日客运量最高达 1 327.46 万人次。

知识链接

一、城市与城市化进程

（一）城市的概念

在历史的长河中，几十亿年的天地造化，诞生了最优秀的“作品”——人类；又经过几万年、几十万年的苦难磨砺，人类创造了自己最优秀的“作品”——城市。

城市是人类社会发展的产物，是仅次于语言的人类第二大文明创造。城市的出现使人们在同自然进行斗争时获得庇护和能量，从而进行更伟大的创造。从古到今城市文明比较发达的国家，在军事、经济、技术、政治等方面都展现出了强大、昌盛、文明和先进。我们今天衡量一个国家发达与否，最重要的标准之一仍然是看这个国家城市化的程度和城市文明的水平。北美、西欧、东亚的一些发达国家，都把发展城市作为重要的国策，所以它们的城市化水平明显高于其他地区的国家。

纵观人类的文明进步，特别是现代文明，包括科技、产业、通信、交通、教育、娱乐等各个方面，都是诞生在城市这个特定的环境之中，城市本身也成为推动整个社会不断前进的巨大动力。故城市随着人类社会的发展而发展，城市是人类社会发展过程和发展水平的主要表现之一，是人类文明的标志。

对城市的定义，从常识上来讲，是一个既容易又很难回答的问题。因为即使是没有受过教育的人，包括儿童在内，也能描绘出城市与农村的不同之处，也能准确无误地告诉别人哪儿是城市，哪儿是乡村。但要从理论上给城市下一个确切的定义却相当困难。国内外许多百科全书都对城市下过定义，历史名人也都有精辟的见解，可到现在还没有一条非常细致、严格的界线或标准可以告诉人们：这就是城市。所以说，城市是一种很难确切定义的实际存在，不仅因为其外观的不同表现，还有对其在不同文化背景下的不同理解。

对于城市的定义，世界各国的学者有不同的理解和看法。有的偏重于城市的地理形态概念，有的偏重于城市功能与职能内涵。德国地理学家克里斯塔勒的见解——“城市在空间上的结构是人类社会经济活动在空间的投影”最具影响。

综合各方面的见解，现代城市大致包含了以下主要特征：

（1）在一定的土地面积上聚集着相当数量的主要从事第二、第三产业的非农业人口。

（2）地理位置往往处于交通便利的地方，是一个国家或一个地区的经济、政治、军事、文化、社会、科技、交通中心。

（3）人与自然协调发展的空间体现与时间过程。

（4）节奏快、容量大、因素多的动态平衡体系。

（5）人类生产力与生产关系、经济基础与上层建筑激烈碰撞运动的表现空间，从而推动人类社会前进的最活跃社会形态。

（6）不以人的意志为转移，是社会发展的自然过程，遵循人类文明发展的必然规律。

（二）城市的发展

迄今为止，城市已经有的 5 000 年以上的历史。最早的城市雏形是随着私有制的产生，即剩余产品的产生，从而形成的商品交易的地方——“市”，以及因为两极分化带来的战争而需要的防御工事——“城”。在此之前，人类在原始社会漫长的岁月中，只有依附自然条件的穴居、巢居形式。

在奴隶社会向封建社会进化的过程中，城市形态渐趋成熟，有了完整的城墙以区分城市与乡村；有了较清晰的功能分区，如政治、居住、商业、手工业、殡葬等。尤为重要的是具有较完善的交通，交通的主体——道路既供行人与车辆通行，又起到隔离功能区的作用。城市的布局有明显的功能区分，特别是有了完善的道路交通体系，是城市发展的重大转折。在这一时期，由于中国封建社会的形成早于欧洲及其他大陆地区，因此，当时中国的城市发展已成较大规模。

18 世纪 60 年代，蒸汽机在欧洲被发明并导致第一次工业革命，大量破产农民涌进城市，刺激了城市工业发展与城市形态扩展，带来了资本主义社会阶段的城市快速发展，从而使欧洲大陆城市发展超越了中国城市发展。著名的《雅典宪章》明确了城市的四大功能：工作、居住、交通、游憩，城市发展进入有规划、功能全、条件好、效率高的“社会经济聚核体”。从而出现了诸如科学城、港口城、商业城、旅游城、赌城等专业分工明显的专门化城市，也出现了众多的综合性多功能中心城市，更多的则是大量涌现的、规模不一的、特征各异的各类城市，更重要的是形成了世界城市化趋势。

一般而言，城市规模发展遵循“自由村落—中心村—镇—小城市—中等城市—大城市—特大城市—超级大都市—城市带—城市圈—城市群”的规律。在此过程中，遵循“优胜劣汰”规律，兴衰迥异。

（三）城市化进程

在城市发展的过程中，随着城市个数的不断增加，城市人口的急剧增加，出现了一个人类社会发展的大趋势——城市化。所谓城市化是指人口由分散的农村向城市集中的社会进步过程。

由于城市（尤其是大城市）具有极强的吸引力和多种优势（主要表现为聚集效应优势）：人口集中使信息流通加快，时间节省，费用降低，距离缩短，效率提高，竞争加剧；产业分工明确使专业化水平提高，高新技术发展，生产成本降低，经济效益提高。因此，虽然城市同时具有环境污染严重、交通拥挤、居住条件差、社会问题多等弊端，但仍然挡不住人口向城市流动的大势，无法阻挡乡镇向城市发展的趋势，城市发展的高级阶段——城市化也就成为必然。

目前，世界范围内人口向城市集中，城市化步伐加快。在世界城市化的进程中，有三个特征比较明显：

（1）城市人口增长速度超过总人口增长速度，这是城市化趋势的主要基础条件与特征。

（2）城市化水平与该地区经济发展水平相关，表明城市化发展是人类社会经济发展的产物。

（3）发展中国家的城市化发展基础差，但发展速度高于发达国家。发达国家城市化水平已达到较高指数值（如城市人口占总人口比例已达 70% 以上），因此，发展速度相对趋于平缓，而发展中国家城市化进程迅速，但其中的问题较多。

中国的城市化发展经历了一个曲折反复的过程,从封建社会时期世界领先水平，到半殖民地半封建时期落后于资本主义国家。在中华人民共和国成立后的很长一段时间内，因种种主客观因素经历了“正常发展—逆城市化—快速发展”的过程。进入 21 世纪，随着社会和经济建设的发展，中国城市发展迅速，城市数量猛增，城市化水平不断提高，并形成了以经济为纽带的若干城市群。

所谓城市群是在特定的区域范围内云集相当数量的不同性质、不同类型和等级规模的城市，以一个或两个特大城市为中心，依托一定自然的环境和交通条件，城市之间的内在联系不断加强，共同构成一个相对完整的城市“集合体”。国家“十一五”规划纲要明确提出要把城市群作为推进城镇化的主题形态。未来我国将在已形成城市群发展格局的京津冀、长江三角洲、珠江三角洲基础上，发展以武汉为中心的长江中游城市群，以济南、青岛为中心的山东半岛城市群，以沈阳、大连为中心的辽中南城市群，以郑州、洛阳为中心的中原城市群，以福州、厦门为中心的海峡西岸城市群，以成都、重庆为中心的川渝城市群，以西安为中心的关中城市群等十大城市群。

历史证明，城市是人类活动的中心和社会进步的重要标志，随着经济的发展和科技的进步，城市化进程及城市群的出现是必然的趋势。

二、城市交通的作用与组成

（一）城市交通在城市发展中的地位及作用

城市交通是城市形成与发展的产物，是为城市服务的最重要的基础设施。城市内人员的流动、物质的运输是依靠城市交通来完成的。城市交通肩负着市民日常生活必需的衣食住行中“行”的任务，直接展示了城市的面貌和活力，体现着城市的承载能力。城市交通作为城市社会经济发展的纽带和命脉，与城市的形成、发展和兴衰紧密相连。考察城市化发展历程，不难发现，一方面，城市社会经济的发展产生不断增长的交通需要，诱发城市交通便捷程度的提高；另一方面，城市交通的发展吸引更多的客流向城市集中，进一步促进了城市社会经济的发展。这两者具有一种明显的相互作用关系。从现代城市的发展趋势看，交通对城市尤其是对大城市的发展具有极其重要的作用。其主要理由如下：

（1）城市交通是城市生存与发展的必要条件，是城市正常运转的“供血系统”，相适应则城市兴，不适应则城市衰。

（2）城市交通是城市内外联系的通道，是城市的主要组成部分。

（3）城市交通是城市生活的主要组成部分，市民交通出行的时间、内容、影响均占全部生活的重要部分。

（4）城市交通是城市布局的框架，交通既保证城市布局优化合理的可能，又是科学合理完善城市布局的主要构架依据。

（5）城市交通是城市运转的润滑剂，高效畅通的交通将使城市的运转高速顺畅。

（6）城市交通是城市现代化水平的标志之一，交通系统的水平直接表现了城市现代化水平。

（7）城市交通是城市化组合的纽带，现代化的交通系统是城市带、城市圈、城市群等城市组合的主要形成及发展条件。

总之，城市交通在城市发展的进程中始终是一个最活跃的因素，其发达的水平不仅对城市化水平提升具有质的含义，而且也是许多城市形成发展的动力。既有因依靠它发展起来的城市，也有因失去它而衰落的城市。城市交通能给城市带来动力，是城市开发的工具。正如马克思所言："没有现代的交通，就没有繁荣的城市"。

（二）城市交通系统的主要构成

城市交通系统的主要构成框架如图 1.1 所示。

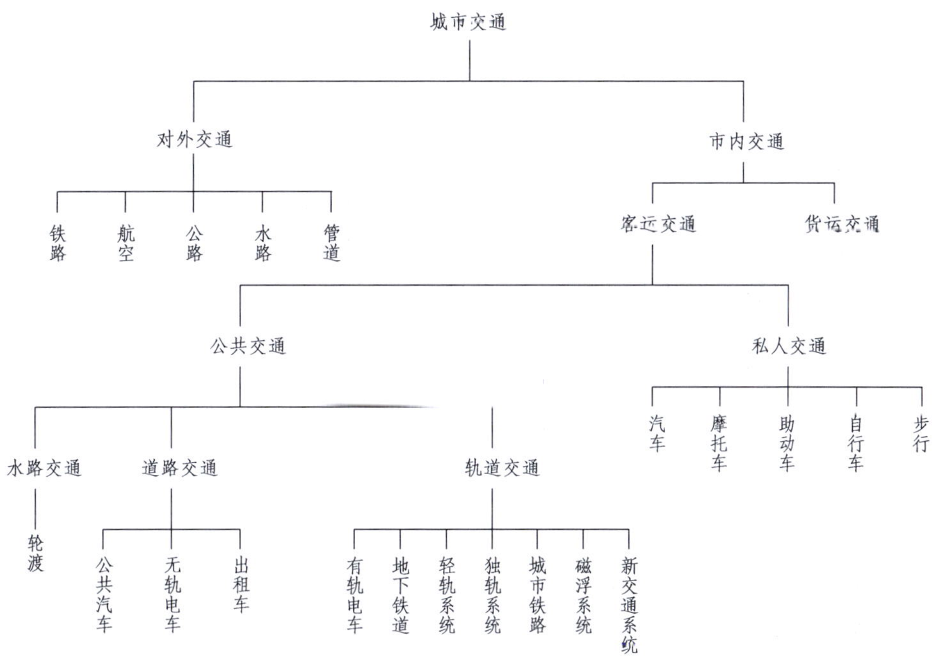

图 1.1　城市交通系统的主要构成框架

（三）传统城市交通存在的问题

随着世界各国城市化的发展和我国城市化进程的不断加快，先在国外，后在国内，出现了城市人口密集、交通拥堵、环境（空气）污染严重、能源匮乏、居民出行的时间长、出行难等所谓"城市病"。城市交通问题成为困扰城市发展的难题之一，是城市肌体难以治愈的"顽症"。之所以城市交通问题成为困扰城市发展的主要问题，其根本原因是传统城市交通的发展方式存在着严重的弊端，具有不可持续性。尤其是第二次世界大战以后，发达国家城市交通发展进程几乎就是一个不断满足机动化（尤其是小汽车）发展要求的过程，机动车拥有水平几乎成了所有战略性和实施性决策的基本前提；而在发展中国家，机动化也成为城市决策者追求的目标，成为“现代化”衡量的标准。为了提高机动性，必须不断增加道路设施的供给。但“亚当斯定律”却告诉我们：新的道路建设降低了出行时耗，但同时引发新的出行需求，经过一段时间后将最终恢复原来的拥挤水平，并由此提出了交通需求总大于交通供给的著名论断。而且从普遍意义上说，道路的“生产”速度始终跟不上汽车的生产速度，因为汽车可以通过流水线生产，道路却不能；汽车可以进口，道路却不能。城市土地资源是有限而且宝贵的，不可能完全用以修建道路。因此，这种立足于供给的思维形成了一个供给与需求之间的恶性循环，即道路拥挤—公众要求增加运输能力—能力增加—旅行容易—刺激城市延伸—平均旅程增加—旅行量增加—进一步拥挤，由此导致城市交通失衡，堵塞严重和环境污染，给城市经济、社会、环境和文化发展产生巨大的副作用。

在我国，虽然城市交通事业的发展，有效地保障了城市经济发展和社会进步，但城市交通建设滞后，城市交通用地被挤占，交通体系不健全，道路功能不完善，路网结构、客运结构不合理，城市交通管理体制不顺，管理水平较低等问题严重影响了城市的社会经济发展。我国很多大中城市的交通现状是：

（1）交通阻塞，行车速度缓慢，就连新兴城市深圳也不例外。交通拥堵造成公交服务水平日益下降，客运效益越来越差，造成大量自行车重新涌上街头，出租汽车、私人轿车不断增加，有限的城市道路不堪重负。在 2007 年 3 月 21 日召开的深圳市第四届人大三次会议分组审议会上，深圳市长就有呼吁市民放慢买车步伐的情况。

（2）我国城市传统的混合用地模式，即步行、自行车、低运输量的公共交通工具为主的出行方式，限制了城市客流的疏散。各种车辆混行在道路上，导致交通秩序混乱，交通事故频发。

（3）一些大城市环境形势日益严峻，大气污染日益加剧。机动车排放的尾气是造成大气污染的元凶。

引起城市交通阻塞的主要原因是道路面积少，人口密集、客流量大，缺乏科学的现代化交通管理。

传统城市交通发展模式已很难从根本上摆脱拥挤—缓和—再拥挤的恶性循环。重新认识城市交通发展规律，寻求城市交通的可持续发展道路，就成为世界所有城市开始关注的问题。发展以公共交通为主的城市交通体系，优化城市交通结构，研发耗能少，有利于环保的交通工具，走可持续发展之路，是解决城市交通拥挤问题的有效和根本途径，现已成为广泛共识，并将是 21 世纪世界城市交通发展的必然趋势。

三、城市轨道交通的定义与作用

城市轨道交通很早就作为公共交通在城市中出现。随着科学技术提高和城市化发展，大运量的轨道交通在现代大城市中起着越来越重要的作用。经济发达国家城市的交通发展历史告诉我们，只有采用大客运量的城市轨道交通（地铁和轻轨）系统，才是从根本上改善城市公共交通状况的有效途径。

（一）城市轨道交通的定义

城市中使用车辆在固定导轨上运行并主要用于城市客运的交通系统称为城市轨道交通。在我国国家标准《城市公共交通常用名词术语》中，将城市轨道交通定义为“通常以电能为动力，采取轮轨运输方式的快速大运量公共交通的总称”。

城市轨道交通是指具有固定线路，铺设固定轨道，配备运输车辆及服务设施等的公共交通设施。“城市轨道交通”是一个包含较大范围的概念，在国际上没有统一的定义。一般而言，广义的城市轨道交通是指以轨道运输方式为主要技术特征，是城市公共客运交通系统中具有中等以上运量的轨道交通系统（有别于道路交通），主要为城市内（有别于城际铁路，但可涵盖郊区及城市圈范围）公共客运服务，是一种在城市公共客运交通中起骨干作用的现代化立体交通系统。

城市轨道交通以其大载客量、快捷、准时、安全、环保而成为解决交通拥挤的最有效手段。城市公共交通的轨道化程度已成为一个城市现代化的重要标志之一。城市轨道交通经历了自 1863 年以来近一个半世纪的发展，其技术成熟、安全可靠、形式多样、用途广泛，已成为城市交通的骨干。

（二）城市轨道交通在城市公共交通的地位与作用

（1）城市轨道交通是城市公共交通的主干线，客流运送的大动脉，是城市的生命线工程。建成运营后，将直接关系到城市居民的出行、工作、购物和生活。

（2）城市轨道交通是世界公认的低能耗、少污染的“绿色交通”，是解决“城市病”的一把金钥匙，对于实现城市的可持续发展具有非常重要的意义。

（3）城市轨道交通是城市建设史上最大的公益性基础设施，对城市的全局和发展模式将产生深远的影响。为了建设生态城市，应把摊大饼式的城市发展模式改变为伸开的手掌形模式，而手掌状城市发展的骨架就是城市轨道交通。城市轨道交通的建设可以带动城市轨道交通廊道沿线的发展，促进城市繁荣，形成郊区卫星城和多个副部中心，从而缓解城市中心人口密集、住房紧张、绿化面积小、空气污染严重等城市通病。

（4）城市轨道交通的建设与发展有利于提高市民出行的效率，节省时间，改善生活质量。国际知名的大都市由于轨道交通十分发达且方便，人们出行很少驾驶私人车辆，主要依靠地铁、轻轨等轨道交通，故城市交通秩序井然，市民出行方便、省时。

四、城市轨道交通的主要技术特性

（一）城市轨道交通有较大的运输能力

城市轨道交通由于高密度运转，列车行车时间间隔短，行车速度高，列车编组辆数多而具有较大的运输能力。单向高峰每小时的运输能力最大可达到 6 万～8 万人次（市郊铁路），地铁达到 4 万～6 万人次，轻轨 1 万～4 万人次，有轨电车能达到 1 万人次，城市轨道交通的运输能力远远超过公共汽车。据文献统计，地下铁道每公里线路年客运量可达 100 万人次以上，最高达到 1 200 万人次，如莫斯科地铁、东京地铁、北京地铁等。城市轨道交通能在短时间内输送较大的客流，据统计，地铁在早高峰时 1 h 能输送全日客流的 17%～20%，3 小时能输送全日客流的 31%。

（二）城市轨道交通具有较高的准时性

城市轨道交通由于在专用行车道上运行，不受其他交通工具干扰，不产生线路堵塞现象并且不受气候影响，是全天候的交通工具，列车能按运行图运行，具有可信赖的准时性。

（三）城市轨道交通具有较高的速达性

与常规公共交通相比，城市轨道交通由于运行在专用行车道上，不受其他交通工具干扰，车辆有较高的运行速度，有较高的启、制动加速度，多数采用高站台，列车停站时间短，上下车迅速方便，而且换乘方便，从而可以使乘客较快地到达目的地，缩短了出行时间。

（四）城市轨道交通具有较高的舒适性

与常规公共交通相比，城市轨道交通由于运行在不受其他交通工具干扰的线路上，城市轨道车辆具有较好的运行特性，车辆、车站等装有空调、引导装置、自动售票等直接为乘客服务的设备，城市轨道交通具有较好的乘车条件，其舒适性优于公共电、汽车。

（五）城市轨道交通具有较高的安全性

城市轨道交通由于运行在专用轨道上，没有平交道口，不受其他交通工具干扰，并且有先进的通讯信号设备，极少发生交通事故。

（六）城市轨道交通能充分利用地下和地上空间

大城市地面拥挤、土地费用昂贵。城市轨道交通由于充分利用了地下和地上空间的开发，不占用地面街道，能有效缓解由于汽车大量发展而造成道路拥挤、堵塞，有利于城市空间合理利用，特别有利于缓解大城市中心区过于拥挤的状态，提高了土地利用价值，并能改善城市景观。

（七）城市轨道交通的系统运营费用较低

城市轨道交通由于主要采用电气牵引，而且轮轨摩擦阻力较小，与公共电、汽车相比节省能源，在早期从节能的角度来看，其运营费用较低。

（八）城市轨道交通对环境低污染

城市轨道交通由于采用电气牵引，与公共电、汽车相比不产生废气污染。由于城市轨道交通的发展，还能减少公共汽车的数量，进一步减少了汽车的废气污染。由于在线路和车辆上采用了各种降噪措施，故一般不会对城市环境产生严重的噪声污染。

五、城市轨道交通系统的构成

城市轨道交通是一个多专业多工种配合工作、围绕安全行车这一中心而组成的，有序联动、实时性极强的复杂系统。

城市轨道交通系统包括线路、车辆、供电、通信、运营调度、自动售检票、客运服务、安全保障等诸多专业，各专业中又分别包含机械、电气、控制、自动化、计算机等多项工种。所有这些专业和工种必须有效联动，才能确保城市轨道系统的正常运营。而各专业在城市轨道交通中，又发挥着不可替代的作用。例如，列车是运送乘客的载具，但必须在已铺设完成的轨道线路上才能行驶。列车行驶依靠的是供电专业提供的电源。为保证列车行驶安全，必须有畅通及时的通信系统和准确无误的信号系统作为保障。乘客进出站购票、上下列车都需要客运人员提供车站服务等。

由此可见，只有城市轨道交通系统涉及的各专业都能确保各自工作正常，才能使城市轨道交通发挥作用。根据城市轨道交通工作目标和服务对象的不同，可以将城市轨道交通涉及的专业分为设备保障和运营管理两大类。

（一）设备保障类

设备保障类的最大特点是为运营管理提供设备和技术保障，它们一般不直接与乘客见面。各专业利用技术先进、性能可靠、操作简便的专业设备，为城市轨道交通实现安全运送乘客的既定目标提供可靠的物质保障。设备保障主要包括以下内容。

1. 线路工程

城市轨道交通采用的是电力驱动的轮轨系统，所以线路既是列车运行的支撑，也是电动列车驱动电路的组成部分，所以线路专业可以被称作是整个乘客运送系统的基础。在城市轨道交通系统中，一般将隧道、桥梁、车站建筑、监护等纳入线路工程的子系统。

2. 车　辆

车辆作为运送乘客的载具，车辆的性能直接决定了运送乘客目标的实现质量。在乘坐城市轨道交通时，乘客不是在车站就是在列车上，乘客在途中的安全有赖于列车的安全运行。列车行进速度直接决定了乘客到达的快捷和准点，车厢载客量、车厢硬件设备则决定了乘客出行过程的乘坐舒适度。

3. 通信系统

通信系统的任务是建立一个能实现系统内指挥调度及公务业务联系的通道。例如，为乘客提供运营信息，为公安部门提供视频和无线资源，为消防管理部门提供无线资源等。有线通信系统和无线通信系统是通信系统的两个子系统。

4. 信号系统

信号是信息的表现形式，信息是信号的具体内容，可以认为信号是信息传递的一种手段，城市轨道交通通过信号实现行车指挥和列车运行现代化，保证列车运行的安全，提高运输的效率。此外，信号系统还需要利用信号将运营信息告知乘客，实现客流组织和完成运送乘客的任务。

5．供电系统

电力是城市轨道交通正常运行的能源，由国家电网供电。供电系统不仅为城市轨道交通电动列车提供牵引用电，还为照明通风、空调、电梯防灾报警、通信、信号等运营服务设施提供电能。安全可靠又经济合理的供电系统是城市轨道交通正常运营的重要前提，因此必须保证城市轨道交通供电系统正常运行，以免危及相关人员生命安全或造成重大财产损失。

6．车站机电设备

车站机电设备包括车站自身的硬件设备系统和为乘客服务的设备系统两大类。属于前者的有车站火灾自动报警系统（Fire Alarm System，FAS）、车站环境与设备监控系统（Building Automation System，BAS）、车站给排水系统、车站低压配电及照明系统等，属于后者的有车站通风系统、车站空调系统、自动售检票系统（Automatic Fare Collection，AFC）、自动扶梯系统、站台屏蔽门（Platform Screen Door，PSD）系统等。车站机电设备的完好率将直接决定车站的安全和乘客所直接感受到的舒适、方便、安全程度，因此，车站机电设备系统虽然不直接决定城市轨道交通的运营质量，但能充分体现城市轨道交通的服务质量，应给予充分重视。

（二）运营管理类

运营管理类的工作目标是为乘客提供安全、快捷、准点、方便和尽可能舒适的出行工具。所以，凡是直接涉及乘客出行的专业和工种，均应纳入运营管理范围。

1．行车管理

行车管理主要负责对系统内所有列车的运行管理。城市轨道交通列车的运行是按运行图进行调度的，所以编制运行图、下达行车命令、突发事件时的行车调整、有关行车组织的即时命令发布等均是行车管理系统的工作职责。

（1）主要工种。

主要工种包括运营调度、设备调度、车站值班员、电动列车驾驶员等。

（2）主要工种的岗位和主要职责。

① 运营调度、设备调度：一般集中在线路调度中心，负责全线的行车指挥。

② 车站值班员：岗位在车站，负责按运行图或调度命令，对途经车站的列车进行正常行车操作或调整，对车站客流进行组织或疏导。

③ 电动列车驾驶员：岗位在列车上，除了负责驾驶列车运送乘客外，还要通过列车广播、车厢显示屏等平台为乘客提供服务。当列车突发故障时，电动列车驾驶员更要承担安全疏导乘客的任务。

2．客运管理

客运管理是“对乘客运送全过程的管理，是直接面向乘客的重要服务系统。系统服务对象是广大乘客群”，专业宗旨是“为乘客提供优质服务”，专业评价标准是“乘客满意度”。

客运管理又包含两个重要子系统，即客流组织和客运服务。前者主要是组织乘客有序流动，后者是为乘客提供优质服务。

车站服务员（简称站务员）是服务提供者，其岗位在车站，车站服务员是乘客在出行过程中唯一能接触到的城市轨道交通工作人员，因此乘客会通过服务人员的言行举止对轨道交通运营企业的工作质量进行评判。随着城市轨道交通系统自动化技术的不断提高，目前已实现了乘客“自助式出行”的目标，也就是乘客可以靠车站提供的各类信息指示，在“无人服务”的情况下自主完成出行。

3．乘务管理

城市轨道交通列车乘务员通常指城市轨道交通列车司机，其工作岗位处于城市轨道交通运营的第一线，肩负着保证行车安全的主要责任。因此，如何合理安排乘务员作息时间、制定值乘方案、分配人员、教育培训及安全监督显得尤为重要。这些管理制度和措施的制定不仅要与实际运营相结合，而且要有一定的科学依据作保障，做到在人员精简高效的同时确保运营的安全。

4．票务管理

制定票价等运营政策，以及对车票制作、车票出售、入站检票、出站检票、补票、罚款等营运信息进行有效的管理是票务管理的主要内容。只有通过安全、可靠和完备的自动售检票系统才能有效地实施票务的清分和结算，所以票务管理也是票务收入和结算的基础。

另外，城市轨道交通系统中安全运营始终是第一要务。广大乘客的生命安全、设备的运行安全、突发事件时的人员疏散和事故处理，以及反恐、防恐的措施制定和实施都属于安全管理的工作范畴。从工作性质分，安全管理分为乘客和员工的人身安全管理、运行和服务设备设施的安全管理和突发事件时的应急处置三方面内容。

任务小结

本任务介绍了城市化进程的概念，阐述了城市交通与城市轨道交通的作用与城市轨道交通体系的构成。通过本任务的学习，学生需了解城市、城市交通、城市轨道交通之间的关系，了解城市轨道交通的技术特征，掌握城市轨道交通的定义、作用及城市轨道交通系统的构成。

课后习题

一、选择题

1. 下列哪项不是城市轨道交通的范畴。（　　）

A. 有轨电车　　B. 航空运输　　C. 城市铁路　　D. 独轨交通

2. 城市轨道交通是以________为动力，采取轮轨运输方式的快速大运量公共交通的总称。（　　）

A. 太阳能　　B. 风能　　C. 机械能　　D. 电能

二、简答题

1. 何谓城市化？简述中国的城市化进程。
2. 什么是城市轨道交通？它在城市交通中处于何种地位？
3. 城市轨道交通的主要技术特性有哪些？
4. 城市轨道交通体系的构成有哪些？

任务二　熟悉城市轨道交通的主要类型

任务目标

1. 知识目标

（1）了解城市轨道交通的分类方式。
（2）熟悉城市轨道交通的主要类型。
（3）掌握城市轨道交通的主要类型的特点。

2. 能力目标

（1）会用专业知识，通过专业书籍、多媒体课件和图片资料获得帮助信息。
（2）会口头表达本次任务的知识要点及学习成果。

3. 素质目标

（1）具有良好的职业意识。
（2）能自主学习新知识、新技能。
（3）具有高度的职业责任心和正确的学习态度。
（4）具有较强信息收集能力，会查找轨道交通常见类型的新知识点和发展方向。
（5）具有团队协作能力和吃苦耐劳的精神。

案例导入

上海地铁（Shanghai Metro）是指服务于中国上海市和上海大都市圈的城市轨道交通系统，是世界范围内线路总长度最长的城市轨道交通系统，是国际地铁联盟（COMET）成员之一。第一条线路上海地铁 1 号线于 1993 年 5 月 28 日正式运营，其开通使上海成为中国内地第三座开通地铁的城市。截至 2021 年 1 月 23 日，上海地铁运营里程为 772 km，位于中国内地第一名。

截至 2020 年 12 月，上海地铁运营线路共 19 条（含磁浮线），共设车站 459 座（含磁浮线 2 座），运营里程共 772 km（含磁浮线 29 km）。

截至 2020 年 12 月，上海地铁在建线路共有 2 条，分别为 14 号线和 18 号线一期剩余段，在建里程共 97 km。根据规划，上海市城市轨道交通 2030 年线网总长度约 1 642 km，其中地铁线 1 055 km，市域铁路 587 km。

截至 2019 年 6 月，上海地铁最高日客运量为 2019 年 3 月 8 日出现的 1 329.4 万人次。2020 年，上海地铁日均客运量 776.62 万人次，总客运量达到 28.34 亿人次。

知识链接

城市轨道交通种类繁多，技术指标差异较大，世界各国评价标准不一，并无严格的分类。由于城市轨道交通在世界范围内发展较快，地区、国家、城市的不同，服务对象的不同等，使城市轨道交通发展成为多种类型。目前尚无十分统一的分类标准，不同的分类方法，可以分出不同的结果。

若按容量（运送能力），可分为高容量、大容量、中容量和小容量；若按导向方式，可分为轮轨导向和导向轨导向；若按线路架设方式，可分为地下（水下）、高架和地面；若按线路隔离程度，可分为全隔离、半隔离和不隔离；若按轨道材料，可分为钢轮钢轨系统和橡胶轮混凝土轨道梁系统；若按牵引方式，可分为旋转式直流、交流电机牵引和直线电机牵引；若按运营组织方式，可分为传统城市轨道交通、区域快速轨道交通和城市（市郊）铁路。

城市轨道交通按运能范围、车辆类型及主要技术特征可分为有轨电车、地下铁道、轻轨交通、城市（市郊）铁路、独轨交通、自动导轨交通、磁浮交通七类。现分述如下。

一、有轨电车

旧式有轨电车（Tram 或 Streetcar）是使用电力牵引、轮轨导向、1～3 辆编组运行在城市路面线路上的低运量轨道交通系统。新的有轨电车编组达到了 5～7 辆。有轨电车如图 1.2 所示。

图 1.2　有轨电车

有轨电车是最早发展的城市轨道交通之一，一般设在城市中心，穿街走巷运行，具有上下车方便的特点。

有轨电车起源于城市公共马车，为了多载客，人们把马车放在铁轨上。随着电动机的发明和牵引电力网的出现，世界上第一条有轨电车线于 1888 年 5 月在美国弗吉尼亚州里士满市开通。到 20 世纪 20 年代，美国的有轨电车总长达 2.5 万千米。到 20 世纪 30 年代，欧洲、日本、印度和我国的有轨电车有了很大发展。1908 年 3 月 5 日，我国第一条有轨电车线在上海南京路上建成通车，随后北京、天津及东北一些城市相继修建了有轨电车，这在当时的城市公共交通中发挥了重要作用。

旧式有轨电车单向运输能力一般在 1 万人次/小时以下，通常采用地面路线，与其他车辆混合运行，运行速度一般在 10 ~ 20 km/h。旧式有轨电车由于运能、挤占道路、噪声等问题，在 20 世纪五六十年代，世界上各大城市纷纷拆除有轨电车线路，改建运量大的地铁或轻轨交通。我国的有轨电车在 20 世纪 50 年代末已被拆得所剩无几，仅大连、长春和鞍山 3 座城市将其保留。大连还对有轨电车进行了改造，使其成为城市的一张名片。

旧式有轨电车已停止了发展，基本上完成了它的历史使命。经改造后的现代有轨电车与性能较差的轻轨交通已很接近，只是车辆尺寸稍小一些，运营速度接近 20 km/h，单向运能可达 2 万人次/小时。截至 2015 年 4 月，中国大陆已开通并进行有轨电车运营的城市有 8 个，分别是长春、大连、沈阳、天津、上海、南京、苏州和广州。其中，长春和大连是全国仅剩的 2 个保留了老式有轨电车的城市。

在已开通有轨电车的城市中，沈阳和苏州的运营线路已成网。天津泰达和上海张江的有轨电车制式相同，都来自法国劳尔公司，是采用胶轮导轨的制式车辆，运行于人流量较少的开发区；南京和苏州使用的是中国南车浦镇车辆有限公司的 100% 低地板电车，技术来源于加拿大轨道巨头庞巴迪；广州在 2015 年 3 月份开通运行的有轨电车，是全国首个采用超级电容供电的有轨电车。

截止 2021 年 7 月，中国内地包括沈阳、大连、长春、天津、上海、苏州、南京、青岛、广州、淮安、珠海、武汉、深圳、北京、成都、佛山、天水、三亚、抚顺、嘉兴、昆明在内的 21 个城市的有轨电车已投入运营，共计 37 条线路，总运营里程 482.7 km。

二、地下铁道

地下铁道简称地铁（Metro/Underground Railway/Subway），是城市快速轨道交通的先驱，如图 1.3 所示。

图 1.3　地铁

地铁是由电力牵引、轮轨导向、轴重相对较重、具有一定规模运量、按运行图行车、车辆编组运行在地下隧道内，或根据城市的具体条件，运行在地面或高架线路上的快速轨道交通系统。地铁的运能，单向为 3 万人次/h，最高可达 6 万 ~ 8 万人次/h。最高速度可达 90 km/h（巴黎的深层高速地铁速度可达 120 km/h，韩国首尔将建设时速 200 km 的大深度高速地铁），旅行速度可达 40 km/h 左右（巴黎和首尔的深层高速地铁旅行速度分别达到 60 km/h 和 120 km/h），可以 4 ~ 10 辆的方式编组。车辆运行最小间隔可低于 1.5 min。驱动方式有直流电机、交流电机、直线电机等。地铁造价昂贵，每千米投资为 3 亿 ~ 6 亿元人民币。地铁有建设成本高、建设周期长的弊端，但同时又具有运量大、安全、准时、节省能源、不污染环境、节省城市用地的优点。地铁适用于出行距离较长、客运量需求大的城市中心区域。一般认为，人口超过百万的大城市就应该考虑修建地铁。地铁的主要技术参数如表 1.1 所示。

表 1.1　地铁主要技术参数

顺序	项　目	技术参数	顺序	项　目	技术参数
1	高峰小时单向运送能力/人	30 000 ~ 70 000	9	安全性和可靠性	较好
2	列车编组	4 ~ 8 节、最多 11 节	10	最小曲线半径/m	300
3	列车容量/人	3 000	11	最小竖曲线半径/m	3 000
4	车辆构造速度/（km/h）	80 ~ 100	12	舒适性	较好
5	平均运行速度/（km/h）	30 ~ 40	13	城市景观	无大影响
6	车站平均间距/m	600 ~ 2 000	14	空气污染、噪声污染	小
7	最大通过能力/（对/h）	30	15	站台高度	一般为高站台，乘降方便
8	与地面交通隔离率/%	100			

地下铁道由于大部分线路在地下或高架通行，因此技术水平要求较高，可靠性和安全性要求也高。地铁系统与国家干线铁路一样，主要由线网、轨道、车站、车辆、通信信号等设备构成，要求各部门能够有机结合，协同动作，最大限度地完成输送任务。

三、轻轨交通

轻轨（Light Rail Transit，LRT）是在有轨电车的基础上改造发展起来的城市轨道交通系统。轻轨是反应在轨道上的荷载相对于铁路和地铁的荷载较轻的一种交通系统。轻轨交通是个比较广泛的概念，国际公共交通联合会（UITP）关于轻轨运营系统的解释文件中提到：轻轨交通是一种使用电力牵引、介于标准有轨电车和快运交通系统（包括地铁和城市铁路），用于城市旅客运输的轨道交通系统。如图 1.4 所示。

图 1.4　武汉轻轨

轻轨交通原来的定义是指采用轻型轨道的城市交通系统，目前国内外都以客运量或车辆轴重的大小来区分地铁和轻轨。轻轨是指运量或车辆轴重稍小于地铁的快速轨道交通。在我国《城市轨道交通工程项目建设标准》（试行本）中，把每小时单向客流量为 0.6 万～3 万人次的轨道交通定义为中运量轨道交通，即轻轨。

轻轨交通一般采用地面和高架相结合的方法建设，路线可以从市区通往近郊。列车编组采用 3～6 辆，铰接式车体。由于轻轨交通采用了线路隔离、自动化信号、调度指挥系统和高新技术车辆等措施，最高速度可达 60 km/h，克服了有轨电车运能低、噪声大等问题。

由于轻轨交通具有投资少（每公里造价 0.6 亿～1.8 亿元人民币）、建设周期短、运能高、灵活等优点，因此发展很快。目前，无论是发达国家，还是发展中国家，轻轨交通方兴未艾。各国纷纷根据自己的国情，制定相应的轻轨交通发展战略和模式。纵观各国情况，大致有以下三类发展模式：一是改造旧式有轨电车为现代化的轻轨交通。这种模式以德国、苏联及东欧各国为典型代表。二是利用废弃铁路线路改建成轻轨路线。这种方式以美国圣迭戈轻轨交通为代表，欧洲也有类似的情况，如瑞典的哥德堡、德国的卡尔・马克思州也都采用这一方式。我国上海明珠线一期工程、武汉轨道交通 1 号线一期工程也属于这种方式。三是建设轻轨交通新线路的方式。对有些城市而言，修建轻轨交通要比修建地铁更经济实惠，因此，诸如马尼拉、鹿特丹、中国香港等城市都相继新修了轻轨交通。

经过 100 多年的发展，轻轨已形成 3 种主要类型：钢轮钢轨系统、线性电机牵引系统和橡胶轮轻轨系统。

（1）钢轮钢轨系统即新型有轨电车，是应用地铁先进技术对老式有轨电车进行改造的成果。

（2）线性电机牵引系统（Linear Motor Car）是由线性电机牵引、轮轨导向、车辆编组运行在小断面隧道及地面和高架专用线路上的中运量轨道交通系统。20 世纪 80 年代，加拿大成功地开发了线性电机驱动的新型轨道交通车辆。它采用线性电机牵引、径向转向架和自动控制等高新技术，综合造价节约近 20%。它与轮轨系统兼容，便于维护救援，具有较大的爬坡能力。线性电机技术在加拿大、日本、美国都取得了较大的成功，由此研制的线性电机列车也投入了使用。线性电机列车在我国的广州和北京也有应用。由于线性电机列车具有车身矮、重量轻、噪声低、通过小半径曲线和爬坡能力强等优点，可以轻便地钻入地下，爬上高架，是地下与高架接轨的理想车型。以线性电机作动力，其意义还在于它引起了轨道车辆牵引动力的变革。

（3）橡胶轮轻轨系统采用全高架运行，不占用地面道路，具有振动小、噪声低、爬坡能力强、转弯半径小、投资较少等优点。

在我国的许多大中城市，经济基础薄弱是制约交通建设的主要因素，选择经济合理而且符合我国人口众多这一国情的交通模式是当务之急。轻轨交通既免除了地铁的昂贵投资，又具有中运量的特点，特别是其建设标准低于地铁，因而其国产化进程容易推进。轻轨交通是适合我国大中城市，特别是中等城市的轨道交通运输方式。

四、城市（市郊）铁路

所谓城市铁路，指的是建在城市内部或内外结合部，线路设施与干线铁路基本相同，服务对象以城市公共交通客流，即短途、通勤旅客为主。

城市铁路通常是分成城市快速铁路和市郊铁路两部分。城市快速铁路是指运营在城市中心，包括近郊城市化地区的轨道系统，其线路采用电气化，与地面交通大多采用立体交叉。市郊铁路是指建在城市郊区，把市区与郊区，尤其是与远郊联系起来的铁路。市郊铁路一般和干线铁路设有联络线，设备与干线铁路相同，线路大多建在地面，部分建在地下或高架。其运行特点接近于干线铁路，只是服务对象不同。

市郊铁路是城市铁路的主要形式。市郊铁路是伴随着城市规模的扩大、卫星城的建设而发展起来的，通常使用电力牵引和内燃牵引，列车编组多在 4 ~ 10 辆，最高速度可达 100 ~ 120 km/h。市郊铁路运能与地铁相同，但由于站距较地铁长，旅行速度超过地铁，可达 40 km/h 以上。

我国的大城市一般也是干线铁路的枢纽。由于市郊铁路尚没有形成方便快捷的市郊联络走廊，而且在我国，铁路与城市公共交通分属不同的部门，条块分隔，难以协调统一，因此，市郊铁路的发展还很缓慢。随着我国城市化进程的加速，城市圈、城市群的出现，我国铁路应借鉴法国国营铁路公司积极介入巴黎城市公共交通的成功经验，不局限于城际间铁路运输这一种模式，积极向城市交通领域进军，大力发展城市轨道交通，尤其是市郊铁路的建设。

五、独轨交通

独轨交通也称作单轨交通（Monorail），是指通过单一轨道梁支撑车厢并提供导引作用而运行的轨道交通系统，其最大特点是车体比承载轨道要宽。以支撑方式的不同，独轨交通通常分为跨座式和悬挂式两种：跨座式是车辆跨座在轨道梁上行驶；悬挂式是车辆悬挂在轨道梁下方行驶，如图 1.5 所示。

图 1.5　悬挂式和跨座式独轨交通

独轨交通是采用一条大断面轨道并全部为高架线路的轨道交通。跨座式轨道由预应力混凝土制作，车辆运行时走行轮在轨道上平面滚动，导向轮在轨道侧面滚动导向。悬挂式轨道大多由箱形断面钢梁制作，车辆运行时走行轮沿轨道走行面滚动，导向轮沿轨道导向面滚动导向。

独轨交通的车辆采用橡胶轮，电气牵引，最高速度可达 80 km/h，旅行速度 30～35 km/h，列车可采用 4～6 辆编组，单向运送能力 1 万人次/h 至 2.5 万人次/h。

独轨交通历史悠久，早在 1821 年英国人 P. H. Dalmer 就开发了独轨铁路，并因此获得发明专利。1888 年，法国人在爱尔兰铺设了约 15 km 的跨座式独轨铁路，采用蒸汽机车牵引，从此有动力的独轨交通走向实用化阶段，但因为车厢摇摆、噪声大等原因，1942 年这条线路停止运营。1893 年，德国人 Langen 发明了悬挂式独轨车辆，1901 年在伍珀塔尔开始运营，线路长 13.3 km，其中 10 km 跨河架设，成为利用街道上空建设独轨铁路的先驱。这条线路至今仍在使用，成为该市的一个历史景观。

随着科学技术的进步，独轨交通技术日臻成熟，轨道、车辆和通信信号都有了很大发展，再加上独轨交通可以利用道路和河流的上方空间，独轨技术受到一定的重视。特别是 1958 年研制出跨座式、混凝土轨道和橡胶充气轮胎的独轨交通制式，即目前所称的 ALWEG 型。美国、日本、意大利等许多国家都建设了这种形式的独轨交通，其中日本建成多条独轨交通系统，是使用独轨交通最多的国家。

我国首条跨座式独轨交通线路是在有“山城”之称的重庆修建的。重庆轨道交通 2 号线一期工程于 2005 年 6 月 18 日重庆直辖 8 周年之际正式通车。独轨客车技术是从日本引进的。跨座式独轨交通十分适合重庆市道路坡陡、弯急、路窄的地形特点，同时由于结构轻巧、简洁，易融于山城景色取得较好的景观效果。

重庆轻轨交通 3 号线，是重庆市开通的第 3 条轨道交通线。3 号线于 2007 年 4 月 6 日动工，线路横跨巴南、南岸、渝中、江北、渝北五区，并与重庆北站、江北国际机场、重庆汽车客运南站（南坪站）对接，成为重庆南北方向交通的主动脉。2011 年 12 月 30 日，江北国际机场到南坪二塘段通车，3 号线 1、2 期全长共计 39 km；

2012 年 12 月 28 日，南延伸段通车运营，3 号线全长达到 55.5 km。建成后极大地缓解了重庆的交通拥堵状况，并且作为重庆最长的一条单轨线路，已超越日本大阪高速铁道，成为世界上最长的跨座式单轨交通线路。

六、自动导轨交通

自动导轨交通（Automated Guideway Transit，AGT）是一个模糊的概念，不同国家和城市对此都有不同的理解，目前还没有统一和严格的定义。广义上认为，AGT 是那些所有现代化新型公共交通方式的总称。狭义上自动导轨交通则定义为：由电气牵引，具有特殊导向、操作和转向方式的胶轮车辆，单车或数辆编组运行在专用轨道梁上的中小运量轨道运输系统。图 1.6 所示为广州自动导向交通——APM 专线。

图 1.6　APM 专线

在自动导轨交通中车辆在线路上可在无人驾驶的状态下自动运行，车站无人管理，完全由中央控制室的计算机集中控制，自动化水平高。自动导轨交通与独轨交通有许多相同之处，最大的区别在于该系统除有走行轨外，还设有导向轨，故自动导轨交通也称为自动导轨交通。自动导轨交通的导向系统可分为中央导向方式和侧面导向方式，每种方式又可分为单用型和两用型。所谓单用型是指车辆只能在导轨上运行，两用型则指车辆既可在导轨上运行，又可以在一般轨道上行驶。

自动导轨交通最早出现在美国，当初多为一种穿梭式往返运输乘客的短距离交通工具，曾被称为“水平电梯”或称为“空中巴士”“快速交通”。在逐渐发展成一种城市客运交通工具后，一般称为“客运系统”（People Mover System）。后来日本和法国又作了进一步的技术改进和发展，使其成为城市中的一种中运量客运交通系统。日本称为自动导轨交通（意指含有高度自动化新技术的交通系统），以区别于其他各种交通运输工具。法国称为 VAL 系统，名称来源于轻型自动化车辆（Vehicle Automatique Leger）的法文字母字头的拼音，也有一种说法 VAL 一词的来历是线路起始地名字头缩写。

自动导轨交通自 1963 年由美国西尼电气公司研发面世后，在世界许多地方被逐渐推广采用，尤其是日本和法国无论是技术还是规模都处于领先的地位。目前，世界各地已有几十条规模不等，用途不同，具体构造也有所不同的自动导轨交通线路。

日本有 10 条线路，日本将高架独轨和自动导轨交通看做现代化的象征，故从 1976 年起做出规定，自动导轨交通可使用国家的财政资助，因而促进了自动导轨交通的发展。

目前，我国内地尚无自动导轨交通。我国台湾地区的台北市 1994 年建成，1996 年 3 月投入运营的木栅线（中山中学—木栅动物园），线路全长 10.8 km，其中高架线 10 km、地下线 0.8 km，采用 VAL 制式，属中运量自动导轨交通。香港 20 世纪 90 年代后期建设的新机场从登机厅到机场主楼，为接运旅客也建成了一条长约 1 km 采用 VAL 制式的自动导轨交通。

城市轨道交通经过较长时间的发展，不同运量等级的线路有不同形式的交通系统适应，在同一等级线路上，有多种交通形式可供选择。表 1.2 列出了上述六种轨道交通系统的主要特征。

表 1.2　各种城市轨道交通系统主要特征

类型	系统分类	列车轴重/t	列车长度/m	最大坡度	曲线半径/m	运行速度/（km/h）	适宜运距	适宜运量/（万人次/h）
大运量	钢轮钢轨系统	≤16	100～190	35‰～40‰	＞300	35～40	中长运距	3～6
	钢轮钢轨	≤14	＜100	35‰～40‰	100～200	35～40		2～6
中运量	直线电机钢轮钢轨	≤8	＜100	60‰	70	40	短、中运距	
	轻轨车钢轮钢轨	≤11	＜60	35‰～40‰	＞80	18～25		1～3
	胶轮单轨跨座系统	≤11	＜100	60‰	＞50	30～40		0.8～1
	胶轮导向 AGT 系统	≤8		60‰	＞25	25		1.0
低运量	索道空客系统			80‰	25～40	35	短运距	0.8～1
	有轨电车	≤8	60	60‰	25～50	15～18		

注：封闭形式，除轻轨车钢轮钢轨为半封闭、有轨电车为全地面外，其他均为全封闭。

七、磁浮交通

磁浮交通（Maglev Transportation System）是一种非轮轨黏着传动，悬浮于地面的交通运输系统。磁浮列车是利用常导磁铁或超导磁铁产生的吸力或斥力使车辆浮起，用以上的复合技术产生导向力，用直线电机产生牵引动力，使其成为高速、安全、舒适、节能、环保、维护简单、占地少的新一代交通运输工具。

磁浮列车从悬浮机理上可分为常导电磁悬浮（EMS）、超导电动悬浮（EDS）及永磁补偿悬浮三种。常导电磁悬浮就是对于车载的、置于导轨下方的悬浮电磁铁通电励磁而产生磁场，悬浮电磁铁与轨道上的铁磁性构件相互吸引，将列车向上吸起悬浮于轨道上，悬浮间隙一般为 8～10 mm，通过控制悬浮电磁铁的励磁电流来保证稳定的悬浮间隙。导向原理与悬浮原理相同，是通过车辆下部侧面的导向电磁铁与轨道侧面的导向轨道磁铁相互作用，实现水平方向的无接触导向。列车的驱动是通过直线电机来实现的。由于电磁式悬浮是采用普通导体通电励磁，故又称为常导磁浮。因为常导电磁式悬浮技术的悬浮高度较低，因此对线路的平整度，路基下沉量及道岔结构方面的要求较高。

最新的常导电磁式磁浮列车以德国的 Transrapid（简称 TR）08 型和日本的 HSST100L 型为代表。常导电磁浮列车根据其原理既可设计为高速（400 ~ 500 km/h），如德国的 TR 型；也可设计为低速（100 km/h 左右），如日本的 HSST 型。

超导电动磁浮就是当列车运动时，车载磁体（一般为低温超导线圈）的运动磁场在安装于 U 形线路两侧的悬浮线圈中产生感应电流，两者相互作用，产生一个向上的磁力将列车悬浮于路面一定高度（一般为 100 ~ 150 mm）。由于电动悬浮是利用安装在车辆上的超导线圈，故又称为超导电动悬浮。有低温（热力学温度 4.2 K）超导和高温（热力学温度 77.4 K）超导之分。导向与悬浮在原理上是相同的，只是使左、右线圈产生的力的方向相差 180°，因而相对车辆中心线的任何左右位移将产生恢复力，即导向力。列车的驱动也是靠直线电机来实现的。与常导电磁式悬浮相比，超导电动悬浮系统在静止时不能悬浮，必须达到一定速度（约 150 km/h）后才能起浮。超导电动式悬浮系统在应用速度下，悬浮间隙较大，对线路的要求不是十分严格。超导电动悬浮式磁浮列车以日本的 MLX 型超导磁浮列车为代表

永磁悬浮技术是采用“永磁补偿式悬浮技术”研制出来的磁浮交通系统，在中国和美国等国家均有研究。永磁悬浮技术是利用轨磁与翼磁形成斥悬浮工作机构，补磁与导磁板轨形成吸悬浮工作机构，两者协同工作提供悬浮力，实现永磁悬浮列车的运行。永磁悬浮具有悬浮能力大、耗能低、控制简捷、安全可靠、技术实现方式成本低的特点。永磁补偿悬浮系统以中国大连磁谷科技研究所拥有完全自主知识产权的低速暗轨磁悬浮技术验证车“中华 01 号”和高速吊轨磁悬浮验证车“中华 06 号”为代表。

我国磁浮交通的研究始于 20 世纪 80 年代，西南交通大学、国防科技大学都诞生不少研究成果。

2003 年 1 月，我国第一辆磁悬浮列车（购自德国）在上海开始运行，其外形如图 1.7 所示。

图 1.7　上海磁悬浮列车

它是一条高速常导磁浮商业运营线，2015 年 10 月，我国首辆具有完全自主知识产权的中低速磁悬浮列车在长沙磁浮线成功试跑，并于 2016 年 5 月 6 日开通进行试运营，该线路起点站为长沙高铁南站，终点站为黄花机场，全长

18.55 km，是目前世界上最长的中低速磁浮商业运营线，列车悬浮系统的核心技术由西南交通大学提供，磁浮列车运行速度为 100 km/h，能适应试验线各种曲线及坡道的要求。

任务小结

本任务介绍了城市轨道交通的分类方式，阐述了城市交通七种主要类型的特征。通过本任务的学习，学生需了解城市轨道交通的分类方式，掌握其主要类型及其特征，区分它们的异同点。

课后习题

一、选择题

1. 按容量分，轻轨属于（　　）的轨道交通。
   A. 高容量　　B. 大容量　　C. 中容量　　D. 小容量
2. 适应修筑独轨交通的城市具有以下特征：（　　）。
   A. 土地资源丰富　B. 道路平直　C. 坡陡弯急　D. 经济落后
3. 关于自动导轨交通，哪些说法是不对的。（　　）
   A. 具有特殊导向功能　　B. 设有导向轨
   C. 可无人驾驶自动运行　　D. 属于大运量的轨道交通
4. 我国首条采用跨座式独轨交通的城市是（　　）。
   A. 成都　　B. 重庆　　C. 武汉　　D. 南京

二、简答题

1. 城市轨道交通的主要类型有哪些？
2. 地铁与轻轨有何相同？有何不同？
3. 独轨交通有何特点？有哪些类型？

任务三　了解城市轨道交通的起源与发展

任务目标

1. 知识目标

（1）掌握世界轨道交通的起源与发展。

（2）掌握我国城市轨道交通的发展。

2. 能力目标

（1）会用专业知识，通过专业书籍，多媒体课件和图片资料获得帮助信息。
（2）会口头表达出本次任务的知识要点及学习成果。

3. 素质目标

（1）具有良好的职业意识。
（2）能自主学习新知识、新技能。
（3）具有高度的职业责任心和正确的学习态度。
（4）具有较强信息搜集能力，会查找轨道交通领域的新知识和新的发展。
（5）具有团队协作能力和吃苦耐劳的精神。

案例导入

伦敦地铁（London Underground）是英国伦敦的城市轨道交通系统，它是世界上第一条地铁，于 1863 年 1 月 10 日建成通车。地铁车辆在伦敦市中心地底运行，至郊区在地面运行，其中地面运行线路占 55%。伦敦地铁在英文中别称 The Tube（管子），名称来源于车辆在像管道一样的圆形隧道里行驶。

截止 2019 年，伦敦已经建成总长 408 千米的地铁网，其中 160 千米在地底，共有 12 条线路、275 个运作中的车站，每日载客量平均高达 304 万人。2004 至 2005 年度总载客人次为 9.76 亿。按照线路长度计算，它总长 408 千米，是世界上第四长的地铁网络，仅次于上海地铁、北京地铁和广州地铁。

2003 年起，伦敦地铁成为伦敦交通局的一部分，该公司同时运营市内巴士（包括伦敦著名的红色双层公共汽车）及伦敦地上铁系统。伦敦地铁是国际地铁联盟的成员之　。

知识链接

一、世界城市轨道交通的起源与发展

（一）城市轨道交通的起源

法国人巴斯卡于 1662 年在巴黎首创无轨公共马车，它有固定路线和班次，由此诞生了城市公共交通。无轨马车虽然是城市公共交通的先驱，但它缓慢、颠簸、不舒适，且容易造成街道的车辆拥挤及阻塞。

把马车放在钢轨上行驶，可以提高速度及平稳性，还可以利用有多匹马组成的马队来提高牵引力，增大车辆规模，降低运输成本及票价。1827 年，世界上第一条有轨马车出现在纽约百老汇大街上，1832 年由写作为动力的城市街道铁路（有轨马车）在美国纽约的第 4 大街正式运营。从 1855 年开始有轨马车大规模地替代公共马车，在美国及欧洲迅速扩展，至 1890 年总的轨道里程达到 9 900 km。

虽然有轨马车比公共马车相比有了很大的改进，但随着城市人口及车辆的增加，在平交道口出现了交通的阻塞，这种情况在较大城市非常普遍。交通的拥堵使人们想到了将交通线路往地下发展，以便很好地解决客流膨胀与土地紧张的问题。19世纪中叶的英国伦敦，交通十分拥堵。1843年，有“地铁之父”之称的英国律师查尔斯·皮尔逊建议修建地铁。经过20年的酝酿和建设，世界上第一条快速轨道交通地下线（地铁）于1863年1月10日在伦敦正式运营，它标志着城市轨道交通在世界上的诞生。用明挖法施工的伦敦地铁，通车时采用蒸汽机车牵引，线路全长6.5 km。由于列车在地下隧道内运行，尽管隧道里烟雾熏人，但当时的伦敦市民甚至皇亲显贵们都乐于乘坐这种地下列车，因为在拥挤不堪的伦敦地面街道上乘坐公共马车，其条件和速度还不如地铁列车。

世界第一条地下铁道的诞生，为人口密集的大都市如何发展公共交通提供了宝贵的经验。特别是线路仅6.5 km的伦敦地铁，第一年就运载了950万乘客，为解决城市交通的拥堵树立了成功的典范。1879年，电力驱动的机车研制成功，使地下客运环境和服务条件得到了空前的改善，地铁建设显示出强大的生命力。世界上知名大都市和其他城市纷纷仿效伦敦修建地铁。从此，城市交通进入了轨道交通时代。

（二）世界城市轨道交通的发展

自1863年伦敦开通世界上第一条地铁以来，至2010年，城市轨道交通的发展已有147年历史。已有近50个国家的330余座城市修建了城市轨道交通，线路总长度达数万公里。各大城市的地铁、轻轨、城市铁路、新型城市轨道交通都得到了很好的发展，为城市的客运交通和经济发展做出了重要的贡献。

世界城市轨道交通的发展经历了一个曲折的过程，大致可分为以下几个阶段。

1. *初步发展阶段*（1863—1924年）

在这一阶段，欧美的城市轨道交通发展较快，其间13个城市建成了地铁，还有许多城市建设了有轨电车。20世纪20年代，美国、日本、印度和中国的有轨电车有了很大发展。这种旧式的有轨电车行驶在城市的道路中间，运行速度慢，正点率很低，而且噪声大，加速性能低，乘客舒适度差，但在当时仍然是公共交通的骨干。

2. *停滞萎缩阶段*（1924—1949年）

第二次世界大战的爆发和汽车工业的发展，导致了城市轨道交通的停滞和萎缩。汽车由于其灵活、便捷及可达性，一度成为城市交通的宠儿，得到飞速发展。而轨道交通因投资大，建设周期长，一度失宠。这一阶段只有五个城市发展了城市地铁，有轨电车则停滞不前，有些线路被拆除。美国1912年已有370个城市建有有轨电车，到了1970年，只剩下8个城市保留了有轨电车。

3. *再发展阶段*（1949—1969年）

汽车过度增加，使城市道路异常堵塞。行车速度下降，严重时还会导致交通瘫痪。加之空气污染，噪声严重，石油资源被大量耗费，市区汽车有时甚至难以找到停车地方，于是人们又重新认识到解决城市客运交通必须依靠电力驱动的轨道交通。

轨道交通因此重新得到了重视，而且逐步扩展到日本、中国、韩国、巴西、伊朗、埃及等国家，这期间有 17 个城市新建了地铁。

4．高速发展阶段（1970 年至今）

世界上很多国家都确立了优先发展轨道交通的方针，立法解决城市轨道交通的发展资金来源。世界各国城市化的趋势，导致人口高度集中，要求轨道交通高速发展以适应日益增加的客流运输，各种技术的发展也为轨道交通奠定了良好的基础。近几年又有四十几个城市修建了地铁、轻轨或其他轨道交通。

世界各国的地铁各具特色。莫斯科地铁是世界上最豪华的地铁，有欧洲“地下宫殿”之称。天然的料石、欧洲的传统灯饰与莫斯科气势恢弘的各类雕塑交相辉映，简直是一座艺术的博物馆。市区 9 条地铁线路纵横交错，充分体现当时苏联城市交通规划和建筑业的一流水平。纽约是当今世界地铁运行线路最长的城市，其线路有 37 条，全长 432.4 km，车站多达 498 个，设施较为陈旧。巴黎地铁是世界上最方便的地铁，每天发出 4 960 列车，在主要车站的出入口均设有电脑显示应乘的线路、换乘的地点等，一目了然。巴黎地铁也是世界上层次最多的地铁，包括地面大厅共有 6 层（一般地铁仅为 2～3 层）。法国里尔地铁是当今世界最先进的地铁，全部由微机控制，无人驾驶，轻便、省钱、省电，车辆行驶中噪声、振动都很小，高峰时每小时通过 60 列车，是世界上行车间隔最短的全自动化地铁。美国旧金山地铁是当今世界地铁列车速度之冠。我国香港地铁 1994 年总收入 51.3 亿港元，扣除经营开发、折旧、利息和财务开支后，当年利润 10.38 亿港元。世界各国地铁均靠政府补贴，唯独我国香港地铁既解决了市区出行，同时又可创利。新加坡地铁车站和线路清洁明亮，一尘不染，是世界上最安全、最清洁、管理最好的地铁。新加坡地铁像莫斯科地铁一样考虑了战时的防护掩蔽，车站出入口均设置有防护门、密闭门等防护设施。

二、我国城市轨道交通的发展

我国城市轨道交通的发展可以划分为早期有轨电车交通和现代城市轨道交通两个阶段。

（一）有轨电车交通时代

我国有轨电车起源于 20 世纪初至 20 世纪 50 年代，这段时间我国有轨电车交通发展达到了高峰。北京、上海、天津、哈尔滨、长春、大连、鞍山等诸多城市都建成了多条有轨电车。有轨电车在我国城市交通中发挥了历史性的作用。

由于有轨电车与城市发展的诸多矛盾，我国有轨电车同国外一样，从 20 世纪 50 年代开始逐步拆除。至今，只有大连、长春等极少数城市保存了有轨电车并进行了改造，使之与现代城市交通的发展相适应。

（二）现代城市轨道交通时代

我国现代城市轨道交通是以 1965 年 7 月 1 日开工建设的北京地铁为开端发展至今的，其间大致经历了以下五个阶段。

1．起始阶段

该阶段是以 1965 年开始建设、1969 年 10 月 1 日建成通车的全长 23.6 km 的北京地铁（北京站—苹果园站）和 1970 年开始兴建、1976 年建成通车的全长 5.2 km 的天津地铁（新华路站—西南角站）为代表。

这一阶段地铁的规划与建设，除了实现城市的客运功能，更重要的是考虑满足人防战备的需要。

2．开始建设阶段

这一阶段以北京地铁 1 号线完全建成（复八线建设和 1 号线改造）、上海地铁 1 号线（上海火车站—莘庄）、广州地铁 1 号线（西朗站—广州东站）的建成为标志。在这一阶段随着改革开放和经济体制改革的逐步深入，城市交通需求剧增，导致道路交通供给能力严重不足，交通供需矛盾突出，成为制约城市社会经济发展的一个重要因素。为适应城市发展的需要、缓解城市交通的紧张状况。从 20 世纪 90 年代开始，我国政府加大了对城市交通基础设施的投入，强调轨道交通对解决城市交通问题和引导城市发展的作用。从此，发展大容量轨道交通方式的理念开始显现，我国开始了城市轨道交通的建设阶段。这一阶段除地铁建设外，以上海明珠线一期工程为代表的轻轨交通也开始建设。

3．建设高潮阶段

随着我国经济的发展和城市化进程的加快，我国城市的规模和人口数量在不断扩大，城市交通问题更加突出。城市交通问题的解决必须依赖公共交通的发展，大城市及特大城市还必须建设一个以轨道交通系统为骨干，以公共交通为主体，多种交通方式相互协调的综合交通系统，这已成为各城市的共识。同时，经济的快速发展也为发展城市轨道交通奠定了雄厚的物质基础。自 20 世纪末至 21 世纪初，我国城市轨道交通进入快速发展的建设高潮阶段。

在这一阶段，城市轨道交通的建设具有以下特点。

1）兴建城轨道交通的城市迅速增多

截至 2005 年，全国已开通城市轨道交通的城市有北京、上海、天津、广州、长春、大连、重庆、武汉、深圳、南京这 10 个城市，共计 20 条线路，运营线路总长 444 km。全国 48 个人口百万以上的大城市中已有 20 多个城市开展了城市轨道交通建设的前期工作，初步统计规划建设 55 条线路，长约 1 700 km，总投资近 6 000 亿元。除上述 10 个开通了轨道交通的城市外，已开工建设的还有沈阳、成都、西安、杭州、哈尔滨、苏州、青岛等城市。我国总计有 33 个城市正在建设和筹建轨道交通，城市轨道交通处于良好的快速发展阶段。

2）城市轨道交通的网络化

目前，我国部分城市的轨道交通建设出现网络化的发展。北京、上海、天津、广州等城市均在建和筹建多条城市轨道交通线路，形成纵横交错、相互沟通连接的网络交通体系。

3）城市轨道交通类型的多元化

目前，我国的城市轨道交通已不再是单一的地铁交通。北京建成了市郊城市铁路交通；天津建成了滨海快速轨道交通；大连、长春、武汉建成了轻轨交通；重庆建设了跨座式单轨交通；上海开通了常导高速磁悬浮交通；广州出现了直线电机驱动的列车。城市供电系统不仅有第三轨供电，而且还有架空线接触网供电形式。轨道交通类型呈多元化发展。

4）城市轨道交通的现代化

随着城市轨道交通建设的发展，以车辆为代表的技术体系也实现了现代化。通过国际技术交流合作，引进先进技术，实现设计制造技术的现代化。在提升技术水平的同时，也促进了国产化的进程。

4．建设调整阶段

在我国城市轨道交通的发展过程中，值得指出的是，从 1995 年到 1998 年，由于地铁建设发展迅猛，有部分城市不顾地方经济实力，盲目上马建设轨道交通项目，速度过快、过猛。还有的城市盲目追求高标准，忽视了是否适合本城市的实际情况，使城市轨道交通建设带有很大的盲目性。针对工程造价高（每千米地铁造价接近 7 亿元人民币）、车辆需全部引进、大部分设备需大量引进等问题，1995 年国务院办公厅 60 号文通知，除上海地铁 2 号线项目外，所有地铁建设项目一律暂停审批，并要求做好发展规划和国产化工作。2002 年 10 月中旬国务院冻结了近 20 个城市的地铁立项，委托中国国际工程咨询公司对国内的地铁项目做全面的调查分析，准备出台一系列有关地铁项目审批的新政策，加大地铁项目的宏观调控力度。从 1995 年到 1998 年近 3 年时间，国家没有审批城市轨道交通项目，轨道交通的建设与发展经历了一段曲折的历程。

5．蓬勃发展阶段

我国的城市轨道交通建设在经历了早期建设、高速发展、建设调整等曲折过程后，正步入稳步、持续、有序的蓬勃发展阶段。

《国家中长期科学和技术发展纲要》明确提出构建以城市轨道交通为骨架的城市公共综合交通体系，我国城市轨道交通建设在“十一五”期间迎来真正的建设高潮。

国家“十一五”规划提出轨道交通“超前规划、适时建设”。有条件的大城市和城市群地区要把轨道交通作为优先发展领域。在国家政策的指导下，特别是在面对全球金融危机，国家投巨资拉动内需，加强基础设施建设的经济方针指导下，今后一段时间将是我国内地城市轨道交通的快速发展时期，其建设规模为世界罕有。“十一五”期间轨道交通的建设速度远远超过过去十年的建设历程。

随着我国经济社会的不断发展和进步，我国城市轨道交通将会快速发展。在肯定我国轨道交通长足发展的同时，我们也应清醒地看到，轨道交通的发展目前仍存在一些问题。主要表现在四个方面：一是城市轨道交通规模小，财务效益差，对经济社会发展的“瓶颈”制约仍较严重，高峰期运输紧张问题突出，路网规模总量、结构仍然有待提高和改善；二是在城市交通问题日益尖锐，大城市交通拥堵，路网结构不够合理的状况下，大城市快速大容量的轨道交通方式发展仍较缓慢；三是城市群快速发展，城际旅游客流量不断增加，城际间交通运输能力愈来愈不适应，城际间大容量、高效、低污染和节省资源的轨道交通建设滞后；四是国产化率偏低，有待进一步提高。

为了实现我国轨道交通的可持续发展，2003 年，国务院办公厅出台了《关于加强城市快速轨道交通管理的通知》(国办发〔2003〕81 号)，对城市轨道交通的建设进行严格的控制管理。根据通知的要求，人口规模、交通需求和经济水平将是衡量一个城市能否建设轨道交通的三大基本要素，缺一不可。城市轨道交通的建设应坚持“量力而行、规范管理、稳步发展”的方针。

展望未来，轨道交通作为一种与我国国情和资源禀赋相适应的交通运输方式，发展前景十分广阔。

任务小结

本任务介绍了世界城市轨道交通的起源与发展和我国城市轨道交通的发展概况，通过学习，学生可以全方位了解城市轨道交通的历程，了解当今城市轨道交通的发展方向，积累自己将来投身的事业相关的知识。

课后习题

一、选择题

1. 世界上第一条快速轨道交通地下线(地铁)于(　　)年在伦敦正式运营。
   A. 1825　　B. 1863　　C. 1924　　D. 1949
2. 我国第一条地铁是在(　　)兴建的。
   A. 广州　　B. 上海　　C. 北京　　D. 天津
3. 我国第一条地铁是(　　)年开始建设的。
   A. 1924　　B. 1949　　C. 1965　　D. 1976
4. 在我国，把有轨电车作为城市名片保留的是(　　)。
   A. 上海　　B. 广州　　C. 大连　　D. 武汉
5. 我国城市轨道交通蓬勃发展是从(　　)开始的。
   A. 1949 年　　B. 1969 年
   C. “十五期间”　　D. “十一五期间”

二、简答题

1. 世界城市轨道交通是如何发展起来的？
2. 简述我国城市轨道交通的建设与发展历程。

拓展知识

世界地铁标志

“地铁”在全球大多数国家中都叫作Metros（只有很少一部分国家的地铁叫作Subway、underground、U-Bahn、T-bana或者其他），大多数地铁都会把LOGO标志设置在入口或者印在车厢、路线图和车票上。地铁的标志多少都和Metros中的M有关。

我们看到世界各国的地铁LOGO有各种各样的设计，大多以字母M和地铁横切面为原型来设计。一些城市里，LOGO代表着整个地铁系统；而另一些城市里，LOGO只代表某一条线路或者负责某一线路的公司。所以有些城市的地铁只有一个LOGO，如德国、意大利、西班牙，德国的地铁LOGO是一个蓝色的U，意大利是红色的M，而西班牙则是红色的C；而有些城市里的地铁LOGO有很多个，如俄罗斯，在俄罗斯，地铁LOGO大多使用代表莫斯科英文Moscow的红色斜体M。

地铁作为城市的重要的交通工具，每天运载着不同的人到达城市的不一角落。地铁标志（见表1.3）作为城市地铁的形象和符号，出现在城市每个角落。其实它本身代表的就是城市的特色，它是城市精神的物化，同时也是城市实力的一种展示。

表1.3　世界主要国家的城市及我国部分城市地铁标志

城市名称	地铁标志	城市名称	地铁标志	城市名称	地铁标志
巴　黎		巴塞罗那		布拉格	
开　罗		阿姆斯特丹		华盛顿	
洛杉矶		迈阿密		墨西哥城	
华　沙		里约热内卢		东　京	
雅　典		巴西利亚		伊斯坦布尔	
哥本哈根		洛　桑		里斯本	
北　京		香　港		广　州	

续表

城市名称	地铁标志	城市名称	地铁标志	城市名称	地铁标志
深　圳		天　津		南　京	
沈　阳		杭　州		石家庄	
兰　州		无　锡		温　州	
武　汉		西　安		上　海	
贵　阳		南　宁		福　州	

项目二　城市轨道交通车辆与车辆基地

任务一　了解城市轨道交通车辆

任务目标

1. 知识目标

（1）了解车辆选型的原则。

（2）掌握车辆的特点及分类。

（3）掌握车辆编组中各符号的含义。

2. 能力目标

（1）会用专业知识，通过专业书籍、多媒体课件和图片资料获得帮助信息。

（2）会口头表达本次任务的知识要点及学习成果。

3. 素质目标

（1）具有良好的职业意识。

（2）能自主学习新知识、新技能。

（3）具有高度的职业责任心和正确的学习态度。

（4）具有较强信息搜集能力，会查找轨道交通车辆领域的新知识和新的发展动向。

（5）具有团队协作能力和吃苦耐劳的精神。

案例导入

武汉地铁（Wuhan Metro），又称武汉轨道交通，是服务于中国湖北省武汉市的城市轨道交通。截至 2020 年 11 月，武汉地铁运营线路共 9 条，分别是 1 号线、2 号线、3 号线、4 号线、6 号线、7 号线、8 号线、11 号线、阳逻线，总运营里程 360 km。其中，1、2、3、4 号线车辆均采用 B 型车，不设驾驶室紧急通道。车门上方均采用动态 LCD 液晶屏线路图（1 号线车辆有一半车门上方没有），并均采用直流 750 V 接触轨下部受电方式，每列车首、尾两节为带驾驶室的拖车，其余为动力车。列车均可实现自动驾驶和无人驾驶，通常采用自动驾驶模式，列车开关门及启动列车仍由司机手动控制。列车运行过程中司机在驾驶室内只负责监视各项仪表是否正常及监视轨道区间是否正常，不用操控列车速度，若发现轨道区间有异常时可以紧急停车。列车均设车钩吸能防撞、防爬器，驾驶室设吸能防撞三级安全装置，其中车钩吸能防撞装置和驾驶室防撞吸能装置均是利用两列车的作用力防止驾驶室直接撞在一起，以保障司乘人员安全；防爬器装置则可以防止列车相撞时因出轨而重叠在一起。

武汉地铁 6、7、8、11 号线和阳逻线车辆均采用 A 型车，有驾驶室逃生门。车门上方均采用动态 LCD 液晶屏线路图，其中 6 号线采用 DC 1 500 V 接触网受电方式，7、8、11 号线和阳逻线采用 DC 1 500 V 第三轨受电方式，每列车首、尾两节为带驾驶室的拖车，其余为动力车。

一、城市轨道交通车辆概述

（一）车辆的特点

车辆是轨道交通系统中完成乘客运输任务的直接工具，它具有以下特点：

1．载客能力强

城市轨道交通车辆作为城市公共交通工具，主要在市内和市郊运行，客流量大而集中，乘客上下频繁，高峰时会超载。一辆大型地铁车辆载容量可达 350 人/辆。

2．动力性能好

城市轨道交通车辆作为城市公共交通工具，因站距短，车辆在最高速度下运行是困难的，所以需要有较高的启动加速度和制动减速度，以达到启动快、停车制动距离短，提高车辆平均速度的目的。

3．安全可靠性强

设备先进，故障率低，稳定性可靠性强，突发情况下适应性强。

4．环境条件好

随着生活水平的提高，人们对乘车舒适性的要求越来越高，城市轨道交通的悬挂系统比传统铁路的要求高，照明、空调、座椅、扶手的设置都考虑到了乘客的舒适性，并改善了司机的工作条件，同时，在降噪方面也采取了多种有效措施。

5．灵活的牵引特征，适应能力强

城市轨道交通车辆的牵引方式比较灵活，根据不同的线路特征，可采用不同的牵引方式，即动力集中牵引和动力分散牵引。

由于行车密度大，地下铁道的通信信号比较复杂，为确保行车安全，车载通信信号设备和车辆的控制系统均应有良好的适应能力。

6．牵引效率高，节能环保

车辆的设计应遵循减少能耗，减少发热设备的原则，以降低隧道内的温度，为此应尽量减轻车辆自重，选择效率高的传动系统。

车辆牵引动力常为电力，对环境几乎无污染。

二、车辆的分类

1．按车辆牵引动力配置分

（1）动车（Motor，用“M”表示）：车辆自身具有动力装置（动车上装有牵引电机），具有牵引与载客双重功能。动车又可分为带有受电弓的动车（M′）和不带受电弓的动车（M）。

（2）拖车（Train，用“T”表示）：车辆不装备动力装置，需动车牵引拖带的车辆，仅有载客功能。拖车可设置司机室（首位车辆，用“Tc”表示），也可带受电弓（用“T′”表示）。

2．按车辆规格分

可分为 A，B，C，D，L 等车型， A 型和 B 型常用于地铁车辆；B 型和 C 型常用于轻轨车辆；C 型和 D 型用于城市有轨电车；L 型为直线电机车辆，目前用于部分城市的地铁车辆上。将应用较多的 A，B，C 三种车型的主要技术参考列表如下（见表 2.1）。

表 2.1　各类车型主要技术

<table>
<tr><th rowspan="2">序号</th><th rowspan="2" colspan="2">项目名称</th><th>A 型车</th><th>B 型车</th><th colspan="3">C 型车</th></tr>
<tr><th>四轴车</th><th>四轴车</th><th>四轴车</th><th>六轴车</th><th>八轴车</th></tr>
<tr><td>1</td><td colspan="2">车辆基本长度/m</td><td>22</td><td>19</td><td>18.9</td><td>22.3</td><td>29.5</td></tr>
<tr><td>2</td><td colspan="2">车辆基本宽度/m</td><td>3</td><td>2.8</td><td colspan="3">2.6</td></tr>
<tr><td rowspan="3">3</td><td rowspan="3">车辆高度/m</td><td>受流器车（加空调/无空调）</td><td>3.8/3.6</td><td>3.8/3.6</td><td colspan="3">3.7/3.25</td></tr>
<tr><td>受电弓车（落弓高度）</td><td>3.8</td><td>3.8</td><td colspan="3">3.7</td></tr>
<tr><td>受电弓工作高度</td><td colspan="5">3.9～5.6</td></tr>
<tr><td>4</td><td colspan="2">车内净高/m</td><td colspan="5">2.10～2.15</td></tr>
<tr><td>5</td><td colspan="2">地板面高/m</td><td colspan="2">1.1</td><td colspan="3">0.95</td></tr>
<tr><td>6</td><td colspan="2">车辆定距/m</td><td>15.7</td><td>12.6</td><td>11</td><td colspan="2">7.2</td></tr>
<tr><td>7</td><td colspan="2">固定轴距/m</td><td>2.2～2.5</td><td>2.1～2.2</td><td colspan="3">1.8～1.9</td></tr>
<tr><td>8</td><td colspan="2">车轮直径/mm</td><td colspan="2">ϕ840</td><td colspan="3">ϕ760</td></tr>
<tr><td>9</td><td colspan="2">车门数（每侧）/个</td><td>5</td><td>4</td><td>4</td><td>4</td><td>5</td></tr>
<tr><td>10</td><td colspan="2">车门宽度/m</td><td colspan="5">≥1.3</td></tr>
<tr><td>11</td><td colspan="2">车门高度/m</td><td colspan="5">≥1.8</td></tr>
<tr><td rowspan="2">12</td><td rowspan="2">定员人数/人</td><td>单司机室车</td><td>295</td><td>230</td><td>200</td><td>240</td><td>315</td></tr>
<tr><td>无司机室车</td><td>310</td><td>245</td><td>210</td><td>250</td><td>325</td></tr>
<tr><td>13</td><td colspan="2">车辆轴重/t</td><td>≤16</td><td>≤14</td><td colspan="3">≤11</td></tr>
<tr><td rowspan="2">14</td><td rowspan="2">站立人员标准</td><td>定员/（人/m^2）</td><td colspan="5">6</td></tr>
<tr><td>超员/（人/m^2）</td><td colspan="5">9</td></tr>
<tr><td>15</td><td colspan="2">最高运行速度/（km/h）</td><td colspan="2">≥80</td><td colspan="3">≥70</td></tr>
<tr><td>16</td><td colspan="2">起动平均加速度/（m/s^2）</td><td colspan="2">≥0.9</td><td colspan="3">≥0.85</td></tr>
<tr><td>17</td><td colspan="2">常用制动减速度/(m/s^2)</td><td colspan="2">1.0</td><td colspan="3">1.1</td></tr>
<tr><td>18</td><td colspan="2">紧急制动减速度/(m/s^2)</td><td colspan="2">1.2</td><td colspan="3">1.3</td></tr>
<tr><td rowspan="3">19</td><td rowspan="3">噪声/[dB(A)]</td><td>司机室内</td><td colspan="2">≤80</td><td colspan="3">≤70</td></tr>
<tr><td>客室内</td><td colspan="2">≤83</td><td colspan="3">≤75</td></tr>
<tr><td>车　外</td><td colspan="2">80～85（站台）</td><td colspan="3">≤82</td></tr>
</table>

注：① 车辆详细技术条件，可参照《地铁车辆通用的技术条件》GB/T 7928—2003。
② C 型车未包括低地板车。

3. 按车体制作材料分

（1）耐候钢车辆。

（2）铝合金车辆。

（3）不锈钢车辆。

4. 按受电方式分

（1）受电弓受流车辆。

（2）第三轨受流车辆。

5. 按电压等级分

（1）直流 750 V 电压等级的车辆。

（2）直流 1 500 V 电压等级的车辆。

6. 按驱动方式分

（1）旋转电动机驱动车辆。

（2）直线电动机驱动车辆。

7. 按牵引控制系统分

（1）直流变阻车，已淘汰。

（2）直流斩波调压车，已改造完毕。

（3）交流变压变频车。

（4）直线电机变压变频车。

三、车辆选型的基本原则

（1）车辆选型应以工程的主要技术条件（线路条件、供电电压等）为依据，其技术指标应满足客运量及行车组织（行车密度）的要求。

（2）车辆选型和技术条件，应能适应当地的环境和气候。地面和高架为主的线路，应考虑车辆的降噪措施。

（3）车辆的主要部件和设备，应采用先进、成熟、安全、经济、可靠且检修方便的产品。

（4）车辆的选型应考虑与城市景观的协调，在外形与色彩方面应力求与城市环境统一和谐。

（5）车辆的引进和生产要严格坚持车辆国产化的原则和有关政策。

四、列车的编组

按照运营的要求，将各自独立的车辆连接起来形成一个运行体，就称为列车编组。列车在运营时，一般采用动拖结合、固定编组，形成电动列车组（动车组）。编组形式可采用全动车形式或动拖车有机结合的固定编组形式。

列车编组主要考虑车辆形式（按大、中、小分为 A，B，C 三种形式）、编组辆数（2～10 的 9 个整数）、编组车辆动车与拖车比例，简称车型、辆数、动拖比三个要素。城市轨道交通的规模取决于高峰时期小时客运量，而小时客运量取决于编组列车的载客量及行车间隔。目前，城市轨道交通系统大多利用加大行车间隔来调节运量，而较少采用分解列车编组由大变小的方法。

随着车辆技术的不断发展，牵引电机单位体积的功率愈来愈大，车体宽度及车长也在加大，相对来说，列车编组的最大辆数也相对减少。采用全动车编组，理论上的好处是摘编方便、编组灵活（北京地铁一期），但现在城轨列车大多采用动拖结合的混编方式。

图 2.1 ~ 图 2.4 分别表示了几种城轨列车的编组情况，供参考。

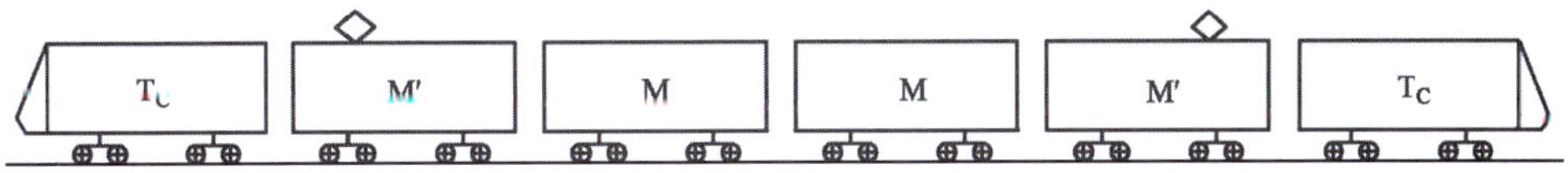

T_C—带驾驶室的拖车，M′—动车（带受电弓），M—动车。

图 2.1　广州地铁 2 号线、上海地铁 1 号线、南京地铁列车编组

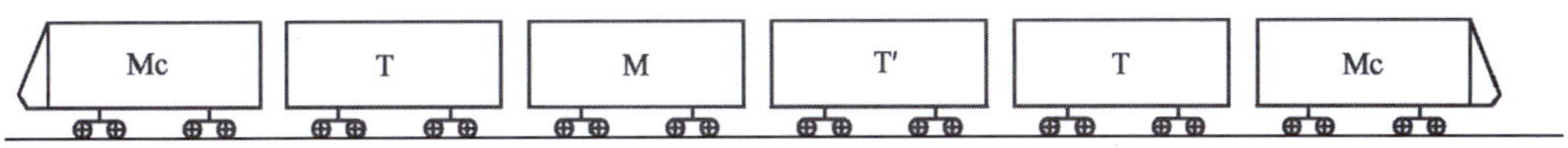

T 和 T′区别为车下设备布置不同。

图 2.2　北京地铁复八线列车编组

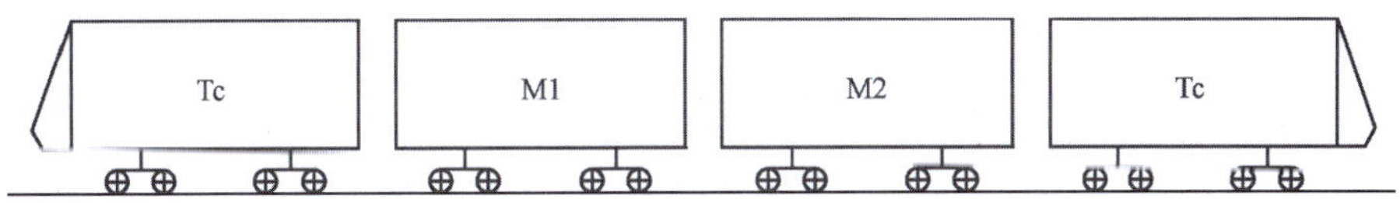

图 2.3　武汉轻轨列车编组

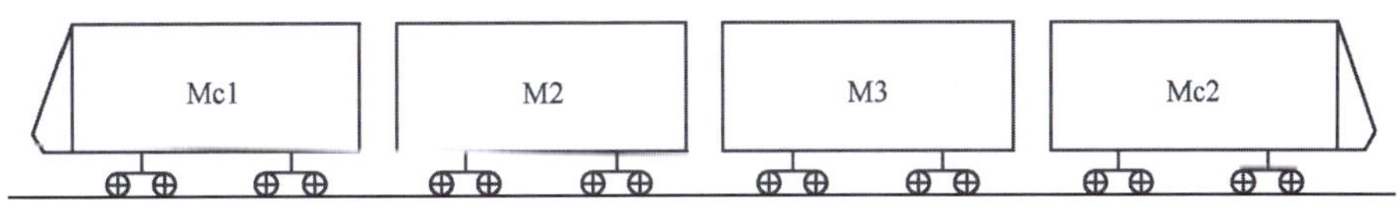

图 2.4　重庆单轨列车编组

此外，国内列车编组方式中车型有的通过 A、B、C 等字母来表示。其中，A 代表带驾驶室的拖车，B 代表带受电弓的动车，C 代表不带受电弓的动车。

五、城市轨道交通车辆的主要技术参数

车辆技术参数是概括介绍车辆技术规格的某些指标，是从总体上表征车辆性能及结构的一些参数，一般分为性能参数与主要尺寸两大类。

（一）车辆性能参数

（1）车辆自重、载重。

自重指车辆整备状态下的本身结构及设备组成的全部质量；载重指正常情况下车辆允许的最大装载质量。以吨（t）为单位。

（2）车辆构造速度。

指车辆在被设计时，安全及结构强度所允许的车辆最高行驶速度。

（3）轴重。

指车辆在某运行速度范围内一根轴允许负担的包括轮对自身重量在内的最大总质量。轴重的选择与线路、桥梁及车辆走行部设计有关。

（4）通过最小曲线半径。

与转向架类型及设计有关，指配用某种形式转向架的车辆在站场或厂、段内调车时所能安全通过的最小曲线半径。

（5）起动加速度和制动减速度。

起动加速度：指在平直线路上，列车载荷为额定定员，自牵引电动机取得电流开始，至起动过程结束（即转入其自然特性时），该速度值被全过程经历的时间所除得的商。

制动减速度：指在平直线路上，列车载荷为额定定员，自制动指令发出至列车完全停止的全过程，相应的制动初始速度（一般取最高运行速度）被全过程经历的时间所除得的商。

（6）制动形式。

有摩擦制动、再生制动、电阻制动和磁轨制动等形式。

（7）轴配置或轴列数。

如四轴动车一般设两台动力转向架，六轴单绞轻轨车一般两端为动力转向架，中间为非动力转向架。

（8）供电电压、最大网电流、牵引电机功率。

（9）坐席数及每平方米地板面积站立人数或载客量（座位载客量、定员载客量、超员载客量）。

（10）电气控制方式或电传动方式。

表 2.2 ~ 表 2.6 分别列出了几种城市轨道交通车辆的技术参数以供参考。

表 2.2　上海地铁 1 号线 4 种车型主要性能参数

项　目	第 1 车型	第 2 车型	第 3 车型	第 4 车型
供货商	德沪地铁集团	德沪地铁集团	长客庞巴迪	南京浦镇车辆/阿尔斯通
车辆类型	A	A	A	A
制造年限	1992—1995	1998—2000	2003—2004	2006—2007
编组形式	6 节 4 动 2 拖	6 节 4 动 2 拖	6 节 4 动 2 拖	8 节 6 动 2 拖
列车宽度/m	3	3	3.07	3
额定载客量/位	1 860	1 860	1 860	2 476
侧门形式	气动内藏式移门	气动内藏式移门	电动外挂门	电动外挂门
贯通道（宽/高）/ m	0.9/1.8	1.5/1.9	1.5/1.9	1.5/1.9
车辆定距/mm	15 700	15 700	15 700	15 700
轴距/mm	2 500	2 500	2 500	2 500
车钩中心线距轨面高度/mm	720	720	720	720
齿轮传动比	5.947（一级）	6.353（一级）	6.688（一级）	6.924 3（一级）

续表

项　目	第 1 车型	第 2 车型	第 3 车型	第 4 车型
制动方式	再生/电阻/气制动混合	再生/电阻/气制动混合	再生/电阻/气制动混合	再生/电阻/气制动混合
初始加速度/（m/s^2）	0.9	0.9	1.11	1.0
平均常用制动减速度/（m/s^2）	1.0	1.0	1.0	1.0
辅助逆变器总容量/kVA	450	540	440	600
供电电压/V	DC 1 500	DC 1 500	DC 1 500	DC 1 500
列车长度/m	139.4	139.4	140	186.5
列车高度（受电弓除外）/m	3.8	3.8	3.8	3.8
座位总数/位	372	320	288	396
每侧门数/个	5	5	5	5
逃生方式	列车端部坡道式	列车端部坡道式	列车端部梯子式	列车端部梯子式
最大轴重/t	16	16	16	16
地板面距轨面高度/mm	1 130	1 130	1 130	1 130
车轮直径/mm	770～840	770～840	770～840	770～840
传动制式	直流传动系统	交流传动系统	交流传动系统	交流传动系统
最高运行速度/（km/h）	80	80	80	80
平均紧急制动减速度/（m/s）	1.3	1.3	1.3	1.3
牵引电机功率/kW	207	190	220	185
空调形式	集中式单冷	集中式单冷	集中式单冷	集中式单冷

表 2.3　深圳地铁电动客车主要技术参数

列车编组	六辆车编组，四动二拖	转向架轴距/mm	2 500
轨　距/mm	1 435	车轮直径（新轮/磨耗轮）/mm	840/770
供电方式	DC 1 500 V 架空接触网	列车构造速度/（km/h）	90
座位载客量/（人/列）	288	列车最大运行速度/（km/h）	80
定员载客量/（人/列）	1 896	运行平稳性指标	≤2.5
超员载客量/（人/列）	2 692	冲击极限/（m/s^3）	0.75
车辆长度/m	A 车：24.34；B，C 车：22.8	平均初始加速度（0～35 km/h）/（m/s^2）	≥1.0
车辆高度（含静排气口）/mm	3 855	常用制动平均减速度（80 km/h～0）/（m/s^2）	1.0
车辆内部宽度/mm	2 720	紧急制动平均减速度（80 km/h～0）/（m/s^2）	≥1.3
车辆最大宽度/mm	3 100	单元制冷能力/kW	40
地板面到轨面高度/mm	1 130	车内温度/°C	27
车钩类型	全、半自动车钩，半永久牵引杆	车内相对湿度	＜65%
转向架中心距/mm	15 700	电气控制方式	VVVF
轴　重/t	≤16		

表 2.4　DKZ8 武汉轨道交通 1 号线电动客车主要技术参数

轨　距/mm	1 435	客室门有效开度/mm	1 300
供电电压/V	直流 750	转向架形式	无摇枕转向架
受流方式	第 3 轨受电	轴　距/mm	2 200
允许通过最小曲线半径/m	*R*110	传动形式及传动化	平行万向节式，传动比 7.69
自　重/t	M 车 35.5；Tc 车 31.5	电气控制方式	矢量控制 VVVF
定　员	M 车 240 人； Tc 车 215 人； 910 人/列	牵引电机功率/kW	180
编　组	Tc + M + M + Tc	列车总功率/kW	1 440
构造速度/（km/h）	80	制动装置	模拟式电气制动装置
启动加速度/（m/s^2）	0.83	空气压缩机及净化装置	活塞式空压机，中空丝模式空气干燥器
制动减速度/（m/s^2）	1.2（紧急）；1.0（常用）	辅助电源形式及功率	IGBT 静止逆变器 40 kVA
车辆尺寸（长×宽×高）/mm	M：19 000 mm× 2 800 mm×3 800 mm Tc：19 300 mm× 2 800 mm×3 800 mm	风动门形式	电动塞拉门（客室）； 手动塞拉门（司机室）
车体材料	铝合金	通信方式	FSK 列车总线
客室地板面至轨面高/mm	1 100	信号及自动控制形式	ATO 及 ATP 自动驾驶
客室门对数	4 对	广播装置	工业控制及 VOBC 控制广播系统

表 2.5　QKZ2（QK6 ~ QK9）重庆跨座式单轨车主要技术参数

轨道尺寸/mm	850（L）×1 500（W）
供电电压/V	DC 1 500
受流方式	轨道梁两侧刚性接触网
允许通过最小曲线半径/m	*R*50
自　重/t	Mc：28.6；T：27.6
定　员/人	Mc：151；T：165
编　组	Mc1 + M2 + M3 + Mc2
构造速度/（km/h）	80
启动加速度/（m/s^2）	0.833
制动减速度/（m/s^2）	1.1
车辆尺寸（长×宽×高）/mm	Mc：15 500×2 980×5 300 M：14 600×2 980×5 300
车体材料	铝合金
客室地板面至轨面高/mm	1 130
客室门对数	2 对
客室门有效开度/m	1 300

续表

转向架形式	跨座式无摇枕转向架
轴距/mm	走行轮：1 500　稳定轮：2 500
传动形式及传动比	2 级减速直角传动 TD 挠性板联轴节；齿轮传动，6.55
电气控制方式	矢量控制 VVVF
牵引电机功率/kW	105
列车牵引总功率/kW	1 260
制动装置	模拟式电空制动装置
空气压缩机及净化装置	活塞式空压机、真空丝膜式空气干燥器
辅助电源形式及功率	静止逆变器　85 kVA
侧门形式	气动内藏拉门
通信方式	无线电台
信号及自动控制形式	ATP
广播装置	MP3 数字音频压缩技术广播

表 2.6　直线电机电动客车（广州地铁）主要技术参数

编　组	4～6 节
受电方式	DC 1 500 V，三轨接触轨
曲线半径	正线最小曲线半径：150 m；车辆段最小曲线半径：60 m
运动速度	90 km/h
制　动	常用制动以电气再生制动为主，弹簧盘型制动为辅；紧急制动采用弹簧盘型制动
车辆尺寸	长 17 m、宽 2.8 m、高 3.64 m
加、减速度	正常加、减速度：1.0 m/s^2；紧急制动减速度：1.3 m/s^2
最大坡度	50 ‰
最大载客量	230 人/辆（4 辆编组载客 918 人）

（二）车辆的主要尺寸参数

1. 车辆长度

车辆处于自由状态，车钩呈锁闭状态时，两端车钩连接面之间的距离。它与车体长度的概念不同，车体长度指不包含牵引缓冲装置或折棚的车体结构的长度。

2. 车辆最大宽度

指车体横断面上最宽部分的尺寸。

3. 最大高度

指车辆顶部最高点与钢轨顶面之间的距离。通常须说明与最高点相关的结构，如有无空调，受电弓的状态如何等。

4．车辆定距

同一车辆两转向架回转中心之间的距离。

5．固定轴距

同一转向架两车轴中心线之间的距离。

6．车钩高

指车钩中心线距离钢轨面高度。取新造或修竣后空车的数值。

列车中各车辆的车钩高基本一致，是保证车辆正确连挂、列车运行中正常传递牵引力及不会发生脱钩事故所必需的。广州、上海地铁车辆为 720 mm，天津轻轨车辆和北京地铁车辆为 660 mm。

7．地板面高度

车辆地板面与钢轨顶面之间的距离。地板面高度与车钩高一样，指新造或修竣后空车的数值。它将受到两方面的制约，一是受车辆本身某些结构高度的限制，如车钩高及转向架下心盘面的高度；另一方面又与站台高度的标准有关，规定车辆地板面应与站台高度相协调。上海地铁车辆地板面高度为 1.13 m，北京地铁车辆地板面高度为 1.053 m。

任务小结

本任务介绍了城市轨道交通车辆的特点和选型的原则和重要技术参数，讲述了城市交通与城市轨道交通车辆的分类方式和列车的编组方式，通过本任务的学习，要求学生了解城市轨道交通车辆的特点和选型原则，熟悉车辆的分类方式和列车编组时考虑的要素和编组方式，熟悉车辆编组中各符号的含义。

课后习题

、选择题

1. 带受电弓的动车表示符号是（　　）。

A. M　　B. M′　　C. T　　D. T_C

2. 带司机室的拖车表示符号是（　　）。

A. M　　B. M′　　C. T′　　D. T_C

3. A、B、C 三种车型中，宽度最大的车型是（　　）。

A. A 型车　　B. B 型车　　C. C 型车　　D. 都有可能

4. 动车是指（　　）。

A. 可以动的车辆　　B. 带受电弓的车辆

C. 具有动力装置的车辆　　D. 带司机室的车辆

二、填空题

1. 车辆按牵引动力配置分________和________两种。

2. 车辆编组应考虑车型、辆数和__________三个要素。

3. 车体按制作材料分为耐候钢车体、________和________车体。

4. 城市轨道交通车辆按电压等级分为________和________两种形式。

5. 车钩高指车钩中心线距离________的高度。

6. 车辆长度指车辆处于自由状态，车钩呈________状态时，两端车钩连接面之间的距离。

三、简答题

1. 城市轨道交通车辆有哪些特点？
2. 城市轨道交通车辆如何分类？各分为哪些类型？
3. 城市轨道交通车辆中的动车和拖车分别表示什么意思？
4. 何谓列车编组？
5. 什么叫车辆定距？什么叫固定轴距？

任务二　熟悉车体与转向架

任务目标

1. 知识目标

（1）了解车辆的基本组成。

（2）了解车体的主要技术参数。

（3）掌握车体的作用及组成。

（4）掌握转向架的作用及组成。

2. 能力目标

（1）会用专业知识，通过专业书籍、多媒体课件和图片资料获得帮助信息。

（2）会口头表达本次任务的知识要点及学习成果。

3. 素质目标

（1）具有良好的职业意识。

（2）能自主学习新知识、新技能。

（3）具有高度的职业责任心和正确的学习态度。

（4）具有较强信息搜集能力，会查找车体和转向架的新知识和新的发展动向。

（5）具有团队协作能力和吃苦耐劳的精神。

案例导入

广州地铁A7型列车是广州地铁的其中一款电动车组，内部型号为A7。该款列车为广州地铁13号线而配置，于2017年12月28日随13号线一期（鱼珠至新沙）开通试运营而正式投入使用。该款列车由中车大连机车车辆有限公司生产，采用8节编组A型列车，是广州地铁所使用的首款8A编组的地铁车辆。

该列车每列设有八节车厢，这是广州地铁首次使用八节车厢地铁车辆，该款列车最大载客量较13号线开通前载客量最大的1号线、2号线和8号线所采用的6A编组列车要多出33%，最高时速亦比这三条线路所使用的车辆要快20 km/h。

该款列车车体主要采用铝合金，内饰采用铝板、铝蜂窝及玻璃钢等耐火材料，列车每节车厢大约重量为37 t。和其他A型列车一样，该款列车每节车厢共设5对车门，每个车门均为垂直塞拉门。

该款列车的其中一大亮点是紧急报警系统的升级。与广州地铁以往其他车辆不同，该款列车的紧急报警系统乘客端面板上新增了摄像头，当乘客按下紧急求助按钮后，司机室内操作台左方的触摸屏会自动显示出乘客所操作的紧急报警器的视频图像，方便司机观察求助者的情况并采取相应的措施。

另外为方便故障处理以及提升安全性，该款列车还配备了轴承在线检测装置，对转向架、轴箱等列车走行关键部件进行实时监测及诊断。

列车以8节车厢为一列，每列车由两个动力单元组成，其中一个动力单元由两个带受电弓动车、一个不带受电弓动车和一个带司机室拖车组成，而另一个动力单元则由两个不带受电弓动车、一个带受电弓动车和一个带司机室拖车组成。列车的编组方式为：

= A – B – C – D + D – C – B – A = 对应的符号 Tc Mp M Mp M M Mp Tc

列车编组符号的含义：

Tc——带司机室拖车；

Mp——带受电弓动车；

M——不带受电弓动车；

=——全自动车钩；

+——半自动车钩；

–——半永久牵引杆。

知识链接

城市轨道交通车辆尽管形式不同，但均由车体、转向架、制动系统、车辆连接装置、受流装置、车辆设备及电气系统等组成。

一、车　体

车体是城市轨道交通车辆最重要的组成部件之一，坐落在转向架上。它除了载客之外，几乎所有的机械、电气、电子等设备都安装在车体的上部、内部及下部，驾驶室也设置在车体中。因此，车体的作用除供乘客乘坐外，同时也是司机驾驶列车的场所，还要提供各种机电设备的安装位置。

车体要承受各种动静载荷、各种振动，适应 100 km/h 左右速度运行；车体要有隔音、隔热、防火等功能以及在事故状态下尽可能保证乘客安全的措施。

按车体使用的主要材料，车体有碳钢（包括普通碳钢和耐候结构钢）、不锈钢、铝合金三大类。在这三类车体中，为了满足头部（司机室前端）造型和功能要求，有的车体前端采用 FRP（玻璃钢）制成，再与车体的底架、侧墙、车顶固定，构成坚固的车体。

（一）车体的主要组成

城市轨道交通系统各类车辆均由车底架，车顶，侧墙（左右侧各 1），前、后端墙，车门，车窗等组成。各组成部件间的连接方式主要是手弧焊接、接触点焊、螺栓、铆钉连接等。各部件连接成车辆壳体，形成一个整体承载结构。

车底架由侧梁、端梁、牵引梁、枕梁、横梁等组成。车底架的作用是承受车底上部载荷并传递给整个车体，承受因各种原因而引起的横向力和走行部传来的各种振动和冲击。牵引梁用于安装车辆的车钩缓冲装置，将车辆连接组成列车，并在车辆间传递牵引力和制动力。

侧墙由上墙板、下墙板、窗间墙板组成。

车顶由弯梁和圆弧形顶板组成。

端墙由弯梁、车厢贯通道、立柱、墙板组成。

车体内部设置照明、通信、空调、车门开闭装置、座椅、扶手或拉杆、拉手等。

车门采用集中电气自动控制的风动拉门，也有采用电气驱动的车门。整列车车门由司机或列车自动控制系统控制，车门数量与开度大小由运营条件需求决定，满足停站时间内上下乘客的时间保障。

车辆在编组成列时，可采用贯通式和非贯通式的连接方式。由于贯通式方式中全列车的载客部分贯通，能有效地调节各个车辆的载客拥挤度，便于疏散乘客，故得到广泛应用。

（二）车体的主要技术参数

1．几何尺寸

车体的几何尺寸除长 × 宽 × 高（车顶部距轨面高）3 个尺寸以外，还包括车辆定距（2 个转向架之间的距离）。

三种车辆的几何尺寸如下：

A 型车：22 000 mm × 3 000 mm × 3 800 mm；

B 型车：19 000 mm × 2 800 mm × 约 3 515 mm；

C 型车：车宽为 2 600 mm，长度和高度均不大于 B 型车。

2．车体自重

车体自身的重量。

3．车体载重

除转向架以外的车辆设备、内装饰、最大载客重量。

4．纵向压缩载荷

250 ~ 800 kN。

5．纵向拉伸载荷

150 ~ 600 kN。

6．扭转载荷

40 kN · m。

7．构造速度

80 ~ 120 km/h。

8．车体弯曲刚度

垂直弯曲刚度 $EJ \geqslant 5.5 \times 10^{14}$ N · mm^2（参照日本地铁车辆标准）。

9．车体扭转刚度

$GJ_p \geqslant 2.0 \times 10^{14}$ N · mm^2/rad（参照日本地铁车辆标准）。

10．车体自振频率

一般为 8 Hz 以上。

二、转向架

转向架是车辆最重要的组成部件之一，安装在车体与轨道之间，是车辆导向、运行、荷重及减震的关键部件。它还应具有使列车制动减速或停车的作用。对于动车转向架来讲，还将牵引电动机的转矩通过齿轮传动转动轮对，从而转化为列车前进的牵引力。其结构和各部位的参数是否合理，将直接影响车辆的运行品质、动力性能和行车安全。

转向架一般由轮对、轴箱、弹性悬挂装置、构架、转向架与车体连接装置、基础制动装置等组成。图 2.5 为转向架的外观，图 2.6 ~ 2.8 为几种不同类型的转向架结构。

图 2.5　转向架外观

图 2.6　动车转向架

图 2.7　拖车转向架

图 2.8　直线电机转向架

（一）轮　对

轮对由两个车轮和一个车轴经压装而成。地铁和轻轨车辆一般采用辗钢式车轮，其基本组成如图 2.9 所示、部分尺寸如图 2.10 所示。

车轮由踏面与轮缘组成。踏面是与钢轨接触滚动摩擦部分，采用 1∶20 和 1∶10 的两段斜面，以防止蛇行；轮缘是防止车轮脱离钢轨的突起部分。

车轴由轴颈、轮座和轴身组成。轴颈是安装轴承部分；轮座是车轮安装位置，轴身是车轴的中央部分。

单轨交通及新交通系统采用充气橡胶轮胎，有走行轮、导向轮、稳定轮之分（走行轮充氦气，其他充空气）。车辆上常安装有轮胎检测装置和备用轮胎，可及时更换。

图 2.9　轮对

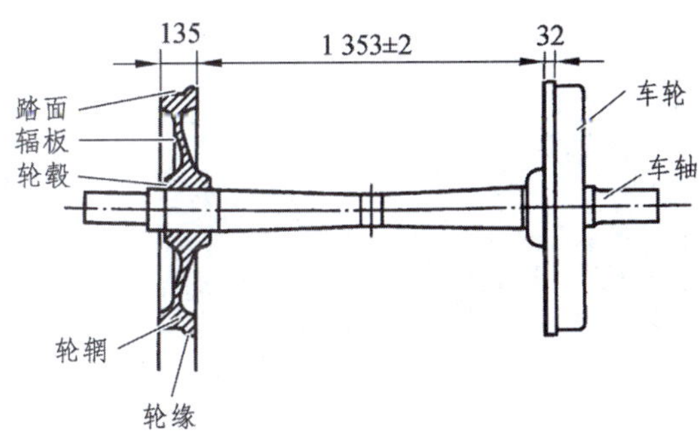

图 2.10　轮对尺寸（单位：mm）

（二）轴　箱

轴箱是套在轴颈上的部件，如图 2.11 所示采用的是滚动轴承（滚柱或滚珠）。

其作用是将轮对和构架联系在一起。轴承按规定的修程时间检测及更换，平时应具有较强的可靠性。

轴箱内装油润装置，通过油润减少摩擦阻力，降低摩擦升温。

轴箱外侧是轴箱盖，可使轴承免受雨水、灰尘的侵害，还用于安装传感器和接地装置。

（a）轴箱装置外观

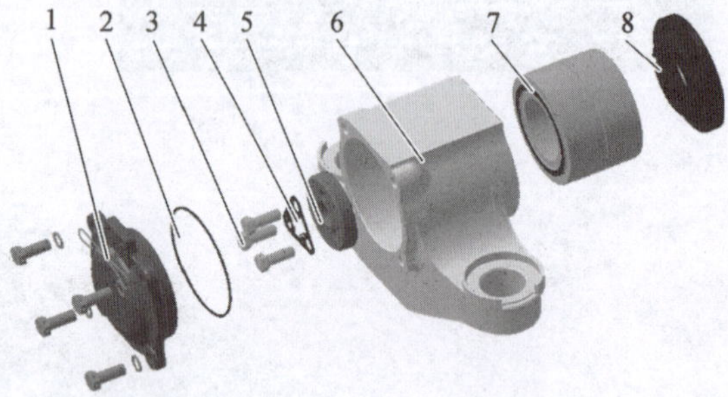

（b）轴箱装置结构

1—前盖；2—密封圈；3—安装螺栓；4—防松片；
5—压板；6—轴箱体；7—密封轴承；
8—防尘挡圈。

图 2-11

（三）弹性悬挂装置

为了减少线路不平顺和轮对运动对车体的各种动态影响，转向架在轮对与构架之间以及构架与车体之间，设有弹性悬挂装置。也可称为一系悬挂装置和二系悬挂装置。

一系悬挂装置大多采用金属圆簧或圆锥叠层橡胶弹簧（兼作轴箱定位），如图 2.12 所示；二系悬挂装置采用空气弹簧、横向油压减振器及叠层缓冲橡胶弹簧，如图 2.13 所示。

（a）一系悬挂装置（金属圆簧）

（b）一系悬挂装置（橡胶弹簧）

图 2.12

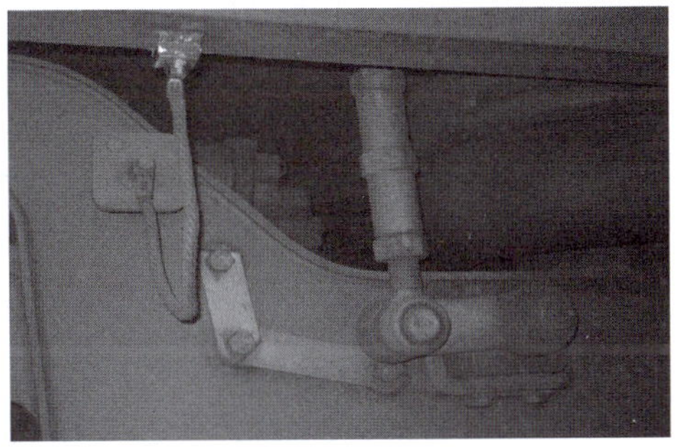

图 2.13　二系悬挂装置（空气弹簧）

（四）构　架

构架是转向架的基础，主要作用是传递质量、安装设备如轴箱、弹簧、电动机等。

构架是由横梁、侧梁组成，目前大多采用无摇枕结构，如图 2.14 所示。

图 2.14　构架

（五）转向架与车体连接装置

转向架与车体连接装置的结构应能满足安全可靠地支承车体，并传递各种载荷和作用力；同时车体与转向架之间应能绕不变的旋转中心相对转动，以使车辆顺利通过曲线。一般转向架支撑车体的方式有心盘集中承载、非心盘承载（或旁承承载）和心盘部分承载三种。

城轨车辆一般采用非心盘承载式，如图 2.15 所示。

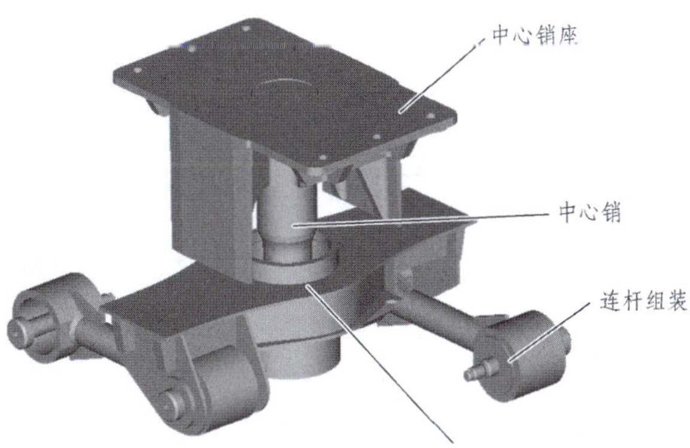

图 2.15　转向架与车体中央牵引连接装置

（六）基础制动装置

基础制动装置是空气制动的执行设备，所有的空气制动力均是通过基础制动装置产生的。基础制动装置大致可分为杠杆式基础制动装置和单元式基础制动装置两大类。

空气制动机制动缸的制动作用力，经过基础制动装置均衡地作用于每个车轮的闸瓦。基础制动装置由制动杠杆、拉杆、制动梁、闸瓦等组成。

由于城轨交通车辆车底架下方与转向架间的空间有限，故多采用单元式基础制动装置，称为单元制动机。普通单元制动机由增力杠杆、闸瓦、制动缸和闸瓦间隙调整器等部件组成。

基础制动装置除了传递制动缸的制动力外，还有放大制动力的作用。

对于城市轨道交通的动车而言，走行装置还应包括传动装置，传动装置应包括驱动装置（齿轮减速箱）与电机悬挂装置（一般采用架悬式）。图 2.17 和图 2.18 分别为踏面制动装置和盘形制动装置。

图 2.17　踏面制动装置

图 2.18　盘形制动装置

任务小结

车体与转向架是城市轨道交通车辆的两个组成部分，本任务介绍了车体和转向架各自的作用与组成，通过本任务的学习，学生需了解车体的主要技术参数，熟悉车体的作用与组成和转向架的作用与组成，包括每个组成部分的作用。

课后习题

一、选择题

1. 一列编组数为 8 的 B 型地铁列车，它一共有（　　）台转向架。

   A. 8　　B. 12　　C. 16　　D. 20

2. 一列编组数为 4 的 B 型轻轨列车，它一共有（　　）台转向架。

   A. 8　　B. 12　　C. 16　　D. 20

3. 一列编组数为 6 的 A 型地铁列车，它一共有（　　）根车轴。

   A. 6　　B. 12　　C. 18　　D. 24

4. 一列编组数为 4 的 B 型轻轨列车，它一共有（　　）根车轴。

A. 8　　B. 16　　C. 20　　D. 26

5. 一列编组数为 6 的 A 型地铁列车，它一共有（　　）台转向架。

A. 12　　B. 18　　C. 24　　D. 30

二、判断题

1. 列车所能通过的最小曲线半径与线路质量有关，与架向架的类型无关。（　　）

2. 耐候钢是目前制作地铁车辆的最先进的材质。（　　）

三、简答题

1. 城轨交通车辆有哪些基本组成？
2. 车体有哪几种材料？较先进的材料有哪些？
3. 车体的定义是什么？其组成有哪些？
4. 车辆转向架的作用是什么？有哪些基本组成？

任务三　熟悉车辆的连接装置与制动装置

任务目标

1. 知识目标

（1）了解密接式车钩的工作原理。
（2）熟悉车辆的连接装置的组成及各组成部分的作用。
（3）熟悉制动装置的作用、制动的类型与操作模式。
（4）掌握车辆车钩的常见类型。

2. 能力目标

（1）会用专业知识，通过专业书籍、多媒体课件和图片资料获得帮助信息。
（2）会口头表达本次任务的知识要点及学习成果。

3. 素质目标

（1）具有良好的职业意识。
（2）能自主学习新知识、新技能。
（3）具有高度的职业责任心和正确的学习态度。

（4）具有较强信息搜集能力，会查找车辆的连接装置与制动装置的新知识和新的发展动向。

（5）具有团队协作能力和吃苦耐劳的精神。

案例导入

某地铁车辆常用制动失灵事故

事故概述：

2006 年 10 月 22 日 10 时 3 分，1314 车在上行线距地铁站 300 m 处，司机发现速度不降，随即快速制动，仍不降速，最终因超速，列车自动保护装置（ATP）保护列车产生紧急制动。

10 时 34 分，司机检查发现地铁列车司机显示单元（DDU）面板和故障清单无任何故障显示，检查司机室设备柜的开关未发现有开关动作，随后司机采取应急处理措施，发现无法缓解紧急制动。

10 时 41 分，行调要求司机换端等待列车救援。

10 时 52 分，救援车与故障车完成连挂。

11 时 01 分，将故障车推到中华门清客。

11 时 29 分，到达小行基地。

事故分析：

本案例事故的原因是司机控制器航空插头与制动命令继电器连接不良，导致制动命令继电器不得电，最终使司机的制动命令无法传递到每节车，全车都无法执行制动指令。同时由于紧急制动的缓解过程也需要制动命令信号，所以也无法缓解紧急制动。

知识链接

一、车辆的连接装置

车辆连接装置包括车钩缓冲装置、电气连接装置及车辆贯通装置。

（一）车钩缓冲装置

车钩缓冲装置的作用是供车辆编组连接成列，同时传递牵引力，缓和纵向冲击力（如启动、制动等）。在车钩连接的同时，两车的风路（制动及开关车门用高压空气通路）、电路一并连接。

车辆连挂时，两车的制动主管和总风缸连通管自动接通，并将制动主管上的塞门自动打开。同时各车之间的控制线路自动接通（也有手动接通控制线路的）。

列车分解时拨动司机室内的解钩阀或人工扳动解钩杆，钩舌即处于开锁位置，同时将制动主管塞门关闭。两车分离，电路断开，电气连接器防尘罩自动合上。

车钩缓冲装置主要由密接式车钩、缓冲器、风管连接器等部分组成。

1．密接式车钩

密接式车钩由钩头（钩体）、钩舌、解钩杆、解钩风缸、弹簧（顶杆弹簧）等组成，如图 2.19 所示。

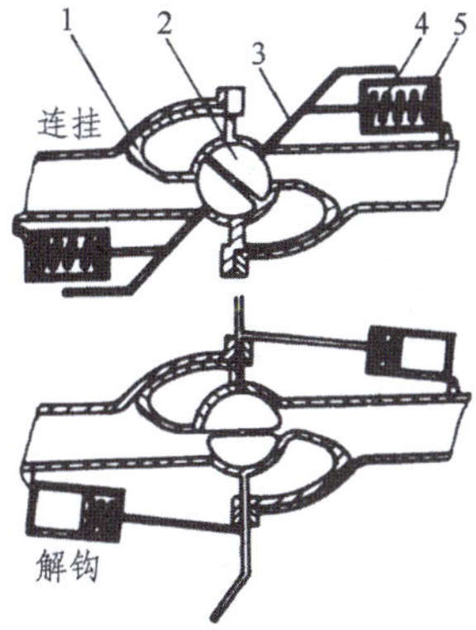

1—钩头；2—钩舌；3—解钩杆；
4—弹簧；5—解钩风缸。

图 2.19　密接式车钩

密接式车钩的工作原理：

两钩连接时，凸锥插入对方的凹锥孔中，这时凸锥的内侧面在前进中压迫对方的钩舌转动，使解钩风缸的弹簧受压，钩舌沿逆时针方向旋转 40°。当两钩连接面接触后，凸锥的内侧面不再压迫对方的钩舌，此时，由于弹簧的作用，使钩舌恢复到原来的状态，即处于闭锁位置。

要使两钩分解，需由司机操纵解钩阀，压缩空气由总风管进入前车（或后车）的解钩风缸，同时经解钩风管连接器送入相连接的后车（或前车）解钩风缸，活塞杆向前推并带动解钩杆，使钩舌转动至开锁位置，此时两钩即可解开。两钩解开后，解钩风缸的压缩空气迅速排出，解钩弹簧得以复原，带动钩舌顺时针转动 40°，恢复到原始状态，为下次连挂做好准备。如果采用手动解钩，只要人力扳动解钩杆，也能使钩舌转动至开锁位置，实现两钩的分解。

密接式车钩在我国城轨车辆中应用的有自动车钩、半自动车钩、半永久性车钩三种。

全自动车钩的连接和解钩是自动进行的；半自动车钩电路需靠人工连接和解钩；半永久性车钩的机械、电路、气路的连接和解钩均需人工操作，一般只在架修以上作业才分解。

2．缓冲器

缓冲器装在钩身后部，是起缓解车辆之间相互冲撞的部件。缓冲器由牵引杆、缓冲弹簧片、前从板、后从板、缓冲器体、后盖等组成。

缓冲器有圆形橡胶金属片式、双作用橡胶片式、长方钢板硫化橡胶、弹性胶泥缓冲器、环弹簧缓冲器等。

3．风管连接器

风管连接器由总风管、制动风管、解钩风管连接器组成，装设于钩头锥体的上、下侧，如图 2.20 所示。

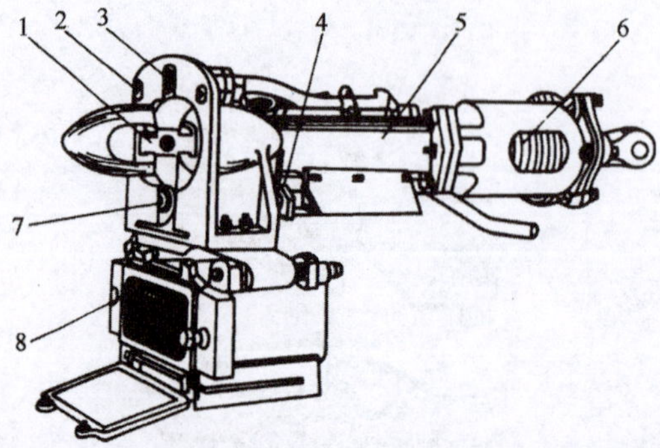

1—钩舌；2—解钩风管连接器；3—总风管连接器；4—截断塞门；5—钩身；6—缓冲器；7—制动风管连接器；8—电气连接器。

图 2.20　密接式车钩缓冲装置

（二）电气连接装置

电气连接装置有自动电气连接器和插头插座式连接器。自动电气连接器一般安装在车钩上（见图 2.21），插头插座式连接器安装在车体后端墙上。

（三）车辆贯通装置

贯通装置位于两节车厢的连接处，是连接两车辆通道的重要组成部分。由风挡、内饰板和渡板组成。它具有良好的防雨、防尘和隔音功能。

贯通装置分为宽通道和窄通道两种。

二、制动装置

制动装置是保障列车安全可靠运行的必要手段。车辆制动系统的作用是用以产生制动力，使列车减速或及时停车。其对保证城市轨道交通列车的安全和正点运行具有极其重要的作用，而且也是提高载客量和运行速度的前提条件。

（一）制动装置的特点

城市轨道交通一般站间距离较短、调速及制动频繁，所以列车在正常运营时，为了提高行车速度，列车必须起动快、制动距离短。为适应这一特点，城市轨道交通车辆制动装置必须具备以下条件：

（1）操纵灵活，制动减速度大，作用灵敏可靠，车组前后车辆制动、缓解作用一致。

（2）具有足够大的制动能力，保证列车在规定的制动距离内准确停车。

（3）具有电制动与摩擦制动配合作用的制动功能，并应尽量充分发挥电制动能力，以减少对城市环境的污染和降低运行成本。

（4）制动力应能随着载荷的变化而自动调整。

（5）制动系统应具有防滑功能。

（6）为防止运行列车发生分离或制动系统故障等危及行车安全的事故，列车应具有自动施加紧急制动的功能。

（二）制动的类型（制动的方式）

城市轨道交通车辆的制动方式有三大种：一是摩擦制动方式，即动能通过摩擦副的摩擦转变为热能，然后消散于大气；二是动力制动方式，即把动能通过发电机转化为电能，然后将电能从车上转移出去；三是磁轨制动，磁轨制动在城市轨道交通车辆上应用较少。

1．摩擦制动

所谓摩擦制动就是利用两物体之间的摩擦把列车的动能转换为热能，散佚到周围大气中去，从而产生制动作用。轨道交通车辆一般常用的摩擦制动是闸瓦制动（或称踏面制动），另外还有盘形制动和磁轨制动，如图 2.21（a）所示。

（1）闸瓦制动。

闸瓦制动（踏面制动）是利用铸铁或合金材料制成的闸瓦压紧车轮的踏面，使两者摩擦产生制动作用。目前采用合成闸瓦的较多，也有采用半金属闸瓦或粉末冶金闸瓦。应注意，采用闸瓦制动时，制动功率不宜过大。

（2）盘形制动。

盘形制动有轴盘制动和轮盘制动之分。

一般采用轴盘式盘形制动装置。轴盘式制动和轮盘式制动分别如图 2.21（b）、2.21（c）所示。根据制动需要可在一根车轴上布置 2 个、3 个，甚至 4 个制动盘。当轮对中间由于牵引电动机等设备使制动盘安装发生困难时，可采用轮盘式盘形制动装置。制动时，制动缸通过制动夹钳使闸片夹紧制动盘，使闸片与制动盘间产生摩擦，把电动车组的动能转变为热能，热能通过制动盘与闸片散于大气。盘形制动装置代替了闸瓦对车轮踏面的摩擦，因此不存在对车轮的热影响；同时也减少了车轮的磨耗，延长了车轮的使用寿命和改善了运行性能，保证了行车安全。

一般动车采用轮盘制动，拖车采用轴盘制动。

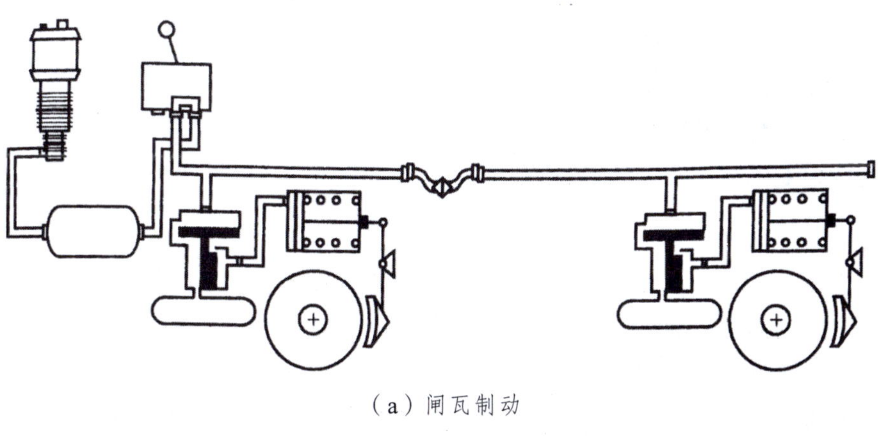

（a）闸瓦制动

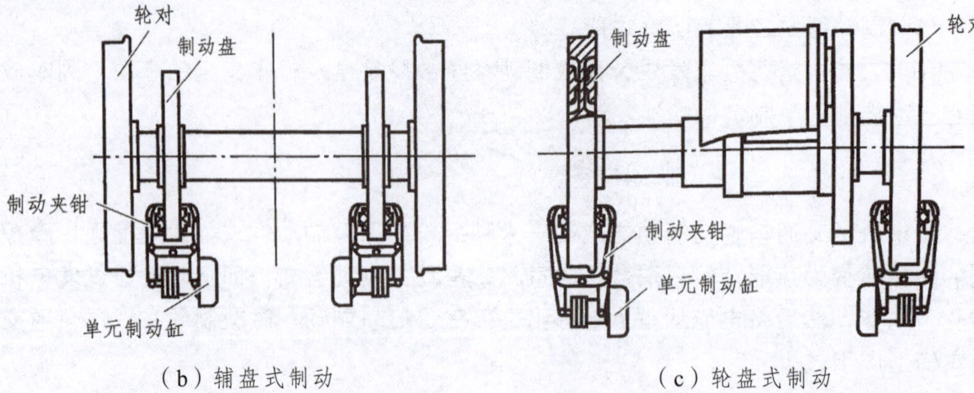

图 2.21　摩擦制动

2. 电气制动

电气制动也称为动力制动，是把电动车中的牵引电机在制动时变为发电机，把车辆运行的动能转化为电能。

对这些电能的不同处理方式形成了不同方式的动力制动。

（1）电阻制动。将电能送到制动电阻上消耗掉，使之变成热能而释放到大气中去，称为电阻制动。电阻制动一般能提供较稳定的制动力，但在车辆底架下需要安装体积较大的制动电阻箱，还要强迫通风冷却，故较少采用。

（2）再生制动。将电能重新反馈回电网，则称为再生制动。再生制动具有节约能源，制动时不污染环境的优点。对于城市轨道交通车辆，制动减速、停车十分烦琐，采用再生制动是一种较为理想的制动方式。

在列车制动过程中，首先应充分利用电制动，电制动由列车的动车承担。在电制动初期，动车的电动机转变为发电机，将列车制动产生的动能经过转换，变成直流电输送回接触网和供给本列车的辅助系统，这时发生的是再生制动。如果列车所在的接触网供电区段内没有其他列车吸收该制动能量，而辅助系统的用电量不能完全消耗再生的电能，则将多余的电能送到制动电阻上消耗掉，这个过程被称为电阻制动。随着列车的速度下降，其电制动力也将不断地被减弱，当列车速度降低至一定的速度时，电制动已不能满足制动所需要的要求，这时电制动力将逐渐被切除，所有的制动力则由摩擦制动来负责产生，同时列车还进入了一个停车制动的程序。因此，在列车制动过程中，再生制动、电阻制动、摩擦制动分别为第一优先级制动、第二优先级制动和第三优先级制动。

3. 磁轨制动

磁轨制动通过在车体或转向架的下部设有电磁铁，在制动时将电磁铁放下，使磨耗板与钢轨相吸，动能通过将磨耗板与钢轨的摩擦转换为热能，然后通过钢轨与磨耗板最终消散于大气中。

磁轨制动能获得较大的制动力，但是对钢轨的损伤较大，因此常作为高速列车实施紧急制动时的一种补充制动手段。有些有轨电车也使用磁轨制动。

（三）制动的操纵模式

车辆的制动操纵模式主要有常用制动、紧急制动、快速制动和停放制动四种类型。

1．常用制动

常用制动是指在正常运行情况下，调节列车运行速度或使列车在预定地点停车的制动。常用制动时，首先充分利用电制动，若电制动力不能满足制动需求，则由摩擦（空气）制动加以补偿，以满足列车制动需求。

2．紧急制动

紧急制动是指在紧急情况下使列车迅速减速，并达到在最短距离内紧急停车的制动。紧急制动时，完全利用摩擦制动，在相同的载荷情况下，其制动力高于常用制动。列车一旦施加紧急制动，其制动指令将一直执行直至列车停止，中途是不可恢复的。

3．快速制动

快速制动的制动力与紧急制动的制动力一样，但与紧急制动不同的是：快速制动时电制动和气制动配合施加，在制动过程中，驾驶员可以在任何时候撤销快速制动指令，恢复列车的运行。

4．停放制动

列车静止停放时为防止停放列车溜车所施加的制动称为停放制动。

任务小结

本任务讲述了城市轨道交通车辆的连接装置的组成及各组成部分的作用、车辆车钩的常见类型、制动装置的作用、制动的类型与操作模式等。通过本任务的学习，学生需了解密接式车钩的工作原理，掌握车辆的连接装置和制动装置的作用，掌握车辆的连接装置的组成、车钩的常见类型、制动的类型与操作模式等。

课后习题

一、填空题

1. 车辆连接装置包括__________、电气连接装置及车辆贯通装置。

2. 密接式车钩在我国城轨车辆中应用的有自动车钩、半自动车钩、__________车钩三种形式。

3. 风管连接器由总风管、制动风管、__________风管连接器组成。

4. 密接式车钩由__________、钩舌、解钩杆、解钩风缸、弹簧（顶杆弹簧）等组成。

5. 车辆贯通装置由风挡、内饰板和__________组成。

6. 电阻制动是将列车的动能转变为电能消耗在__________上。

7. 再生制动是列车的动能转变为电能反馈到__________上。
8. 闸瓦制动是由闸瓦压紧车轮的__________产生阻力实施制动。

二、选择题

1. 将电能重新反馈回电网的制动方式称为（　　）。
   A. 电阻制动　　B. 再生制动
   C. 磁轨制动　　D. 机械制动
2. 城轨车辆正常制动时，采用（　　）。
   A. 机械制动　　B. 电制动
   C. 磁轨制动　　D. 电制动与机械制动相结合
3. 半自动车钩连挂时，（　　）需人工连接。
   A. 电路　　B. 气路
   C. 机械部分　　D. 电路和气路
4. （　　）是作为车辆实施紧急制动的一种补充制动手段。
   A. 闸瓦制动　　B. 磁轨制动
   C. 电阻制动　　D. 再生制动

三、简答题

1. 车辆的连接装置主要由哪几部分组成？
2. 车钩缓冲装置主要由哪几部分组成？
3. 城市轨道交通车辆车钩的常见类型有哪些？
4. 制动装置的作用是什么？制动的类型有哪些？
5. 制动的操纵模式有哪些？

任务四　了解车辆的动力装置与传动控制方式

任务目标

1. 知识目标

（1）了解城市轨道交通车辆所用牵引电机的类型。
（2）了解城市轨道交通车辆所用传动控制方式。
（3）掌握变压变频控制的含义。

2. 能力目标

（1）会用专业知识，通过专业书籍、多媒体课件和图片资料获得帮助信息。

（2）会口头表达本次任务的知识要点及学习成果。

3. 素质目标

（1）具有良好的职业意识。
（2）能自主学习新知识、新技能。
（3）具有高度的职业责任心和正确的学习态度。
（4）具有较强信息搜集能力，会查找轨道交通领域的新知识和新的发展动向。
（5）具有团队协作能力和吃苦耐劳的精神。

案例导入

案例 1：YVF 系列变频调速三相异步电动机

YVF 系列变频调速三相异步电动机（如图 2.22 所示）是在全国最新统一设计的 Y2 系列（IP54）电动机基础上派生的系列电动机，外形结构新颖美观、噪声低、震动小。它具有较宽的调速范围，并且调速平稳无极；其具有独立通风散热系统，可低速长期运行，与各类变频器具有良好的参数匹配，配合矢量控制具有快速动态响应；低速无转矩脉动，无共振现象；YVF 系列（IP54）三相异步电动机按《YVP 系列（IP54）变频调速三相异步电动机技术条件》（JB 71188—2004）的有关规定设计制造。

工作条件：
（1）海拔高度不超过 1 000 m。
（2）环境空气温度不超过 40 °C，不低于 15 °C。
（3）月平均最高湿度不超过 90%，同时该月月平均最低温度不高于 25 °C。
（4）工作制为连续工作制。
（5）采用 F 级绝缘。
（6）额定电压为 380 V。
（7）额定基频为 50 Hz，一般为 4 极。
（8）通风冷却为 IC416（独立风机冷却）。

图 2.22　YVF 系列变频调速三相异步电动机

案例 2：中国南车节能型直线电动机地铁车辆

节能型直线电动机地铁车辆比同类型地铁车辆轻 4 t，能耗降低约 9% 的节能型直线电动机地铁车辆是广州 6 号线首列直线电动机地铁车辆，如图 2.23 所示。

图 2.23　节能型直线电动机地铁车辆

直线电动机地铁车辆是当今世界先进的城市轨道交通移动装备，因其采用直线电动机牵引技术而得名，它是应用于城市轨道交通中典型非黏着驱动方式的地铁车辆。与传统的旋转电动机地铁车辆相比，直线电动机地铁车辆有着工程造价低、爬坡性能好、噪声低、运营成本低、曲线通过能力强等诸多技术和性能优势。直线电机车辆已有 30 多年安全可靠的运用实践。从 2005 年年底开始，我国的广州、北京等城市轨道交通中开始应用这一类型的地铁车辆。

知识链接

一、车辆的动力装置

牵引电动机是城市轨道交通车辆得以实现牵引及电制动的动力装置。牵引电动机悬挂在车辆转向架或车轴上，并借助传动装置驱动车辆前进。目前世界各国采用的牵引电动机有两大类，即旋转电动机和直线电动机。

（一）旋转电动机

旋转牵引电动机又可分为直流牵引电动机和交流牵引电动机。直流牵引电动机早期在城轨电动车辆上得到了广泛应用，随着电气和电子技术的发展，体积小、容量大、可靠性高、维修量小的三相交流异步牵引电动机开始大量被采用，其明显的技术优势，替代了直流牵引电动机。在我国，电动车辆几乎都采用交流牵引电动机。

1. 直流电动机

直流牵引电动机主要由静止的定子和旋转的转子两大部分组成，其外形如图 2.24 所示。

图 2.24 直流牵引电动机图

定子的作用是产生磁路和作为电动机的机械支撑。定子由主磁极、换向极、电刷装置、机座、端盖和轴承等部件组成。

转子是实现能量转换的主要部件。转子由电枢铁芯、电枢绕组、换向器和转轴等部件组成，用于产生感应电势和电磁力矩。

2．交流电动机

城市轨道交通车辆的交流电机通常采用异步电动机，其外形如图 2.25 所示。

图 2.25 交流牵引电动机

三相异步牵引电动机主要由固定部分的定子和旋转部分的转子组成。定子和转子之间有很小的间隙，称为气隙。定子的两端还有端盖。

（1）定子。

异步牵引电动机定子由定子铁芯、定子绕组和机座三部分构成。

（2）转子。

异步牵引电动机的转子由转子铁芯、转子绕组和轴承等部分构成。

（3）气隙。

与其他电动机一样，异步电动机的定子和转子之间必须有一个气隙。

异步电动机的气隙很小。气隙的大小对异步电动机性能有较大影响：一方面，为了降低电动机的空载电流和提高电动机功率因数，气隙应尽可能小；另一方面，为装配方便和运行可靠，以及削弱磁场脉振所引起的附加损耗等，气隙又应稍大点才更有利。

交流电动机没有换向器，构造简单，运行可靠，效率较高，维护很少，价格低廉；转子坚固，定子绕组沿圆周均匀分布，电动机体积小，能获得较大的单位质量功率；其机械特性较硬，具有较好的防空转性能，使黏着利用提高；微电子技术的发展使异步电动机的调压变频调速得以顺利实现。

（二）直线电动机（线性电动机）

轨道交通用直线电动机一般分为直线同步电动机和直线感应电动机两种类型，城市轨道交通中一般使用直线感应电动机，简称直线电动机。直线电动机是从旋转电动机演变而来的。它的基本构成和作用原理与普通旋转电动机类似，就如同将旋转电动机沿径向切开后展平而成。

1．直线电动机的构成

直线感应电动机类似于传统的旋转感应电动机。直线电动机可以视为一台旋转电动机沿半径方向切开而展平的感应电动机，即将旋转感应电动机静止的定子（铁芯和绕组）安装在车辆的转向架上，将旋转的转子（感应板）安装在轨道中间的感应轨上，当直线电动机的定子绕组通过交流电流时，两部分产生的磁场相互作用，直接推动车辆前进；反之则产生斥力，可使车辆制动。改变交流电的电压及频率，就可以控制磁场的变化，从而完成列车的起动和制动。

2．直线电机的特点

采用直线电动机的车辆，取消了传统的旋转电动机从旋转运动转换成直线运动所必不可少的一系列机械减速传动机构，从而能达到降低噪声，减轻重量的效果。直线电动机的应用使电动车辆转向架的结构变得十分简单，可降低城轨交通系统土建工程的造价，此外，直线电机的爬坡性能也非常好。

直线电机牵引系统的缺点是需铺设一条与线路等长的感应轨，工艺要求高、投资较大、控制技术复杂。

目前采用直线电动机牵引的车辆已在日本、加拿大、美国一些轨道交通线路上应用。广州地铁 4 号线是我国首次运用直线牵引电动机作为车辆牵引动力的车辆。广州地铁 5 号线、6 号线，北京快速轨道机场线也采用直线电动机牵引车辆的方式。

二、传动控制方式

（一）变阻控制

变阻控制是一种曾广泛应用于直流牵引电机传动的控制方式，通过调节串入电动机回路以改变直流牵引电动机的端电压来达到调速的目的。虽然控制方式简单方便，但由于耗能、发热等原因已被淘汰。

（二）斩波调压控制

斩波调压控制是通过接在电网与牵引电动机之间的斩波器的导通和关断来改变直流牵引电动机的端电压，实现调速。这种方法广泛用于直流牵引电动机作动力的电动车辆上，可实现无级调整，并容易实现再生制动。

（三）变压变频控制（Variable Voltage Variable Frequency）

变压变频控制（简称 VVVF）是近 30 年来最先进的交流牵引电动机传动控制方式。它在牵引工况时利用逆变器将直流变为电压和频率均可调节的交流，以电压和频率的变化控制交流牵引电动机。在调速性能和节能方面均有优越性，被公认为近代调速系统中性能最好的一种。

变压变频控制适合旋转交流电动机和直线交流电动机。

各种传动控制方式的技术性能见表 2.7 所示。

表 2.7　各种传动方式电动车辆技术性能

以传动方式区分的车型		直流电机牵引变阻车	直流电机牵引斩波调压车	交流电机牵引变压变频车	直线电机牵引变压变频车
主牵引电机	电机形式	直流旋转电机	直流旋转电机	交流旋转电机	交流线性电机
	电机效率	较　高	较　高	较　高	低
	调速控制	较　易	较　易	较　难	较　难
	结　构	复　杂	复　杂	简　单	简　单
	重　量	较　重	较　重	较　轻	最　轻
	体　积	大	大	较　小	小
	维修量	大	大	小	小
电气传动控制	传动形式	直流传动	直流传动	交流传动	交流传动
	控制方式	凸轮变阻	GTO 斩波调压	VVVF 逆变	VVVF 逆变
	控制技术	简　单	较简单	较复杂	较复杂
转向架	转向架形式	普通型 动力转向架	普通型 动力转向架	普通型 动力转向架	可采用 径向转向架
	传动机械	齿轮变速箱	齿轮变速箱	齿轮变速箱	不需传动机构
	转向架自重	6～8 t	6～8 t	5～7 t	5 t 以下
	通过曲线能力	较　差	较　差	较　差	较　好
	爬坡能力	较　弱	较　弱	较　弱	较　强
	噪　声	较　大	较　大	较　大	较　小
经济性	轨道工程投资	较　低	较　低	较　低	投资大
	车辆造价	较　高	较　高	较　高	较　高
	运营耗电量	最　大	较　小	较　小	较　大
	维修费用	最　大	较　大	最　大	较　小
技术可行性		技术成熟，国内已批量生产	大功率 GTO 斩波调压器已组织攻关，经努力可实现国产化	VVVF 逆变技术，较复杂，引进关键部件可实现国产化	交流传动直线电机，径向转向架，技术难度大，国产化难
技术先进性		已被淘汰，技术上落后	技术较先进	代表当前最先进技术	代表当前最先进技术

任务小结

本任务介绍了城市轨道交通车辆的动力装置与传动控制方式，通过本任务的学习，学生需了解城市轨道交通车辆采用的牵引电机的类型与特点，了解其传动控制方式，特别要熟知变压变频控制的含义及当今城市轨道交通车辆采用的传动控制方式。

课后习题

一、填空题

1. 城市轨道交通车辆牵引电动目前有两大类，即旋转电动机和__________电动机。

2. 旋转电动机有直流牵引电动机和交流牵引电动机两种，我国城市轨道交通车辆早期采用的是_________电动机，目前广泛采用_________电动机。

3. 变阻控制是一种曾广泛应用于______牵引电机传动的控制方式。

4. 斩波调压控制是通过接在电网与牵引电动机之间的斩波器的导通和关断来改变_____牵引电动机的端电压，实现调速。这种方法广泛用于______牵引电动机作为动力的电动车辆上。

5. VVVF 的中文意思是_________。

二、简答题

1. 目前我国城市轨道交通车辆上广泛采用什么类型的牵引电机？它有何特点？

2. VVVF 传动控制方式是什么意思？

任务五　了解城市轨道交通车辆基地

任务目标

1. 知识目标

（1）了解车辆其地的组成。

（2）了解车辆段的功能。

（3）了解车辆的修程及相关维修内容。

（4）了解车辆维修的主要设备。

2. 能力目标

（1）会用专业知识，通过专业书籍、多媒体课件和图片资料获得帮助信息。
（2）会口头表达本次任务的知识要点及学习成果。

3. 素质目标

（1）具有良好的职业意识。
（2）能自主学习新知识、新技能。
（3）具有高度的职业责任心和正确的学习态度。
（4）具有较强信息搜集能力，会查找车体和转向架的新知识和新的发展动向。
（5）具有团队协作能力和吃苦耐劳的精神。

案例导入

武汉野芷湖车辆段是武汉至今最复杂的一个车辆段，也是“功能最强大的车辆段”——四线归一：7 号线、8 号线、纸坊线及远期的 5 号线。7 号线车辆段与 8 号线停车场在此共址，7 号线野芷湖站与 8 号线野芷湖站在此换乘，7 号线正线区间与 8 号线正线区间在此汇聚，如图 2.26 所示。

车辆段工程项目繁多、内容庞杂、施工专业多、接口复杂、施工组织协调管理难度大。项目施工时涉及土建、装修、通风与空调、给排水及消防、供电、轨道、通信与信号、绿化及景观等多专业。

运用库设有 18 股道，同时在 B 端预留 18 列位。土建全部按照 8A 列车进行建设，为将来车辆的扩编提供保证。

月修库设有 4 股道，可同时开展 4 列车的双周检和月修工作，进一步保证了列车的日常检修能力。

联合车库设有厂架修 4 列位、定临修 3 列位、静调 1 列位和吹扫 1 列位，同时还设有车体检修和油漆间等大架修专用库房，可以保证未来 5、7、8 三条线车辆大架修的需求。

（a）

（b）

（c）

（d）

图 2.26　野芷湖车辆段

知识链接

一、车辆基地的组成

车辆基地是车辆停放及维修基地的简称，是城市轨道交通车辆停放、保养、修理的专门场所。车辆基地包括车辆段、综合维修中心、物资总库、培训中心和其他生产、生活、办公等配套设施，是保证城市轨道交通系统中各项设备处于良好的状态和行车安全的场所。

（一）车辆段

车辆段是城市轨道交通系统中对城市轨道交通车辆进行运营管理、停放、维修保养的场所。一般情况下一条线路设一个车辆段，当线路长度超过 20 km 时，可以考虑设一个车辆段、一个停车场。

1．车辆段的组成

车辆段主要由检修库、停车库、列检所和办公生活设施四大部分组成。车辆段主要划分为检修区和运营区，主要任务是承担车辆的运营及各种定期检修作业。所有的检修工作均集中在检修区进行，运营区主要负责段属车辆的停放、列检和乘务工作。

（1）检修库。

检修库用于对车辆的检修，根据检修作业范围可分为大、架修库和定修库。大、架修库承担车辆的大修、架修及其以下修程作业；定修库承担车辆的定修及其以下修程作业。检修时，在库内对列车的走行部、车体及车顶设备进行检查。为方便作业及保证安全，检修线路应采用架空形式。

（2）停车库。

停车库兼有停车、整备、清扫、日常检查和驾驶员出乘等多种功能。为实现这些功能，停车库除设有停车线外，还设有运用车间、运转值班室、驾驶员待班室等驾驶员出乘用房，以及列车、列车车载信号检修用房。由于列车本身价值昂贵，在地铁运行中占据着重要地位，因此在停车库中都设置有自动防灾报警设备，并与整个地铁消防系统联系在一起。按照相关要求，架空接触网或接触轨应进库，接触轨应加防护装置，每条库内线两端和库外线之间及停车台位之间设置隔离开关，这样可以对每条停车线的接触网（接触轨）独立停、送电。每条停车线还应有接触网、接触轨送电的信号显示和列车出、入库的音响报警装置。停车线兼作车辆列检线时，应设有检查地沟。

（3）列检所。

列检所的任务是利用列车的停放时间和停放场地对车辆的重要部件进行例行技术检查，对危害行车安全的一般故障进行重点修理。列检所一般设在停车场（库）或列车折返时停留和准备场所的停车线旁。

（4）办公生活设施。

办公生活设施是指保证车辆正常运营和满足维修需要的附属设施，主要包括易燃品库、混合变电所、降压变电所、信号楼、综合办公楼等办公场所和设备，司乘公寓、锅炉房、污水处理站、食堂和浴室等生活设施及场所。

2. 车辆段的主要功能

（1）承担所属线路车辆的编组、停放、清洁、列检工作。

（2）承担所在线路车辆的定修和临修工作。

（3）承担所属线路和由多条联络线互相沟通的线路的车辆架修、大修工作。

（4）承担车辆部件的检测、修理工作，满足车辆各修程对互换部件的需求。

（5）车辆段具有维修能力，可作为地铁网络的车辆部件维修点，为其他车辆服务。

（二）综合维修中心

综合维修中心主要负责对城市轨道交通系统中各种设备和设施的维修管理。具体包括工务、建筑、供电、机电、通信、信号及自动化设备和系统的运用、维修、巡检、抢修和管理，涉及线路、路基、轨道、桥梁、涵洞、隧道和房屋建筑等设施的维护保养，以及供电、通信、信号、机电设备和自动化设备的运用维修保养及故障修理工作。

（三）物资总库

物资总库负责轨道交通系统材料、配件、设备和机具，以及劳保用品等的采购、存放、发放和管理工作，为轨道交通工程各系统的建设、运营和维修所需材料、机电设备和配件等提供储存和供应服务，并负责材料的采购、保管和发放工作。在工程建设期间，物资总库可作为工程材料、设备临时存放的场所。物资总库宜设在大、架修车辆段内，根据需要可在定修段或停车场内分别设物资分库或材料库。

（四）培训中心

城市轨道交通系统网络一般宜共用一个培训中心，培训中心宜设于车辆基地内，负责组织和管理车辆段及综合基地职工的技术教育与培训。对职工的实际操作培训宜利用车辆基地的既有设施。培训中心内应设司机模拟驾驶装置及其他系统模拟设施，并设有教室、设备室、教职员工办公室及配套设施。培训中心应以城市轨道交通线网规划为依据进行合理规划，根据功能和任务确定建设规模。

二、车辆的维修

车辆经过一段时间运用后，各部构件会产生磨耗、变形或损坏，为了保证车辆质量良好地运行、延长使用寿命，除了车辆乘务员加强日常检查和保养、维护外，还需要定期进行各种修程的维修。

（一）车辆维修分类

车辆维修根据目的不同主要分为预防性维修和故障维修。

1. 预防性维修

预防性维修是在故障率没有超过事先确定的指标之前，为了限制故障的产生而对设备采取的维修措施。它可以根据使用时间和车辆的运行公里数两个因素来确定。预防性维修的计划是根据车辆制造者所提供的基础信息来确定的，但同时它也必须与设备当时的运转情况相适应。如果系统的可靠性比较高，那么维修的周期可以相对延长；反之，则要相对缩短维修周期。预防性维修具体可以分为以下两种形式。

（1）计划修。

计划修是根据事先确定的计划，当达到一个事先确定的时间周期或者一个车辆运行公里数时，对相关设备进行的检查和处理。例如，早期广州地铁车辆计划修主要包括日检修、双周检、半年检、年检、架修、大修等修程；北京地铁的修程为厂修、架修、定修和月修（其中架修、定修和月修为段修修程）；上海地铁的修程为厂修、架修、定修、双月修、双周修和列检（日检）。

根据维修程度的不同，计划修主要分为以下三大类。

① 定修。

定修即年检及其以下的修程。该类维修以检查和维护保养为主，直接面向运营供车的需要。

② 架修、大修。

该类维修以维修为主，即主要恢复部件尺寸、功能等。

③ 各类部件的维修。

该类维修主要对各种维修换下的部件进行维修。

（2）状态修。

在对设备进行检测时，一旦某一参数超过了事先确定的限定警戒值，则需要介入状态修。该类维修要根据参数的变化趋势对设备进行检修。

2. 故障维修

故障维修是在某个部件出现故障之后所采取的维修方式，即临修。故障维修的工作负荷一般是无法预计和评价的，总是由使用者（运营者）发现故障之后报告，然后展开维修，并在故障维修中通过换件快速处理故障。故障维修可以是彻底维修，也可以是临时性的维修，设备在临时维修之后仍然可以投入运营，并等待彻底维修。在这些不同的维修程序结束之后，就应该认为设备恢复为可使用状态，可以投入正常的运营。这种维修一般是在各线车辆段或停车场进行的。

（二）车辆修程及维修内容

城市轨道交通车辆的修程大致分为列检（日检）、月检（双月检）、定修、架修和厂修（又称大修）。

1. 列　检

对容易出现危及行车安全的各主要部件，如轮对、弹簧、转向架、受流器、控制装置、空气制动装置、车钩及缓冲装置、蓄电池、车门风动开关装置、车体、车灯等等进行外观检查，对危及行车安全的故障及时进行重点修理。

2．月　检

对车辆外观和一般功能进行检查，即对车辆主要部件的技术状态进行外观检查和必要试验，对危及行车安全的故障进行全面修理。

3．定　修

主要是预防性的修理，需要架车。对各大部件的技术状态和作用做较仔细检查，对检查发现的故障进行针对性修理，对车上的仪器和仪表进行校验，车辆组装后要经过静调和试车。

4．架　修

主要目标是检测和修理大型部件如走行部、牵引电动机、传动装置等，同时，经架车对车辆各部件进行解体和全面检查、修理、试验，对计量的仪器、仪表进行校验，车体要重新油漆标记，组装后进行静调和试车。

5．厂　修

全面恢复性修理。要求对车辆全面解体、检查、整形、修理和试验，要求完全恢复其功能。组装后要重新油漆、标记、静调和试车。总之，厂修后的车辆基本上要达到新车出厂水平。

（三）车辆维修的主要设备

1．不落轮镟床

不落轮镟床可以在不拆卸轮对的情况下及时对其踏面和轮缘进行镟削。不落轮镟床外形如图 2.27 所示。

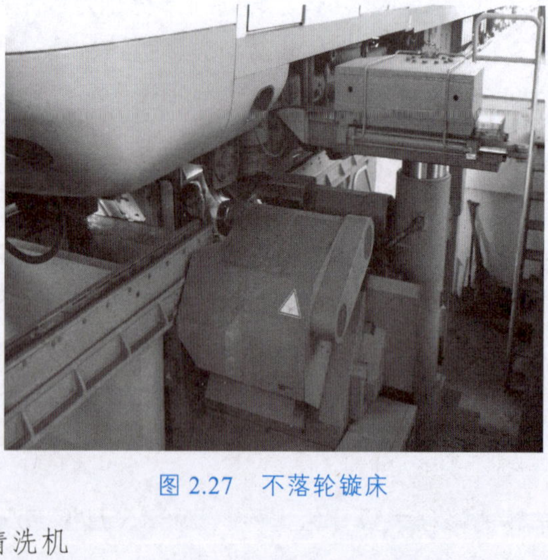

图 2.27　不落轮镟床

2．列车自动清洗机

清洗机按程序进行车头、车尾、车侧、车窗、车体连接折篷的清洗。另外，该机还可以进行水洗和化学清洗的选择以及进行水处理循环等工作，其外形如图 2.28 所示。

图 2.28　列车自动清洗机

3．架车机

架车机分地面式架车机和地下式架车机两种形式。

地面式架车机能同步提升多节不解钩的列车单元组，以便对列车车体下部的机械和电气部件进行维修、保养和更换等操作。每四台架车机为一组。地面架车机分为固定式和移动式两种。

地下式架车机的架车机组最高平面与地面轨道在同一水平面，由两个独立的车体架车机和转向架架车机组成。该架车机组不但能提升列车，还能轻易落下车辆中任意一个转向架或轮对。

地面式架车机和地下式架车机如图 2.29 和图 2.30 所示。

图 2.29　地面式架车机

图 2.30　地下式架车机

4．轮对压装机

轮对压装机用于车轮和车轴在设定压力下装配成轮对或将轮对分解成车轮和车轴。其外形如图 2.31 所示。

图 2.31 轮对压装机

任务小结

本任务介绍了车辆基地的组成与作用、车辆维修的分类及相关维修内容、维修的主要设备，重点阐述了车辆段组成与功能，通过本任务的学习，学生可了解车辆基地的组成与作用，了解车辆段的组成与主要设备，了解车辆的修程及相关维修内容。

课后习题

一、填空题

1. 车辆基地是车辆________及维修基地的简称。

2. 车辆基地包括________、综合维修中心、物资总库、培训中心和其他生产、生活、办公等配套设施，是保证城市轨道交通系统中各项设备处于良好的状态，确保行车安全的场所。

3. 车辆段主要由检修库、________、列检所和办公生活设施四大部分组成。

4. 车辆维修根据目的不同主要分为预防性维修和________。

5. 预防性维修具体可以分为以下两种形式，即计划修和________。

二、简答题

1. 车辆基地的组成有哪些?

2. 车辆段的组成与主要设备各有哪些?

3. 车辆的修程大致有哪些?

拓展知识

车辆段的形式

车辆段的线路要根据车辆段作业要求，结合用地特点来布置。一般来说，车辆段设计原则包括以下三方面的内容。

1．收发车顺畅

车辆段是列车运营的起始与终止场所，其设计要根据线路特点保证列车出入的流畅，满足能力要求。

2．停车检修分区合理

在部分线路较长的场合，车辆段与停车场的确定需要考虑位置分布，以保证运营组织与管理的方便性。

3．用地布置紧凑

城市轨道交通系统一般在市区，土地资源稀缺，且价格昂贵，车辆段与停车场的设计要紧凑，以降低建设费用。

车辆段可布置成贯通式或尽端式。图 2.32 是一个贯通式车辆段布置图实例，图 2.33 是一个尽端式车辆段布置图。贯通式车辆段两端均可以收发列车，能力较大。停车列检库一股道可以停 3 列车。

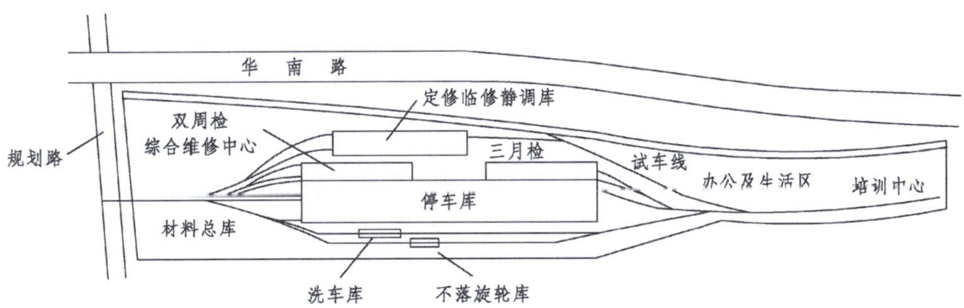

图 2.32 贯通式车辆段布置图实例

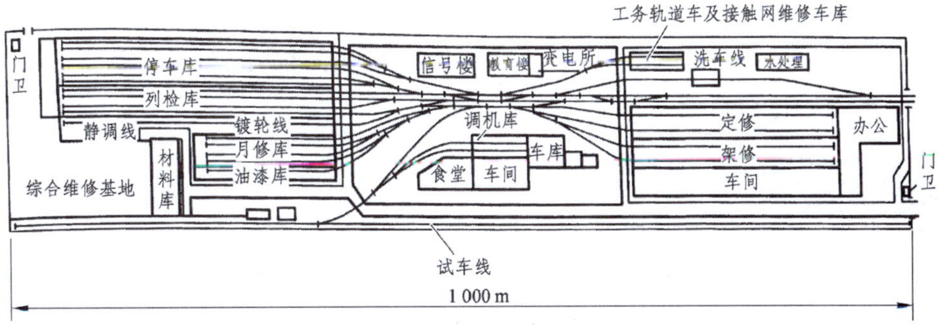

图 2.33 尽端式车辆段布置图

项目三 城市轨道交通供电系统

任务一 了解城市轨道交通供电系统的构成

任务目标

1. 知识目标

（1）了解城市轨道交通的供电系统的构成。

（2）掌握外部电源的供电方式。

（3）掌握主变电所和电源开闭所的适用范围。

（4）了解动力照明供电系统的功能及车站用电负荷的级别。

2. 能力目标

（1）会用专业知识，通过专业书籍、多媒体课件和图片资料获得帮助信息。

（2）会口头表达本次任务的知识要点及学习成果。

3. 素质目标

（1）具有良好的职业意识。

（2）能自主学习新知识、新技能。

（3）具有高度的职业责任心和正确的学习态度。

（4）具有较强信息搜集能力，会查找轨道交通供电领域的新知识和新的发展动向。

（5）具有团队协作能力和吃苦耐劳的精神。

案例导入

2007 年 8 月 7 日 × 点 × 分，某地铁一号线 × × 站一根接触网断线，导致 × × 站至 × × 站上行方向的线路停电，地铁一号线双向行车均受影响，中断行车。

由于事发时发出强光和响声，引起车厢内乘客惊慌不安，列车随即停靠车站月台，并进行广播安抚，乘客平静提早出站，在工作人员引导下改乘接驳公车。

事件中，司机应急处理得当，所有列车均根据已设计好的断电应急措施操作，利用滑行惯性到站台停靠，打开车门疏散乘客，没有出现列车隧道停车、旅客被困的情况。

事故发生后，地铁工程人员抬着设备冲入车站进行抢修。故障发生二十分钟后，××地铁公司启动了《××地铁应急公交接驳预案》，安排了十八辆免费巴士到场应急，各公交公司紧急投入运力，负责不同地区的公交接驳。

经过紧急抢修，当天下午×时×分开始恢复行车，地铁一号线双向在事故停车约一个半小时后恢复正常。不过，事故还是造成大量地铁乘客滞留，通车后的地铁车厢内爆满，不少乘客要候车三趟后才能上车。

据了解，此次事故由一号线使用的柔性接触网引发。接触网是地铁供电系统的重要组成部分，在××地铁二号线之前，中国的架空悬挂接触网系统只有柔性悬挂一种形式。传统的柔性接触网结构庞大而复杂，承力重，使用过程中易出现磨损、断线的危险。

××地铁公司后来把柔性接触网陆续改为刚性接触网。由于更换接触网只能在收车之后进行，这是一个庞大的工程，完工后的刚性接触网应用良好。

知识链接

城市轨道交通的供电系统是负责为其正常运营提供所需电能的重要部门。城市轨道交通列车是电力牵引的电动列车，其动力是电能。此外，为运营服务的辅助设施包括照明、通风、空调、排水、通信、信号、防灾报警、自动扶梯等，也都依赖并消耗电能。在运营中，供电一旦中断不仅会造成地铁运输的瘫痪，而且还会危及乘客生命安全和造成财产的损失。因此高度安全、可靠而又经济合理的供给电力是城市轨道交通正常运营的重要保证和前提。

城市轨道交通是一个重要的供电用户，不同于一般的工业和民用供电。根据其重要性应规定为一级负荷。一级负荷规定应由两路独立的电源供电，当任何一路电源发生故障中断供电时，另一路应保证城市轨道交通一级负荷的全部用电需要，如图 3.1 所示。

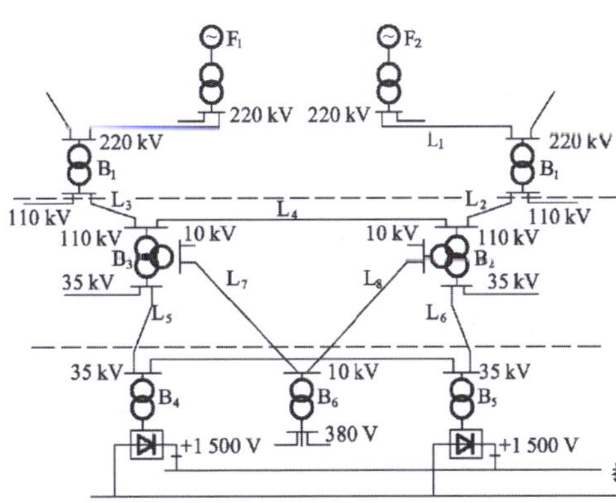

F_1，F_2—城市电网发电厂；L_1～L_9—传输线；B_1～B_3—主变电所；B_4，B_5—牵引变电所；B_6—降压变电所。

图 3.1　供电系统

城市轨道交通供电系统一般包括外部电源、主变电所或电源开闭所、牵引供电系统和动力照明供电系统、电力监控系统与杂散电流腐蚀防护。其中，牵引供电系统包括牵引变电所和牵引网，动力照明供电系统包括降压变电所和动力照明。

一、外部电源

城市轨道交通供电系统的外部电源就是为系统的主变电所或电源开闭提供电力的外部城市电网电源，它包括发电厂、高压输电线路和区域变电所。城市轨道交通供电系统作为城市电网的特殊用户，一条线路的用电范围是 10 ~ 40 km，负荷呈线状分布。

根据线路和城市电网的实际情况，城市轨道交通供电系统外部电源的供电方式有集中式供电、分散式供电和混合式供电。

（一）集中式供电

集中式供电是指由城市轨道交通供电系统的主变电所引入两路独立的电源，降压后经中压网络集中为牵引变电所和降压变电所提供电力的外部电源供电方式。主变电所进线电压一般为 110 kV，经降压后变成 35 kV 或 10 kV 进入中压网络。每个牵引变电所和降压变电所均从中压网络获得两个独立的引入电源。

我国很多城市的地铁供电系统线路都采用此种供电方式。

（二）分散式供电

分散式供电是指在轨道交通沿线由城市中压电网通过电源开闭所向牵引变电所和降压变电所分散供电，或直接由城市中压电网向牵引变电所和降压变电所供电的外部电源供电方式。分散式供电一般从城市电网引入 10 kV 中压电源，也有少量的 35 kV 中压电源。

分散式供电应保证每座牵引变电所和降压变电所皆能获得双路电源。

（三）混合式供电

混合式供电是介于集中式供电和分散式供电之间的一种供电方式，一般以集中式供电为主、以分散式供电为辅，也有少数城市采用以分散式供电为主、集中式供电为辅的供电方式。

北京地铁 1 号线和环线即为混合式供电。

二、主变电所和电源开闭所

主变电所适用于外部电源集中供电的方式，其功能是接受城市电网高压电源经降压向牵引变电所和降压变电所提供中压电源。电源开闭所适用于外部电源分散供电的方式，一般与车站牵引（或降压）变电所合建，其功能是接受城市高压电源为牵引变电所和降压变电所转供中压电源。

主变电所至少应设置 2 台变压器，有开关电路的开关设备，汇集电流的母线，计算和控制互感器、仪表、继电保护装置和防雷保护装置、调度通信装置等。电源开闭所通常由开关柜、母线、控制和保护装置等设备组成。

三、动力照明供电系统

动力照明供电系统由降压变电所和动力照明系统构成，其功能是将中压网络的交流高压电压降压变成交流 220/380 V 电压，为轨道交通系统运营需要的各种机电设备提供低压电源，如图 3.2 所示。

动力照明供电系统的中压侧电压和牵引供电系统的中压侧电压可以一致也可以不一致，国内一般采用 10 kV 或 35 kV。例如，采用混合式供电的北京地铁、大连轻轨采用 10 kV，广州地铁、南京地铁采用 35 kV；采用独立式供电的上海地铁 1 号线、2 号线牵引网采用 35 kV，而供配电系统采用 10 kV。

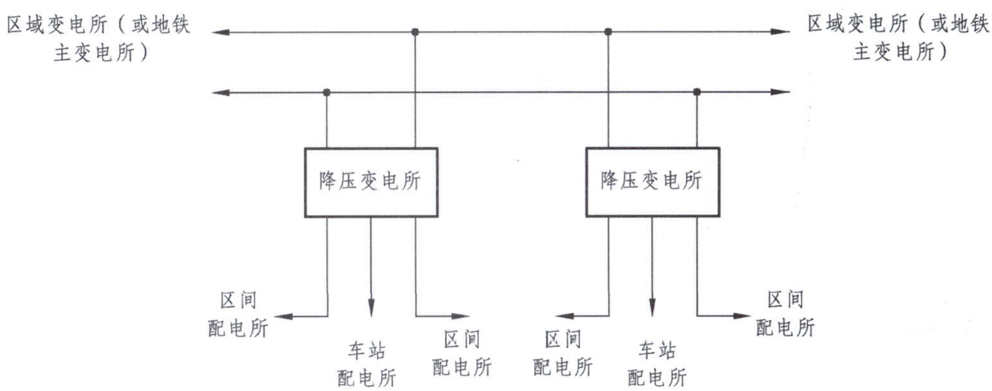

图 3.2 动力照明供电系统

（一）降压变电所

降压变电所将三相电源进线电压降为三相 380 V 交流电。降压变电所可以分成车站降压变电所、车辆段或停车场降压变电所、控制中心降压变电所，可与牵引变电所合建成牵引、降压混合变电所。对于地面轨道交通线路，还可以采用厢式降压变电所。

（二）动力照明系统

动力照明系统是给车站空调、给排水泵、自动扶梯等动力设备及照明、通信信号、防灾报警、设备监控等设备供电的系统。降压变电所通过配电所（室）将三相 380 V 和单相 220 V 交流电分别供给动力照明设备。

1．车站用电负荷

根据用电设备的用途和重要性，车站用电负荷分为以下几种。

（1）一级负荷：包括排烟风机、消防泵、主排水泵、自动售检票机、屏蔽门、电力监控、变电所操作电源、防灾报警、通信信号、人防系统、地下车站站台和站厅照明及应急照明等。

（2）二级负荷：包括局部通风机、普通风机、排污泵、自动扶梯、电梯等。

（3）三级负荷：包括空调、冷冻机、广告照明、维修电源等。

2. 对用电负荷供电的技术要求

（1）一级负荷为双电源、双回路，供电末端自动切换，来电自复。

（2）二级负荷为双电源、单回路，在电源端自动切换，来电自复。

（3）三级负荷为单电源、单回路，当电源失压时，可以自动切除。

（4）对于一级级负荷，大功率设备的双电源可以来自变电所两端母线，小功率设备的双电源可以来自不同母线上的配电箱。

（5）对于二级负荷，两路电源，单回路供电，电源在变电所自动切换。

（6）对于三级负荷，由一路电源供电，当一台配电变压器故障解列时，可根据需要自动切除，另一台配电变压器可以承担全部一、二级负荷。

任务小结

本任务介绍了城市轨道交通供电系统的构成，讲述了其组成部分中外部电源的供电方式、主变电所或电源开闭所的适用范围、动力照明供电系统的组成与作用，以及车站用电负荷的级别。通过本任务的学习，学生可了解城市轨道交通供电系统的构成以及相关组成部分的功用。

课后习题

一、填空题

1. 外部电源系统的供电方式有__________、__________、__________三种。

2. 降压变电所的作用是将三相 10 kV 电压降为____________。

3. 供电系统根据其重要性规定为________级负荷，它由____________路独立的电源供电。

4. 售检票机、防灾报警属于____________类负荷。

5. 混合式供电一般以__________________主，以__________________为辅。

6. 动力照明供电系统由______________和________________构成。

二、选择题

1. 城市轨道交通降压变电所的作用是将三相进线电压降为三相（　　）电压。

A. 380 V 交流　　B. 380 V 直流　　C. 220 V 交流　　D. 220 V 直流

2. 下列动力负荷属于一级负荷的是（　　）。

A. 空调　　B. 冷冻机　　C. 广告照明　　D. 防灾报警

3. 下列属于二级负荷的是（　　）。

A. 通信信号　　B. 主排水站　　C. 排污泵　　D. 消防泵

三、简答题

1. 简述城市轨道交通供电系统的组成。
2. 集中式供电指什么?
3. 分散式供电指什么?
4. 主变电所和电源开闭所分别适用于何种供电方式?
5. 动力照明供电系统的功能是什么?

任务二　熟悉牵引供电系统

任务目标

1. 知识目标

（1）掌握牵引供电系统的组成与功能。
（2）掌握牵引变电所的功能与设置位置。
（3）了解牵引变电所和接触网的供电方式。
（4）掌握牵引网的组成与功能。
（5）掌握接触网的分类和相关特点。

2. 能力目标

（1）会用专业知识，通过专业书籍、多媒体课件和图片资料获得帮助信息。
（2）会口头表达本次任务的知识要点及学习成果。

3. 素质目标

（1）具有良好的职业意识。
（2）能自主学习新知识、新技能。
（3）具有高度的职业责任心和正确的学习态度。
（4）具有较强信息搜集能力，会查找轨道交通供电领域的新知识和新的发展动向。
（5）具有团队协作能力和吃苦耐劳的精神。

案例导入

接触网检修工的日常工作

深夜，当最后一班地铁驶离站台的时候，意味着一天的地铁运营终于要结束了。此刻的城市恢复了宁静，但地铁人并没有闲下来。在漆黑的隧道，一波地铁人的忙碌才刚刚开始。下面我们一起来看看接触网检修工在忙些什么。

接触网检修很耗体力，工具大而重，同时经常是晚上作业，作业任务繁重。工作前工具的准备工作如图 3.3 所示。

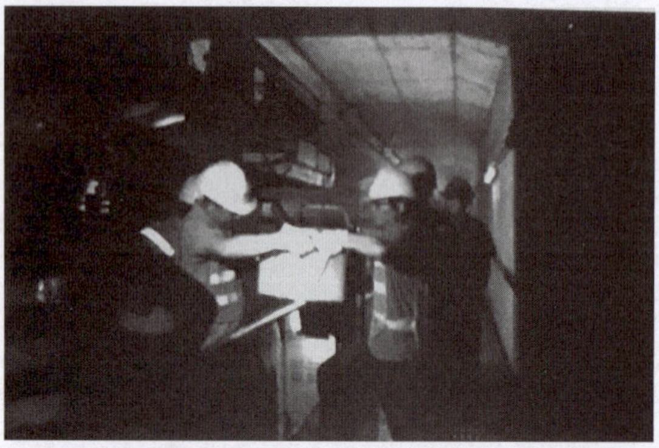

图 3.3 工作前工具的准备

（1）先验电，再挂地线，做到双人确认，确保安全。重达 5 kg 的地线对检修工来说已经习以为常。工作人员接挂地线的场景如图 3.4 所示。

图 3.4 挂接地线

（2）凌晨 1 时 30 分正式开始作业。检修员登上工程车作业平台，工程车以 5 km/h 的车速前行，沿线路排查接触网隐患。接触网隐患排查的场景如图 3.5 所示。

图 3.5 接触网隐患排查

（3）检修员细致排查，力求不放过任何蛛丝马迹。一旦发现异常情况，他们会立即要求司机停车，对情况进行仔细排查。认真修复，接触网仔细检查场景如图3.6所示。

图 3.6 仔细检查接触网

（4）固定槽钢的螺栓出现脱漆的现象，如果不能及时发现和修复，有可能会导致“跳闸”（断电）。发现脱漆现象后应马上用湿抹布擦干净，再认真仔细地涂上专用油漆。抹布擦拭的工作场景如图3.7所示。

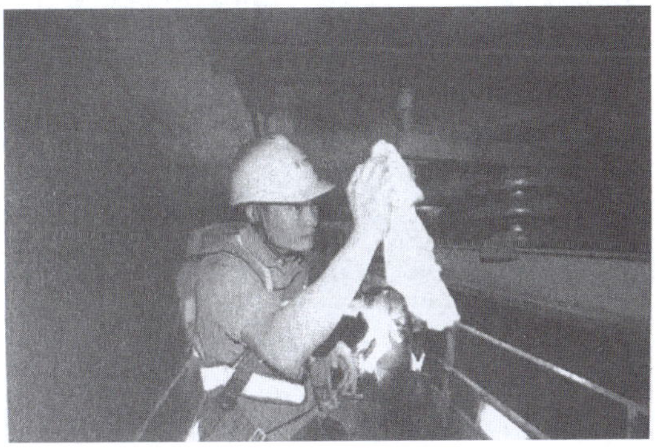

图 3.7 抹布擦试

（5）平台与隧道顶大概相距1.5 m，对于接触网检修工来说有点“尴尬”，他们很多时候是采取蹲着、弯腰、侧头的姿势在3 h内完成检查和抢修工作。涂专用油漆的工作场景如图3.8所示。

图 3.8 涂专用油漆

（6）用砂纸擦拭、排除附着在接触网上的铁屑安全隐患。擦拭的时候，铁屑随之掉落下来，手上、脸上、衣服上到处可见，可即使流汗也尽量不要擦，因为擦的时候很容易让铁屑掉入眼睛里。用砂纸擦拭铁屑的工作场景如图 3.9 所示。

图 3.9　砂纸擦拭铁屑

（7）夜间工作时间一般只有 3 h 左右，为了完成任务，接触网检修工的工作基本没有停歇。完成检修后再次检查的工作场景如图 3.10 所示。

图 3.10　完成后再次检查

（8）3 h 的工作时间结束，接触网检修工收拾好工作，人员出清，汇报施工作业完毕。

知识链接

牵引供电系统包括牵引变电所和牵引网，其功能是将交流中压电压经降压整流变成直流 1 500 V 或直流 750 V 电压，为电动列车提供牵引供电。图 3.11 为牵引供电系统示意图。

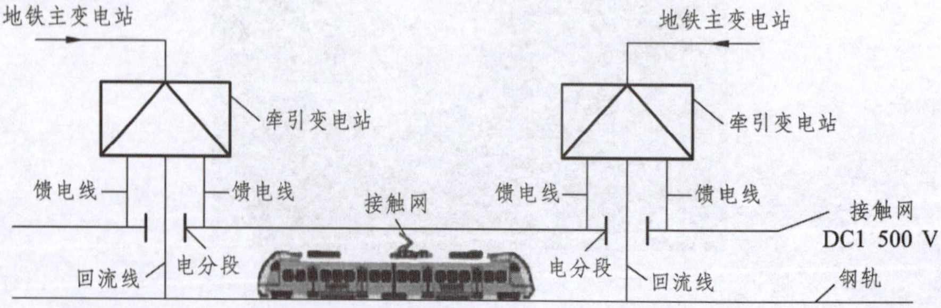

图 3.11　牵引供电系统示意图

区域变电所或主变电所将供电部门送来的三相高压交流电降压为所需电压等级 10 kV,通过三相线路送到牵引变电所,经降压并整流为适于电动车组工作的 1 500 V 或 750 V 直流电。这种直流电通过电动车组受流装置与接触网或接触轨滑动接触将直流电引入电动车组。工作后的电流经车体、轮对、轨道由回流线流回牵引变电所。

一、牵引变电所

（一）牵引变电所的功能

牵引变电所的功能是将由区域变电所或主变电所获取的中压电压等级为 35 kV 或 10 kV 的电能，经降压与整流变换为可供列车牵引用的直流 1 500 V 或 750 V 电压，经馈电线送至接触网。

（二）牵引变电所的组成

牵引变电所主要由交流开关柜、整流变压器、整流器、直流开关柜、交直流屏和钢轨电位限制器等设备组成，其主要设备是整流变压器和整流器。

（三）牵引变电所的设置

牵引变电所的容量与设置距离应根据牵引供电计算结果，进行经济技术分析比较后确定。牵引变电所沿线路布置，每一个牵引变电所有一定的供电范围。供电距离过长会使末端电压过低及电能损耗过大；供电距离过短又会使变电所数目太多而不经济。一般相邻牵引变电所之间的距离为 2 ~ 4 km。牵引变电所分为正线牵引变电所和车辆段或停车场牵引变电所，其中正线牵引变电所又分为车站牵引变电所和区间牵引变电所。牵引变电所一般采用在建筑物内设变电所的形式，也有少量的箱式牵引变电所。

（四）牵引变电所的供电方式

由于轨道交通运输的重要性，所有轨道交通的牵引供电都属于电力部门供电的一级负荷，因此要确保向它供电的可靠性。为此，牵引变电所均由两个独立的电源供电。又由于轨道交通线路分布范围较广，通常需要在轨道沿线设置多个牵引变电所向它供电，再加上电源线路的具体分布情况不同，因此牵引变电所的供电方式复杂多样，但可以将它们归纳为以下几种典型的供电方式。

1．环形供电

将两个或两个以上的地区变电所（或地铁主变电所）与所有的牵引变电所用输电线连成一个环形进行供电的方式称为环形供电，如图 3.12 所示。环形供电可靠性好，任何输电线或电源发生故障时都不影响牵引变电所的正常供电。但因牵引变电所一次侧进出线多且开关多，继电保护复杂，会使成本增加。

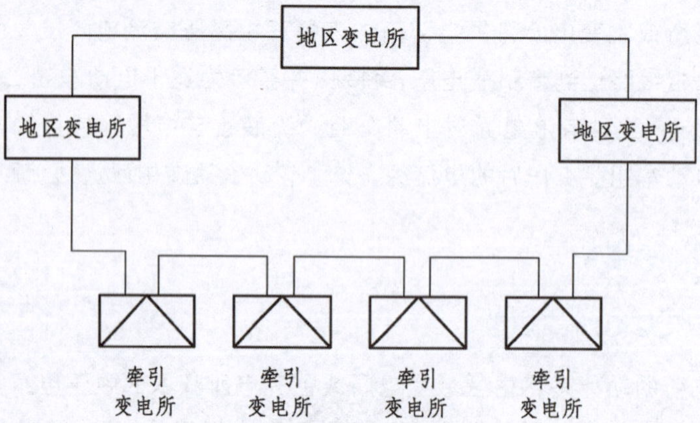

图 3.12　环形供电

2．双边供电

电源来自电力系统的两个地区变电所，给城市轨道交通供电的输电线是联络这两个地区变电所的线路，这种供电方式称为双边供电，如图 3.13 所示。根据可靠性的要求及实际情况，双边供电可分为双路输电线和单路输电线两种方式。但不论采用哪种方式，各路输电线的容量应不小于相关牵引变电所的容量之和。单路输电线方式一次侧进出开关少，投资也少，但供电可靠性不及双路输电线方式。当采用双路输电线方式时，即使一路输电线或一路电源出现故障，也不会导致牵引变电所失电。

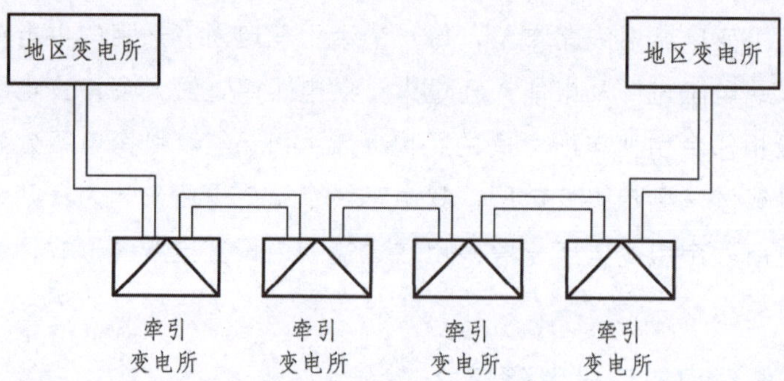

图 3.13　双边供电

3．单边供电

当轨道沿线附近只有一侧有电源时，需采用单边供电，如图 3.14 所示。单边供电较环形供电的可靠性差，因此为了提高可靠性，应用双回路输电线供电。单边供电设

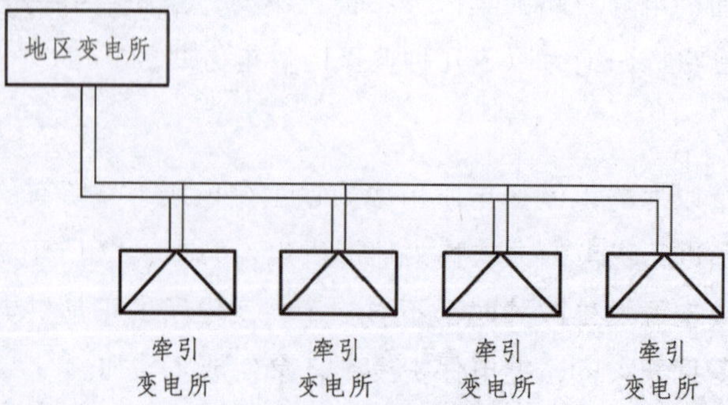

图 3.14　单边供电

备较少，投资也少。在单边供电的情况下，每路输电线可以不必都进入所有的牵引变电所，而是轮流地每隔一个进入一个，这样可以减少进线的数目，降低变电所的投资。

4．放射式供电

放射式供电是指每个牵引变电所用两路独立输电线与地区变电所连接，如图3.15所示。这种接线方式适合于轨道线路呈弧形的情况。放射式供电比较简单，但当主降压变电所停电时，全线将停电。

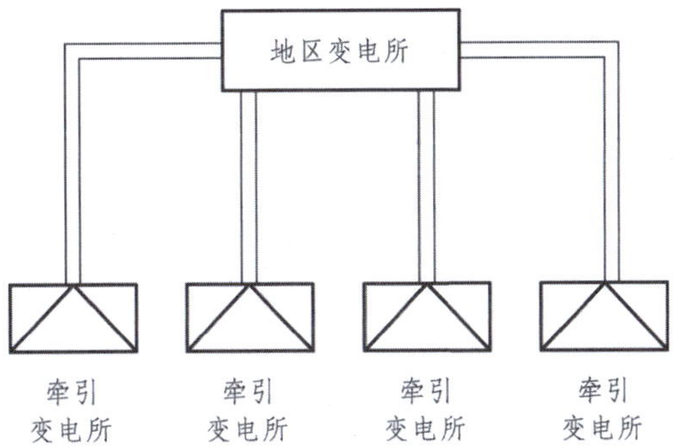

图 3.15　放射式供电

二、牵引网

牵引网是牵引供电系统的重要组成部分，它是城市轨道交通供电系统中向电动列车（车辆）供电的直接环节。

（一）牵引网的组成

牵引网包括接触网、钢轨回路（包括大地）、馈电线和回流线，如图3.16所示。

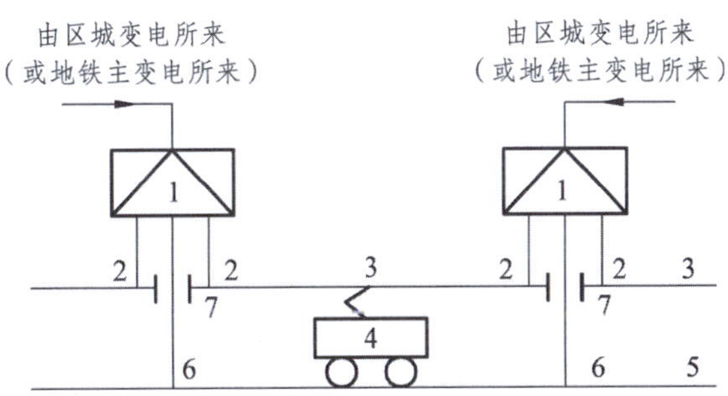

1—牵引变电所；2—馈电线；3—接触网；4—电动列车；
5—钢轨；6—回流线；7—电分段。

图 3.16　牵引供电系统示意图

（1）接触网：经过电动列车的受电弓（受流器）向电动列车供给电能的导电网。

（2）馈电线：从牵引变电所向接触网输送牵引电能的导线。

（3）回流线：用以供牵引电流返回牵引变电所的导线。

（4）电分段：为便于检修和缩小事故范围，将接触网分成若干段，每一段称为电分段。

（5）钢轨：在牵引网中，利用走行钢轨作为牵引电流回流电路的一部分。

接触网是牵引网中与电动列车直接接触的部分，也是最重要的组成部分。

（二）接触网

接触网有接触轨式和架空线式两种形式。

1．接触轨式

接触轨是沿着走行轨道一侧平行铺设的附加第三轨，故又称第三轨式接触网。早期的城市地铁都采用低电压的直流第三轨受流，如 1863 年开通的伦敦地铁（DC 630 V）、1904 年开通的纽约地铁（DC 625 V），以及 1935 年开通的莫斯科地铁（DC 825 V）。后来第三轨式接触网的电压多采用 IEC 标准，为 DC 600 V、DC 750 V，少数采用 DC 1 500 V。我国的标准电压为 DC 750 V 和 DC 1 500 V 两种。国内大部分第三轨式接触网电压为 DC 750 V。广州地铁 4 号线采用 DC 1 500 V 第三轨式接触网，这种高压第三轨受流，作为一种新技术，发展前途很大。

采用第三轨式接触网的优点是电动车辆受电靴与第三轨接触面较大且对其磨损极小，故维护简单；另外，修建地下线可降低净空，减小开挖土方。

第三轨式接触网是一种传统的刚性接触网，采用电导率较高的钢轨制成。但若采用 DC 750 V 电压，输电距离有限，为弥补这一缺陷，目前世界上已有 60 多个城市采用钢铝复合接触轨代替低碳钢接触轨。这种钢铝复合接触轨是由不锈钢带通过机械方法与铝合金型材结合而成的。

钢铝复合接触轨具有以下技术优势：一是电导率高，电压降及牵引能耗成比例下降，供电距离可增加 1.4 倍，适当减少了牵引变电所的数量；二是接触面光滑、耐腐蚀、耐磨耗，可延长接触轨与受流器的寿命；三是重量轻，便于施工安装。

武汉市轨道交通 1 号线一期工程在国内首次采用国际上最为先进的钢铝复合接触轨下部受流方式，具有重量轻、电阻小、稳定性高的优点，能充分保证整条线路的能源供应。广州地铁 4 号线（DC 1 500 V）、北京地铁 5 号线、天津地铁 1 号线也采用钢铝复合接触轨。今后，新上的轨道交通项目采用钢铝复合接触轨已成为趋势。

第三轨式接触网的接触方式有上接触式、下接触式和侧面接触式三种，如图 3.17 所示。

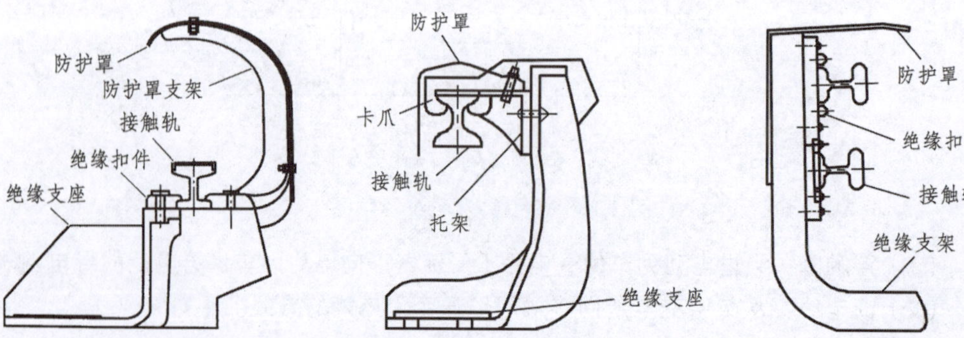

（a）上接触式　　（b）下接触式　　（c）侧面接触式

图 3.17　接触轨的形式

上接触式亦称为上部受流，受流器滑靴从上压向接触轨轨头，接触轨顶面受流。受流器的接触力是由向下作用的弹簧的压力进行调节的，受流平稳。上接触式施工作业简便，可以在轨头上部通过支架安装不同类型的防护板。但该接触方式的接触轨表面容易附着杂物、粉尘、冰雪等，对列车取流会产生一定的影响。另外，该方式只能从顶部和线路外侧对接触轨进行防护，故防护不严密，安全性稍差。

下接触式亦称下部受流。下接触式第三轨的轨头朝下，通过绝缘肩架、橡胶垫、扣板、螺栓、支架等安装在底座上。下接触式的优点是防护罩从上部通过橡胶垫直接固定在接触轨周围，安全性能好。此外，由于下部受流方式中列车受流器的上抬力与接触轨的挠度方向相反，因而有助于提高受流质量，并可以在挠度允许范围内增大接触轨支架的间距，减少其数量，从而弥补其安装结构复杂、费用较高的不足。显然，若采取接触轨方式，下接触式当为首选。

侧面接触式亦称侧面受流。侧面接触式就是将接触轨的轨头端面朝向走行轨，集电靴从侧面受流。侧面受流亦存在防护不够严密，安全性稍差的问题。

跨座式单轨交通车辆采用侧面接触式受流，其受流器装在转向架下部，接触轨装在轨道梁上。需要说明的是，重庆轻轨 2 号、3 号线属侧面受流的跨座式单轨交通，采用的是侧面受流刚性接触网，亦称刚性接触轨系统。其结构与悬挂方式均为国内首创，与其他地铁系统采用的直流 750 V、1 500 V 接触轨有所不同。接触轨式系统包括接触轨、绝缘支架（或绝缘瓷瓶）及其底座、防护罩、隔离开关、回流电缆等部件，其中接触轨、绝缘支架及其底座、防护罩是该系统中各起送电、支撑、防护作用的三大重要部件。

接触轨受流方式在道岔区段及需要设置电分段的地方，接触轨需要断开（即断轨）。正是由于接触轨的不连续性，决定了跨座式单轨交通车辆的运行速度有限。

2．架空线式

由于接触轨式接触网的第三轨与地面距离较近，绝缘和安全难度大，限制了电压的提高，在城市轨道交通的发展过程中接触网转而向架空线式发展。1955 年开通的罗马地铁率先采用了 DC 1 500 V 架空线式接触网。20 世纪 90 年代以来，我国新建地铁的城市如上海、广州、深圳等，采用的都是 DC 1 500 V 架空线式接触网。

架空线式（架空式）接触网是架设在走行轨道上部的接触网，由电动列车（车辆）顶部伸出的受电弓与之接触取得电能。按线路形式可分为地面架空式和隧道架空式；按悬挂方式又可分为柔性（悬挂）接触网和刚性（悬挂）接触网。

（1）地面架空式。

地面架空式接触网如图 3.18 所示，它由以下几部分组成。

① 接触悬挂：包括承力索、吊弦和接触线。接触悬挂方式很多，图 3.18 为弹性链形悬挂。

② 支持装置：包括腕臂、拉杆和绝缘子。其作用是用以支持接触悬挂，将其负荷传给支柱或其他建筑物的结构。

③ 定位装置：包括定位器和定位管。其作用是保证接触线与受电弓的相对位置在规定范围内。

④ 支柱与基础：用以支承接触悬挂和支持装置，并将接触悬挂固定在规定高度。

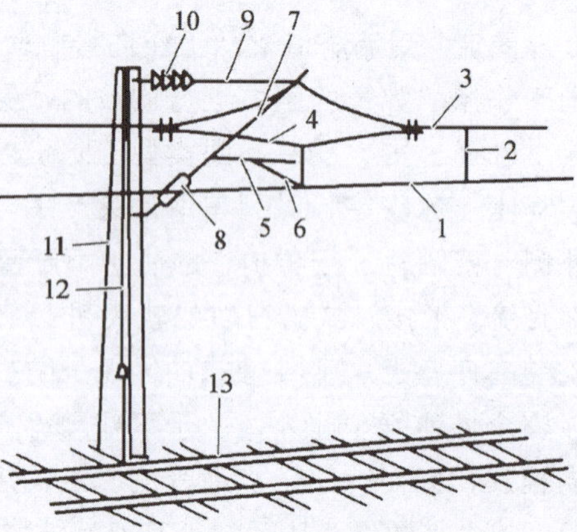

1—接触线；2—吊弦；3—承力索；4—弹性吊弦；5—定位管；6—定位器；7—腕臂；8—棒式绝缘子；9—拉杆；10—悬式绝缘子；11—支柱；12—接地线；13—钢轨。

图 3.18　地面架空式接触网

地面架空式接触网属于柔性接触悬挂，其特点是弹性好。根据接触悬挂结构的不同，又分为无承力索的简单悬挂和有承力索的链型悬挂两种。其悬挂的接触线采用专门制造的、具有高导电率的铜或铜银合金硬线。由于城轨交通线路的最高运行速度一般为 80 km/h，因此在选用柔性接触网的形式时，一般采用带补偿的弹性简单悬挂和全补偿简单链型悬挂两种形式。

（2）隧道架空式。

隧道架空式接触网的悬挂方式与地面架空式有所不同，一方面是隧道内不能立支柱，支撑装置直接设置在洞顶或洞壁上；另一方面是必须考虑隧道断面、净空高度、带电体对接地体的绝缘距离、导线的弛度等因素的限制。为了减小隧道的净空，需要在隧道内采用一些特殊的支持与固定装置。隧道架空式接触网又可分为柔性悬挂按触网和刚性悬挂接触网。

隧道内常用的柔性悬挂接触网有“人”字形、T 字形及弹性支架的支撑与固定装置等，如图 3.19 ~ 图 3.21 所示。

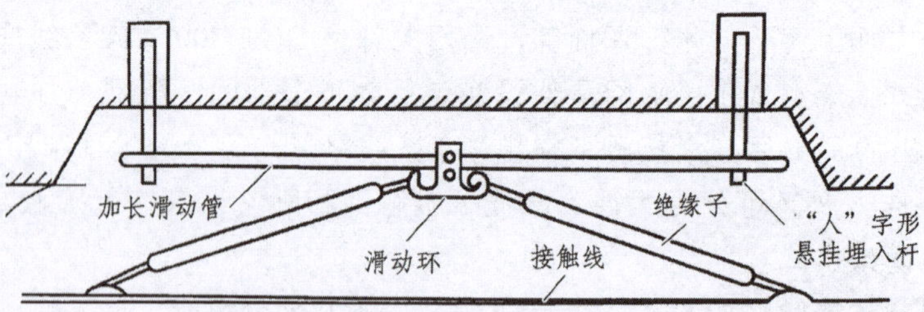

图 3.19　隧道内“人”字形支撑装置

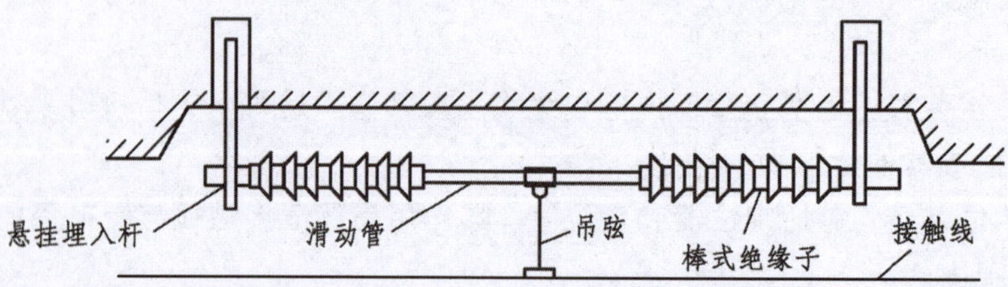

图 3.20　隧道内“T”字形支撑装置

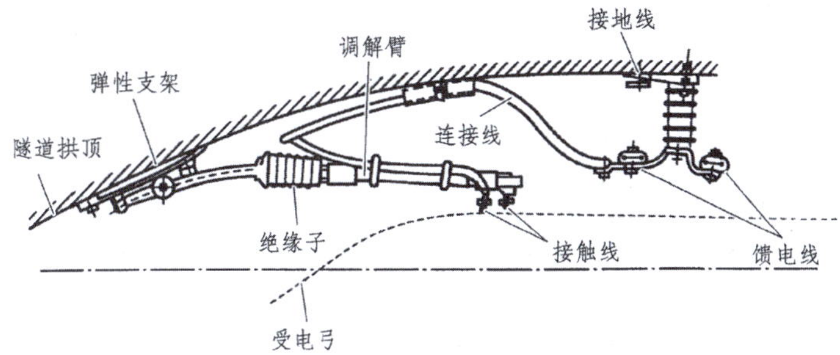

图 3.21　隧道内弹性支架装置

隧道架空式接触网有些属柔性悬挂接触。它虽然具有弹性好的优点，但该悬挂接触方式有如下缺点：使地铁隧道横断面增加，土建费增多；采用冷拉电解铜接触线易磨损；接触网检测维护比较复杂，需专用的接触网检测车，且维修周期短，费用高。

（3）刚性悬挂。

刚性悬挂又称架空刚性接触网，是一种区别于传统柔性接触网的供电方式。

刚性接触网是采用绝缘子来悬挂刚体导线，如同把第三轨架到了隧道顶部，降低了车辆上方的空间。这种悬挂结构简单，由汇流排、支承装置、绝缘了、接触线（单根）及架空地线等组成。根据汇流排形式的不同，架空刚性的接触网可分为“T”形和“Π”形刚性悬挂两种，示意图如图 3.22、图 3.23 所示。

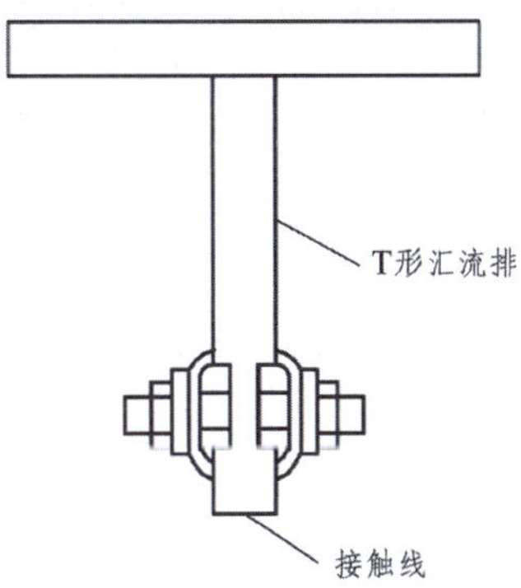

图 3.22　“T”形刚性悬挂示意图

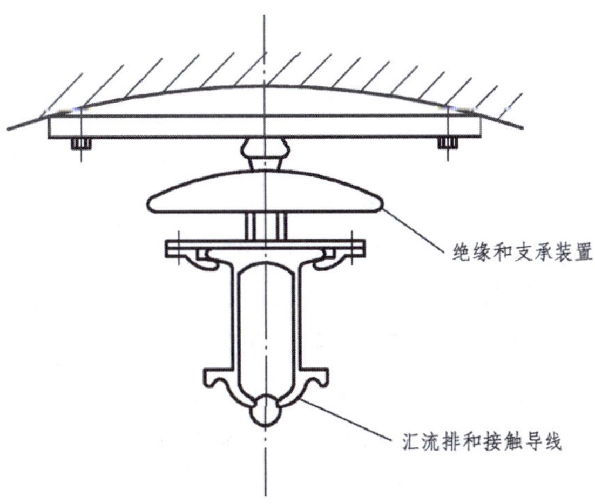

图 3.23　“Π”形刚性悬挂示意图

架空刚性接触网利用汇流排的弹性将接触线固定在汇流排底部，列车受电弓通过与接触线滑行接触取电。接触线与汇流排均采用无张力架设。

接触线是铜或铜银合金线，汇流排则以铝合金为原料制造，他们均用于负载电流。为了防止接触线与汇流排之间产生铜铝异金属的电腐蚀，需在接触线安装到汇流排之前，涂覆一层导电脂，或在接触线制造时在其上热镀一层锡。

由于刚性悬挂接触网只能用于隧道内，故在露天地段仍需采用柔性接触网，为此需在隧道口设置一个刚性与柔性接触网的过渡段。

刚性悬挂所需要的隧道净空小、投资小，而且导电铜线无张力架设，不必设置下锚装置，也不会发生断线事故，零部件少、载流量大、安全可靠且维护量小，大大降低了维护成本，其优越性是柔性悬挂难以比拟的。1962 年日本东京营团地铁日比谷线首次采用刚性悬挂技术，到 20 世纪 80 年代逐渐在日本、韩国、法国、西班牙等国家推广开来。我国第一条刚性接触网试验示范段是 1999 年 6 月开始运行的广州地铁 1 号线。作为一种成熟可靠的接触网悬挂方式，刚性悬挂在我国城市轨道交通领域有着良好的应用前景。

城市轨道交通接触网的基本特征见表 3.1 所示。

表 3.1　城市轨道交通接触网的基本特征

接触网类型	结构组成	技术特征	发展趋势
架空柔性悬挂	受流导线＋支承结构	悬挂结构较为复杂，适应速度高，安全性好，供电间距较大	传统模式，改进悬挂方式，使之更加紧凑
架空刚性悬挂	汇流排＋接触线＋支承结构	悬挂结构简单，可维护性高，适应速度较高，供电间距大	技术优势明显，发展空间大
接触轨（第三轨）	导电轨＋支承体	“面面”受流，稳定性好，维护性好，适应速度有限，供电间距较小	采用钢铝复合导电轨技术
接触轨（正负极轨）	汇流排＋接触线＋支承结构	“面面”受流 ，稳定性好，维护性好，适应速度有限，防迷流效果好	采用钢铝复合导电轨技术
侧面受流刚性接触网		结构简单，安装空间小，可维护性好	在独轨交通和磁悬浮线路上有应用前景

选择和确定接触网受流方式对城市轨道交通接触网建设至关重要。目前，我国内地城市轨道交通接触网的应用已初步形成三大类别：一是以北京地铁为代表的接触轨模式，相同的有武汉轻轨、天津地铁 1 号线和广州地铁 4 号线等；二是以上海、广州为代表的架空接触网模式，采用架空柔性悬挂和刚性悬挂，以架空刚性悬挂为主的有南京地铁、深圳地铁、天津津滨线、杭州地铁 1 号线、沈阳地铁 1 号线和苏州地铁 1 号线等；三是以重庆独轨交通为代表的侧面刚性受流正负极接触网模式。根据目前运营情况和建设规模，三种类型的接触网中，架空接触网、接触轨和正负极刚性接触网的比例约为 5∶3∶1。

我国内地主要城市轨道交通接触网应用情况见表 3.2。

表 3.2　我国内地主要城市轨道交通接触网应用情况

线路名称	供电制式	接触网形式
北京地铁 1、2、4、5、10 号线，北京城轨 13 号线	DC 750 V	接触轨（第三轨）正极供电 走行轨回流
天津地铁 1 号线	DC 750 V	接触轨（第三轨）正极供电 走行轨回流
天津地铁 2、3 号线，津滨线	DC 1 00 V	架空接触网正极供电 走行轨回流
上海城轨交通 1～10 号线	DC 1 500 V	架空接触网正极供电 走行轨回流
上海磁悬浮示范线	DC 400 V	接触轨止极供电 接触轨负极回流
广州地铁 1～3 号线	DC 1 500 V	架空接触网正极供电 走行轨回流
广州地铁 4 号线	DC 1 500 V	接触轨正极供电
深圳地铁 1～2 号线	DC 1 500 V	架空接触网正极供电 走行轨回流
南京地铁 1～2 号线	DC 1 500 V	架空接触网正极供电 走行轨回流
武汉轻轨 1～2 号线	DC 750 V	接触轨（第三轨）正极供电 走行轨回流
重庆轻轨（独轨）2 号线	DC 1 500 V	正极刚性接触网供电 负极刚性接触网回流
杭州地铁 1 号线	DC 1 500 V	正极刚性接触网供电 负极刚性接触网回流

任务小结

本任务介绍了牵引供电系统的组成与功能，讲述了城市轨道交通牵引变电所的功能与设置位置、供电方式、接触网的分类和相关特点。通过本任务的学习，学生可以了解牵引供电系统的组成，掌握牵引变电所和接触网各自的组成与功能，掌握接触网的分类和相关特点等。并通过案例导入的学习，对我国供电系统的先进技术应用要有所了解。

课后习题

一、填空题

1. 牵引供电系统由牵引变电所和______________组成。

2. 牵引变电所的供电方式有环形供电、______________、______________和放射式供电。

3. 接触网分______________和______________两种。

4. 架空线式接触网是架设在______________上部的接触网。

二、简答题

1. 牵引供电系统的作用是什么?
2. 牵引变电所的功能是什么? 如何设置?
3. 牵引网的功能是什么? 包括哪几部分?
4. 接触网的分类方式有哪些?
5. 何谓接触轨式接触网?

任务三　了解电力监控系统与杂散电流腐蚀防护

任务目标

1. 知识目标

(1) 了解电力监控系统的作用与一般要求。
(2) 了解电力监控系统的组成及优点。
(3) 了解杂散电流腐蚀防护系统危害、防护与监测。

2. 能力目标

(1) 会用专业知识,通过专业书籍、多媒体课件和图片资料获得帮助信息。
(2) 会口头表达本次任务的知识要点及学习成果。

3. 素质目标

(1) 具有良好的职业意识。
(2) 能自主学习新知识、新技能。
(3) 具有高度的职业责任心和正确的学习态度。
(4) 具有较强信息搜集能力,会查找轨道交通供电领域的新知识和新的发展动向。
(5) 具有团队协作能力和吃苦耐劳的精神。

案例导入

1 A 直流杂散电流一年腐蚀 10 kg 金属

某市的地铁开通之后,邻近的地下燃气管、输油管腐蚀加速,机场下面的油料管道受到影响,该市区燃气管抢修量十年内增加了 10 倍。该市安监局表示,这是他们遇到的“新情况”:地铁运行会不可避免地产生杂散电流,对金属管道造成腐蚀据不完全统计，全市光是燃气管道就有上百千米与地铁并行，其中近 85 km 的线路位于市区。

杂散电流腐蚀是继大气腐蚀、土壤腐蚀和细菌腐蚀后又一种腐蚀类型。某市安监局相关工作人员解释道：牵引地铁的电流，从车顶的接触网向列车输送，再通过铁轨和导线返回变电站。在设计或规定的回路以外流动的电流，就是杂散电流。为什么会有杂散电流？由于运营环境、经济及其他方面因素的限制，列车轨道不可能完全与大地绝缘，电流会从沿线地下的隧道、管道等金属和土壤回流到变电站，形成杂散电流。

杂散电流会对地下金属管线产生电腐蚀。某市安监局相关工作人员说：“杂散电流由管道流向土壤使管体遭受腐蚀。对于现有的阴极保护控制系统，杂散电流具有破坏性，并可能带来危险。1 A 直流杂散电流在一根钢管上流进流出，一年内将导致大约 10 kg 金属的腐蚀。”

知识链接

一、电力监控系统（SCADA）的作用与一般要求

电力监控系统（supervisor control and data acquisition，SCDA）实现在控制中心（operation control center，OCC）对供电系统进行集中管理和调度、实时控制和数据采集，除利用“五遥”（遥控、遥信、遥测、遥调、遥视）功能监控供电系统设备的运行情况，及时掌握和处理供电系统的各种事故、报警事件外，还可利用该系统的后台工作站对供电系统进行数据归档和报表统计，以便更好地管理供电系统。

（一）电力监控系统的作用

SCADA 系统的作用主要有在线监控、经济调度、安全分析和事故处理等。通过 SCADA 系统，调度人员在控制中心可以实现对供电系统中各类变电所内的供电设备运行状态进行监视、控制及数据采集，直观了解电力设备的工作状况，确保城市轨道交通供电系统安全、可靠、经济地运行。

1．在线监控

当城市轨道交通供电系统正常运行时，调度管理人员通过 SCADA 系统对供电系统的电压、负荷、设备运行状态及各项工况指标进行监视和控制，以保证供电质量满足用户的用电要求。

2．经济调度

在实现对供电系统安全监控的基础上，SCADA 系统根据供电系统的各类运行参数，对系统进行经济调度，以达到降低损耗、节约电能的目的。

3．安全分析和事故处理

对供电系统发生事故之前之后或事故发生时的信息要进行及时地采集、分析和处理，以缩小事故范围。根据历史数据记录和分析，提供事故处理对策和相应的监

控手段，尽量在事故发生前做出预警和干预，避免事故发生或减小事故范围，及时处理已发生的事故，以减少事故造成的损失。

（二）电力监控系统的一般要求

自 20 世纪 90 年代末开始，随着计算机和通信技术的发展，以计算机为基础的变电所综合自动化技术为供电系统的运行管理带来了一次变革，它为推行变电所无人值班提供了强大的技术支持。SCADA 系统则是在变电所综合自动化基础上发展而来的，它包含计算机技术、通信技术、自动控制技术等多方面的现代技术。为了确保系统功能的实现和可靠运行，对 SCADA 系统有如下具体的要求：

（1）SCADA 系统在控制中心设置电力调度中心。单独建立的 SCADA 系统必须在控制中心设置一套中央监控系统，采集各变电所的“三遥”（遥测、遥信、遥视）信息，实现对全线供电系统的远程监控。当 SCADA 系统集成于综合监控系统时，电力调度中心由综合监控系统统一设计。

（2）中央监控系统的构成方式应该保证系统运行的可靠性，独立建设电力监控系统时，系统中的关键设备，如系统服务器、前置数据处理机、交换机等要进行冗余配置。

（3）为了满足电力调度中心与变电所值班、维护人员的通信需求，在电力调度中心需设置电力调度电话总机，在各变电所内设电力调度分机。主变电所根据当地电力部门的要求装设与上级电力管理部门联系的调度电话。

（4）SCADA 系统的通信通道必须进行冗余设置，主、备用通信通道应支持手/自动切换功能。在满足通信速率不低于相关规范的要求下，通信接口类型可以选择串口或以太网等。

（5）全线各变电所设置变电所综合自动化系统，各变电所综合自动化系统均可以脱离控制中心独立运行。变电所综合自动化系统为分层、分散式结构。根据设备功能，自动化系统分为间隔设备层、网络通信层、站级管理层。

（6）如果变电所无人值守，且经济条件许可，可在变电所内的主要设备中间设置闭路电视监控装置，在控制中心设置图像监视终端，以实时监视变电所内的情况。

（7）SCADA 系统软、硬件属于国内成熟产品。因此在选择产品上应该优先选用技术成熟、功能完善、性能优越、国内领先的产品，设备选型应立足于国产化设备。

（8）各级监控网络及系统设备应满足电磁兼容的各项标准和要求。

（9）如果所建设的工程有远期延伸计划，则系统设计时应适度预留远期扩展裕量。

二、电力监控系统的组成及优点

（一）电力监控系统的组成

电力监控系统是调度端与各被控制端之间实现遥信、遥测、遥控、遥调和遥视功能的设备，这些设备所组成的电力监控系统由三部分组成，即设在控制中心的主机、各变电所的远程控制终端以及连接终端与中心的通信网络。

城市轨道交通供电系统电力监控系统的示意图如图 3.24 所示。

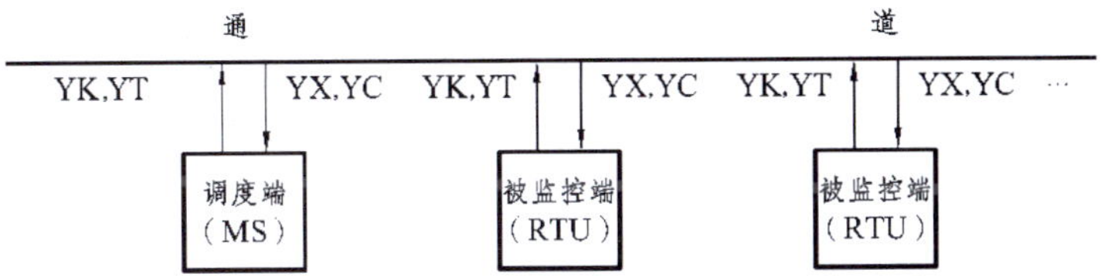

YK—遥控；YX—遥信；YT—遥调；YC—遥测。

图 3.24　电力监控系统示意图

（1）遥控（YK）。

遥控是从调度所发出的命令以实现远方操作和切换。通常只有两种状态指令，如开关的“分”“合”，电机的“启动”“停止”，闸门的“开启”“关闭”等。

（2）遥信（YX）。

遥信是指将被控端设备的状态如断路器的位置信号、报警信号等，传输给调度端。

（3）遥调（YT）。

遥调是调度所直接对被控端某些设备的工作状态和参数的调度，如调节变电所的母线电压值。

（4）遥测（YC）。

遥测是指将被控端的运行参数如功率、电压、电流、电度和温度等，传输给调度端。

（5）遥视（YS）。

遥视是指能对供电设备的关键部位进行视频监视。

调度端装置设置在控制中心内，一般称为主站（MS）；被监控端设置在变电所内，一般称为分站或远方数据终端（RTU）。调度端与被监控端之间通过通信通道传送遥控、遥信、遥调、遥测和遥视信息。

（二）电力监控系统的优点

（1）集中监控可提高系统运行的安全可靠和经济性。正常时，实现合理的系统运行方式；事故时，可直接显示和及时记录事故发生时间和内容，有利于加快事故处理。

（2）集中控制使调度人员直接控制运行方式改变，运行操作效率及其可靠性高，值班人员在变电所内仅需对电气设备进行监护，劳动条件得到了改善。

（3）有利于变电所实现无人值班化，可节省变电所基建和运行费用。

目前，国外城市轨道交通供电系统均采用计算机远动监控设备来实现集中监视与控制。在我国，城市轨道交通牵引供电系统已被规定应优先采用计算机远动监控设备。

三、杂散电流腐蚀防护系统

由于在直流牵引系统中走行轨对地存在电位差，而走行轨虽然采用了绝缘安装方式，但并不能绝对绝缘，因此会产生泄漏电流，这类电流称为杂散电流。杂散电流会对走行轨、结构体的金属构件、线路周围的埋地金属管线造成电腐蚀，影响构件强度，造成管线穿孔等情况。

（一）杂散电流的产生

目前，国内城市轨道交通都采用直流牵引供电方式，牵引变电所正极通过架空接触网或接触轨为列车送电，再经过走行轨流回牵引变电所负极。由于走行轨自身存在电阻，在列车与牵引变电所之间的部分走行轨会与大地存在电位差，因此部分回流电流不是从走行轨直接回流到负极，而是由走行轨向地泄漏，然后在某些地方重新流回走行轨或直接回到负极。

（二）杂散电流的危害

杂散电流对城市轨道交通系统来说是一种有害的电流。因为杂散电流不仅会使电气系统的部分地点发生电位变化，而且会对系统内外的金属体产生电腐蚀。归纳起来，杂散电流的危害主要有以下几个方面。

1. 引起接地电位过高

如果杂散电流流入电气接地装置，将会引起接地装置的接地电位过高，导致某些设备无法正常工作。

2. 引起框架保护误动作

如果走行轨对地绝缘变差，走行轨对地泄漏电流增加，会使杂散电流增大，引起牵引变电所框架保护动作。框架保护会使整个牵引变电所的直流断路器跳闸，同时联跳相邻牵引变电所对应的馈线开关，造成较大范围的停电事故，影响线路的正常运行。

3. 引起走行轨及其附件的腐蚀

由于列车的不断移动，走行轨的阳极区和阴极区也在不断变化，处于阳极区的走行轨就容易发生电腐蚀。根据资料显示，隧道内及道岔等部位走行轨的杂散电流腐蚀更为明显，道钉也有被杂散电流腐蚀的现象，且腐蚀多发生在钉入部位，在外观检查时很难被发现。

4. 引起结构体中钢筋的腐蚀

杂散电流不会直接对结构体中的混凝土产生影响，但混凝土中的钢筋起汇集杂散电流的作用。当杂散电流从钢筋流向混凝土时，钢筋呈阳性并产生腐蚀，腐蚀产生物在阳极的堆积会以机械作用排挤混凝土使之开裂。混凝土开裂会使水分侵入，造成电腐蚀进一步加剧。如果结构体中的钢筋与钢轨发生有电接触，则更容易受到杂散电流的腐蚀。

5．引起线路周围埋地金属管线的腐蚀

对于城市轨道交通线路周围的埋地金属管线，不管是平行于线路的还是与线路交叉的，都可能不同程度地受到杂散电流的腐蚀。如果埋地的金属管线管壁较薄，在阳极区容易被腐蚀穿孔。

（三）杂散电流的防护与监测

对杂散电流的防护与监测主要从控制杂散电流的产生、设置杂散电流的收集装置、监测杂散电流三个方面进行。

1．控制杂散电流的产生

杂散电流的防护是以防为主，即从源头上控制和减小杂散电流的产生。

杂散电流的大小与走行轨的电位成正比，与走行轨对地泄漏电阻成反比。走行轨电位与牵引变电所的距离、走行轨的纵向电阻、牵引电流有关。所以，控制杂散电流的产生就要从影响杂散电流大小的因素入手，如在变电所设置钢轨电位限制装置来控制钢轨电位；减小钢轨纵向电阻，即减小钢轨纵向电压降；使用绝缘扣件、绝缘垫、绝缘缓冲垫板等，增加走行轨与道床之间的绝缘过渡电阻，以减小杂散电流。

2．设置杂散电流收集装置

城市轨道交通投入运营的初期，由于杂散电流防护措施到位，能有效限制杂散电流的产生。但随着运行时间的推移，走行轨对地绝缘水平下降，杂散电流有可能超标，此时就要采取必要的措施以降低杂散电流的危害，设置排流装置便是有效、可行的方法。因此，在建设城市轨道交通时，应适当设置杂散电流收集网及排流装置，以便在必要时将杂散电流引回牵引变电所。

3．监测杂散电流

虽然城市轨道交通已经设置了完善的杂散电流控制措施，并设置了排流装置作为应急措施，但还要加强对杂散电流的监测。对杂散电流的监测，一是在杂散电流临时超标时控制排流装置启动，二是在杂散电流经常超标或严重超标时采取措施提高走行轨对地绝缘水平。

任务小结

本任务介绍了电力监控系统的作用与一般要求、电力监控系统的组成及优点、杂散电流腐蚀防护系统危害、防护与监测。通过本任务的学习，学生需了解电力监控系统的作用、组成及优点、了解杂散电流腐蚀防护系统危害、防护与监测。并从案例导入中了解到杂散电流会给我们的生产或生活带来哪些危害，以及我们在工作中需采取哪些防护措施。

课后习题

一、填空题

1. 电力监控系统的英文简称是______________。

2. “五遥”指__________、__________、__________、__________、__________。

3. 由于在直流牵引系统中走行轨对地存在电位差，而走行轨虽然采用了绝缘安装方式，但并不能绝对绝缘，因此会产生泄漏电流，这类电流被称为______________。

二、简答题

1. 电力监控系统的作用是什么?
2. 电力监控系统的组成有哪些?
3. 电力监控系统有何优点?
4. 杂散电流有哪些危害?

拓展知识

高速铁路接触网

高速铁路接触网，是沿铁路线上空架设的向电力机车供电的输电线路，高铁列车运行所依赖的电流就是通过机车上端的接触网来输送的。接触网一旦停电，或列车电弓与接触网接触不良，就会对列车的供电产生影响。

高速铁路接触网（见图 3.25 和图 3.26）是沿铁路线上空架设的向电力机车供电的特殊形式的输电线路，由接触悬挂、支承装置、定位装置、支柱与基础几

图 3.25　铺架高速铁路接触网

图 3.26　高速铁路接触网

部分组成。接触悬挂包括接触线、吊弦、承力索以及连接零件。接触悬挂则是通过支承装置架设在支柱上，其功用是将从牵引变电所获得的电能输送给电力机车。支承装置用以支承接触悬挂，并将其负荷传给支柱或其他建筑物。

1. 电压等级

工频单相交流制：25 kV。

因电阻因素，实际电压为 27.5 kV。

2. 供电方式

接触网供电方式有单边、双边供电和越区供电。单边和双边供电为正常的供电方式。

越区供电是指当某一牵引变电所因故障不能正常供电时，故障变电所担负的供电臂经开关设备与分区亭相邻的供电臂接通，由相邻牵引变电所进行临时供电。

分区亭位于两相邻变电所的中部，出口附近接触网设有电分相。正常供电情况下，分区亭用于实现上下行接触网并联运行；越区供电情况下，分区亭用于实现其左右供电臂的串联运行。

位于两变电所之间的分区亭可将两个供电臂连接进来，实行越区供电。越区供电是在非正常状态下采用的，因供电距离过长，难以保证末端的电压质量，所以只是一种临时应急措施。同时在实行越区供电时，应校核供电末端的电压水平是否符合要求。

3. 悬挂类型

接触网的分类大多以接触悬挂的类型来区分，人们所讲的接触悬挂的分类是对接触网的每个锚段而言的。接触悬挂的种类较多，一般根据其结构的不同分为简单接触悬挂和链形接触悬挂两大类。

简单接触悬挂（以下简称简单悬挂）系由一根接触线直接固定在支柱支承装置上的悬挂形式。国内外对简单悬挂做了不少研究和改进。我国现采用的带补偿装置的弹性简单悬挂在接触线下锚处装设了张力补偿装置，以调节张力和弛度的变化。

链形悬挂的接触线是通过吊弦悬挂在承力索上。承力索悬挂于支柱的支承装置上，使接触线在不增加支柱的情况下增加悬挂点，利用调整吊弦长度，使接触线在整个跨距内对轨面的距离保持一致。链形悬挂减小了接触线在跨距中间的弛度，改善了弹性，增加了悬挂质量，提高了稳定性，可以满足电力机车高速运行取流的要求。

4．特点及要求

接触网担负着把从牵引变电所获得的电能直接输送给电力机车使用的重要任务，因此接触网的质量和工作状态将直接影响电气化铁道的运输能力。由于接触网是露天设置，没有备用，线路上的负荷又是随着电力机车的运行而沿接触线移动和变化的，故对接触网提出以下要求。

（1）在高速运行状态和恶劣的气候条件下，能保证电力机车正常取流，要求接触网在机械结构上具有稳定性和足够的弹性。

（2）接触网设备及零件要有互换性，应具有足够的耐磨性和抗腐蚀能力，并尽量延长设备的使用年限。

（3）要求接触网对地绝缘好，安全可靠。

（4）设备结构尽量简单，便于施工，有利于运营及维修。在事故情况下，便于抢修和迅速恢复送电。

（5）尽可能地降低成本，特别要注意金属及钢材的节省。

总的来说，要求接触网无论在任何条件下，都能保证良好地供给电力机车电能，保证电力机车在线路上安全、高速运行，并在符合上述要求的情况下，尽可能地节省投资、结构合理、维修简便、便于新技术的应用。

项目四 城市轨道交通线路与车站

任务一 城市轨道交通线路的分类

任务目标

1. 知识目标

（1）掌握城市轨道交通线路的分类方式。
（2）掌握几种主要线路的用途。

2. 能力目标

（1）会用专业知识，通过专业书籍、多媒体课件和图片资料获得帮助信息。
（2）会口头表达本次任务的知识要点及学习成果。

3. 素质目标

（1）具有良好的职业意识。
（2）能自主学习新知识、新技能。
（3）具有高度的职业责任心和正确的学习态度。
（4）具有较强信息搜集能力，会查找轨道交通线路的新知识。
（5）具有团队协作能力和吃苦耐劳的精神。

案例导入

成都地铁 1 号线一期部分线路简介

成都地铁 1 号线一期工程线路分为正线、辅助线、车辆段线。辅助线包括存车线、渡线、折返线、出入段线、联络线。

存车线：1 号线一期正线共设 3 条存车线，分别是文殊院存车线、省体育馆存车线和孵化园存车线。

渡线：1 号线一期 4 处设有渡线，分别是天府广场站后渡线、火车南站后渡线、孵化园站前渡线和世纪城站前交叉渡线（兼作世纪城站前折返线）。

折返线：1号线一期升仙湖站采用站后折返，折返路径为 S2125～S2115 信号机，X2119～X2102 信号机。

联络线：1号线一期天府广场至锦江宾馆下行区间与2号线设置一条联络线。

出入段线：车辆段与正线之间设置出入段线。

车辆段线：Sc、Sr 信号机内方线路叫车辆段线，外方线路为正线及辅助线。

出入段线：S2115～Sr 信号机的线路为入段线，Sc～X2117 信号机之间的线路为出段线。

其中的折返线、车辆段线、出入段线见图 4.1。

知识链接

线路是机车车辆和列车运行的基础，必须加强线路设备的检查、维修与保养，确保线路设备始终保持良好状态，才能保证列车按规定速度，安全、平稳、不间断地运行，圆满完成运营任务。

一、按在运营中的作用分类

城市轨道交通线路按其在运营中的作用不同分为正线、辅助线和车场线。

1．正　线

正线由于行车速度高、密度大，对线路标准要求较高，要求用 60 kg/m 以上类型钢轨铺设。

2．辅助线

辅助线是指为空载列车进行折返、停放、检查、转线及出入段作业所运行的线路，它包括折返线、渡线、停车线、车辆段出入线、联络线等。辅助线是轨道交通系统的重要组成部分，直接关系到系统运营组织的效率。

3．车场线

车场线是车辆基地内作业与停放列车的线路，如检修线、试验线、洗车线、出入库线等。

二、按用途分类

城市轨道交通线路按用途分为正线、折返线、联络线、渡线、停车线、检修线、试车线、安全线及车辆段出入库线等。

1．正　线

正线是指供载客列车运行的线路，它贯穿所有车站和区间。城市轨道交通正线是独立运行的线路，一般按双线设计，即采用上、下行分行。一般实施右侧行车惯例，以便与城市地面交通的行车规则相吻合（世界上除了英联邦国家、日本等部分国家外，绝大部分国家城市道路交通均实行右侧行车规则）。

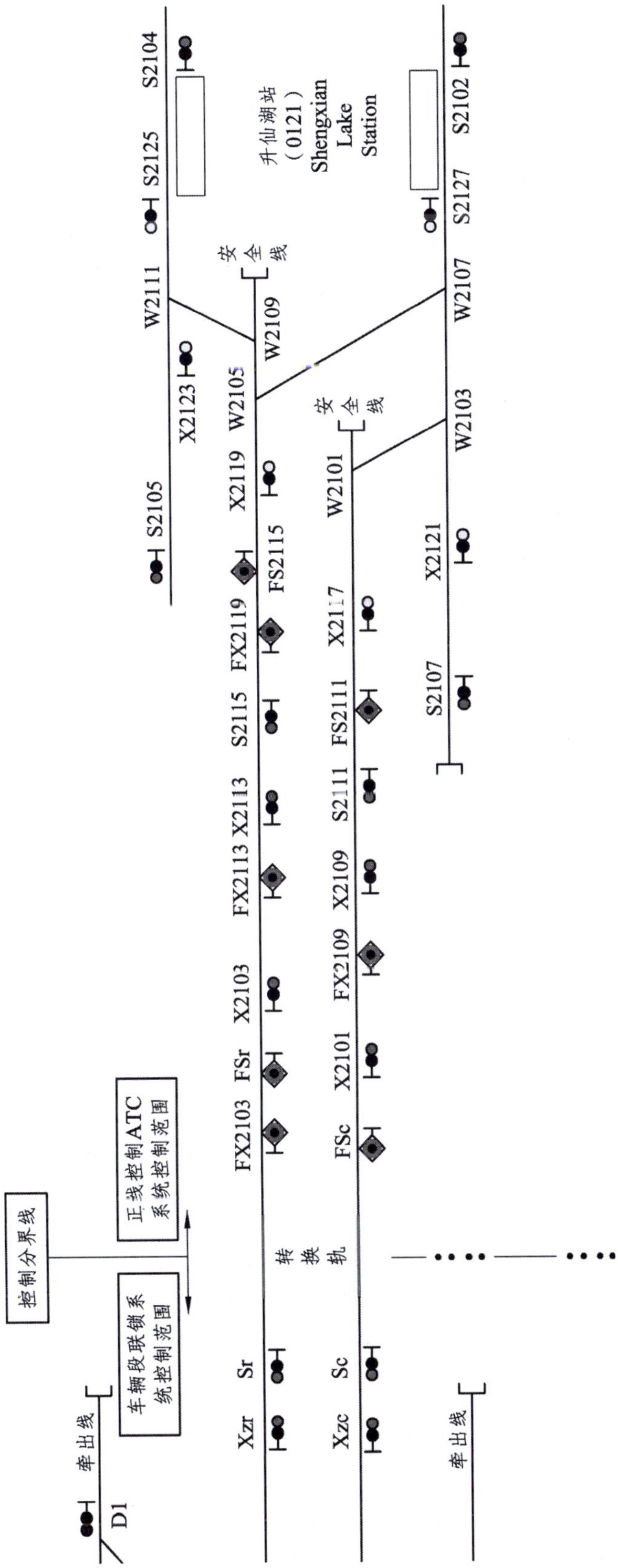

图 4.1 成都地铁 1 号线一期部分线路

根据国标《地铁设计规范》(GB 50157—2013)第 3.3.1 条规定，地铁在正线上应采用双线、右侧行车制。一般情况下，南北向线路以由南向北为上行方向，反之为下行方向；东西向线路以由西向东为上行方向，反之为下行方向；环形线路以列车在外侧轨道线的运行方向为上行方向，内侧轨道线的运行方向为下行方向。需要说明的是，城市轨道交通运营线路的上下行方向以公司文件规定为准。例如，深圳地铁 4 号线是标准的南北走向线路，但公司规定往福田口岸方向(由北至南方向)为上行。而深圳地铁 1 号线往罗湖方向的为上行，往机场东方向的为下行。

城市轨道交通正线线路一般为全封闭线路，与其他交通线路相交处，一般采用立体交叉。

2. 折返线

在线路两端终点站(对于环线，也需要设两个“终点站”)或者准备开行折返列车的区间站设置的专供列车折返调头的线路。提供列车从一条线路股道转至另一条股道，或临时存车的功能。

折返线视不同的折返方法可分为以下几种类型。

(1)环形折返线(俗称灯泡线)，如图 4.2 所示。

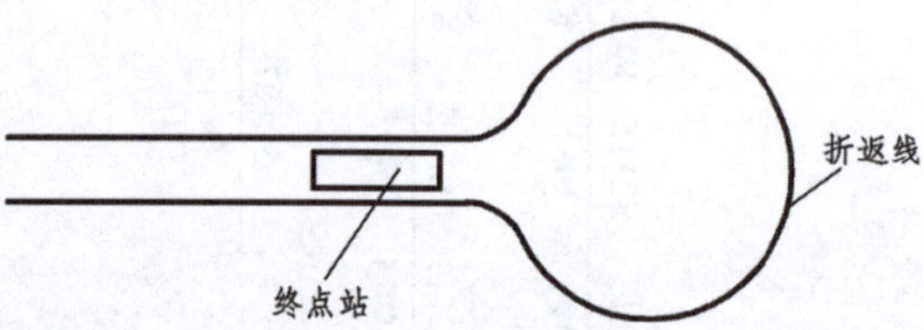

图 4.2 环形折返线

环形折返线是将端点折返作业转化为沿一个环形单线区段运行的作业，实质上取消了折返过程，变为区间运行，有利于列车运行速度发挥，消除了因折返作业而形成的线路通过能力限制条件，是一种对提高运营效率有利的折返方法。而环线折返的问题在于：环线占地面积较大，尤其是在地下修建难度更大，投资较高；环线折返丧失了一段停车维护保养检查的机动线路，对车辆技术要求、运行组织要求更高。线路机动性下降，线路延伸可能性甚微。故环线折返一般只适用于线路较短，线路延伸可能较小且该端点站又往往在地面的情况。如天津地铁 1 号线就采用了环形折返线路。

(2)尽端折返线，可分为单线折返、双线折返与多线折返等不同布置办法，如图 4.3 所示。利用尽端线折返，弥补了环线折返的不足，使端点站既可有效组织折返(如双折返线可明显降低折返时间)，又可备有停车线供故障停车、检修、夜间停车等作业使用。对于线路延伸也十分方便，比较适合于地下结构的端点站，以及线路较长或有延伸可能，土地不宜多占用的情况。

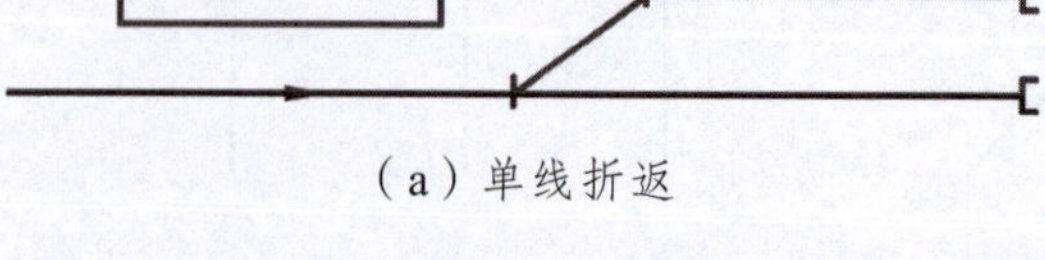

(a)单线折返

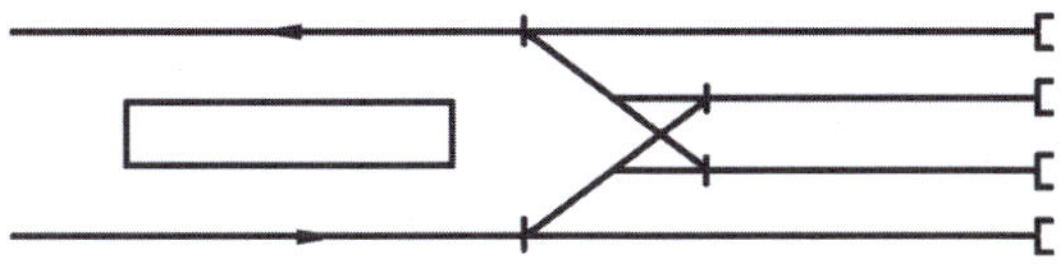

（b）双线折返

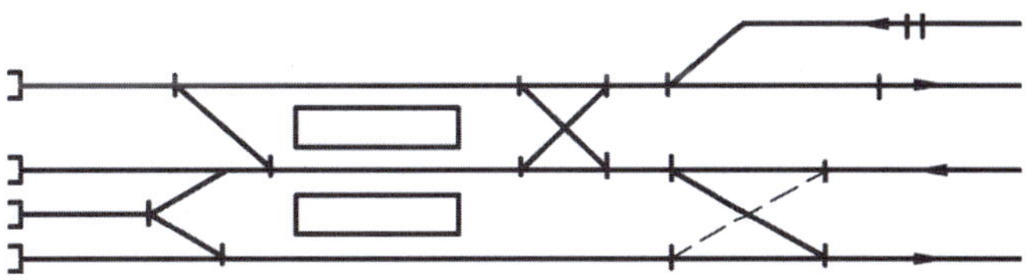

（c）多线折返

图 4.3　折返线示意图

（3）利用渡线折返。在车站前或站后设置渡线，用以完成折返作业，如图 4.4 所示。

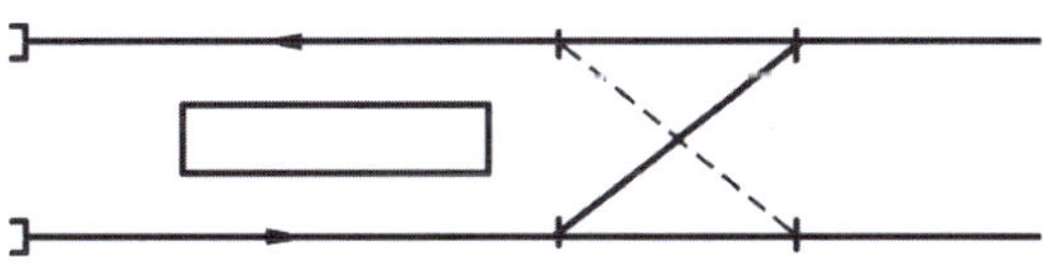

（a）站前渡线折返

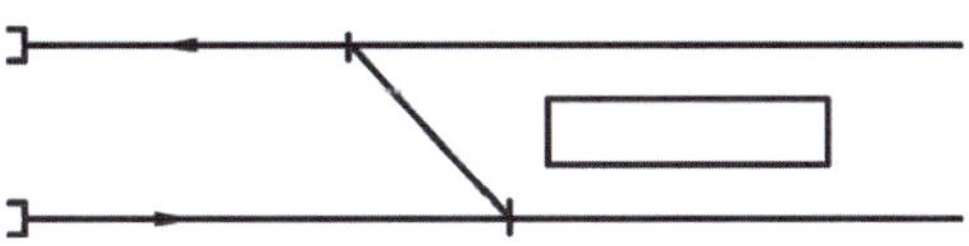

（b）站后渡线折返

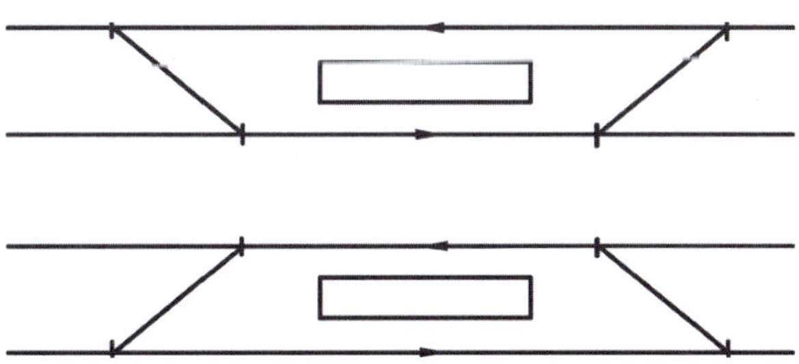

（c）区段站渡线折返

图 4.4　渡线折返示意图

很明显，利用渡线折返需要修建的线路最少，投资下降。然而，列车进出车站与折返作业有严重的干扰，尤其是在区间站利用渡线进行区间列车折返，需占用正线进行作业，故对运营管理要求十分严格。且列车运行间隔时间受其制约需放大，导致线路通行能力下降，安全可靠性存在隐患。所以，在列车运行速度较高、运行间隔时间较短（即发车频率较高）、运量较大的线路不宜采用此类办法。

（4）单轨线路折返与上述双轨线路不同，必须采用专门的转线设备来完成，如图 4.5 所示。

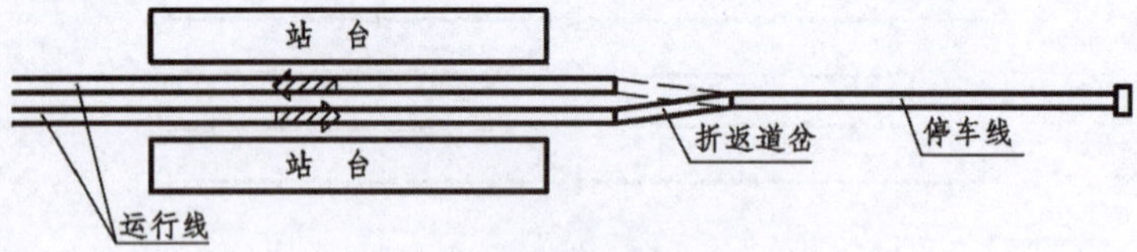

（a）单轨线路利用道岔折返

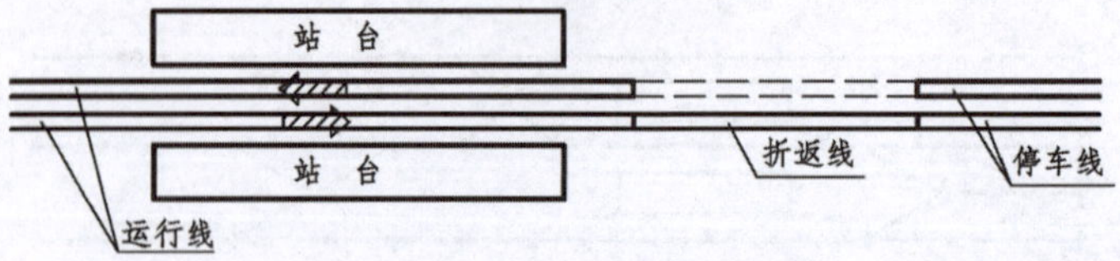

（b）单轨线路端点站平移折返

图 4.5　线路折返示意图

单轨交通折返设备因其需承载线路、列车做转动或平移，故建造与投资均有一定的难度，也是制约单轨交通发展的一个因素（包括单轨交通线路间的分岔连接均需上述转动承载台状的道岔）。

3．联络线

联络线是轨道交通线路之间为调动列车等作业方便而设置的连接线路，如图 4.6 所示。

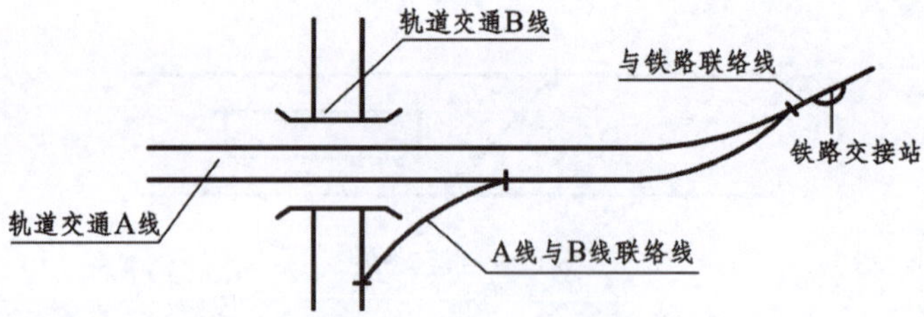

图 4.6　联络线示意图

联络线因连接的轨道交通线往往不在一个平面上，因此有较大的坡道与较小的曲线半径，列车运行速度不可能很高。如果在地下建设，施工难度较大，投资也随之加大。

4．渡　线

在上下行正线之间（或其他平行线路之间）设置的连接线，通过一组联动道岔达到转线的目的。如前述的站前、站后折返用渡线以及车库内线路之间的渡线。

5．停车线

一般设置在端点站，专门用于停车和进行少量检修作业的尽端线。在车辆基地，拥有众多的专用停车线，提供夜间停止运营后列车的停放。需要进行检修作业的停车线设有地沟。

6．检修线

设在车辆基地检修库内，专门用于检修轨道交通车辆的作业线，设有地沟，配有架车设备和检修设备（如行车等）。检修线如图 4.7 所示。

图 4.7　检修线

7．试验线（试车线）

设在车辆基地，用于对检修完毕的轨道交通车辆进行运行状态检测的线路。为达到必要的运行速度，试验线需有一定长度标准和平纵断面特点。试验线如图 4.8 所示。

图 4.8　试验线

8．安全线

安全线为进路隔开措施之一。在出入库线、折返线、停车线和岔线上应根据情况设置安全线，其有效长度一般不少于 40 m。

当出入库线的列车在进入正线前需要一度停车，且停车信号机与警冲标之间的距离小于列车制动距离时，应设安全线，如图 4.9 所示。

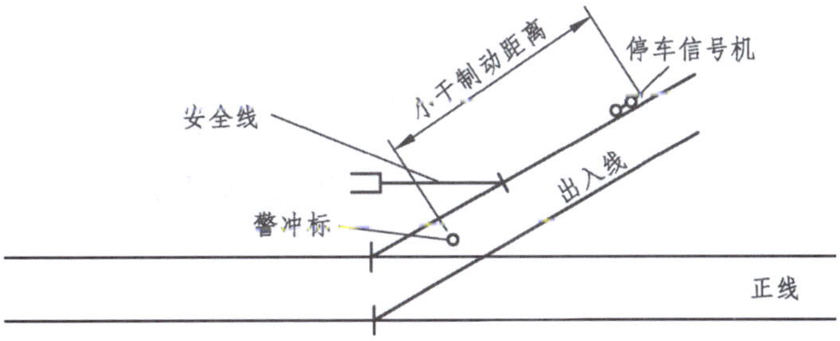

图 4.9　设置安全线

9．出入库线

出入库线为车辆基地与正线车站的联系线路，专供列车进出车辆基地，一般分为入库线和出库线。

三、按线路的铺设方式分类

城市轨道交通线路在城市中心地区宜设在地下，在其他地区条件许可时可设在高架桥或地面上。

1．地下线路

常用于地下铁道系统，线路置于地下隧道中。其优点是与地面交通完全分离，且不占城市地面与空间，基本不受气候影响；其不足之处在于需要较大投资，较高的施工技术，较先进的管理，完善的环控、防灾措施与设备。建设过程仍会影响地面交通，运营成本较高，改造调整与线路维护均较困难。

2．地面线路

一般采用独立路基的方式，减少与地面道路交通的互相干扰。其优点是造价最低，施工简便，运营成本低，线路调整与维护较易；其不足是运营速度难以提高（有部分信号控制的平面交叉点），占地面积较多，破坏城市道路路面，使城市道路交叉口复杂化，容易受气候影响（如雨水、雾、台风等），乘车环境难改善，有一定的污染负效应（如噪声、景观等）。

3．高架线路

线路设在高架工程结构物上，与地面交通无干扰，造价介于地下与地面之间。施工、维护、管理、环控及防灾等方面都较地下线路方便和容易，但要占用一定的城市用地并有光照、景观、噪声等负效应，也受气候变化的影响。

在同一条轨道交通路线上，可采用上述三种不同的空间布置方式，较为理想的是在市中心入口、建筑密集、土地价值较高的区域，采用地下隧道的方式设置轨道交通线路，也可适当布置为高架方式；而在城市边缘区或郊区，则宜采用地面独立路基或一般路面路基。如要提高轨道交通的效率与安全可靠性，则宜采用高架或半高架、高路堤的方式。

三种方式建设费用的大致比例为：地下：高架：地面（独立路基）= 10：5：3。

任务小结

本任务介绍了城市轨道交通线路的三种分类方式，阐述了九种不同用途线路的特征。通过本任务的学习，学生需了解城市轨道交通线路的分类方式，掌握正线、折返线、渡线，停车线、检修线、试车线、安全线及车辆段出入库线等的含义及适用场所，熟悉折返线的类型。

课后习题

一、判断题

1. 城市轨道交通正线一般用 50 kg/m 的钢轨铺设。（　　）

2. 城市轨道交通线路按铺设方式不同分地下线路和地面线路两种。(　　)

3. 停车线专门用于停车，有时可以进行少量检修作业。(　　)

二、填空题

1. 城市轨道交通线路按其在运营中的作用不同分为__________、__________和车场线。

2. 出入库线是专供列车进出____________________用的。

3. 单轨列车折返时，必须采用____________________________来完成。

4. 安全线的有效长度一般不少于________m。

三、简答题

1. 城市轨道交通线路按用途分为哪几种类型?

2. 常见的折返线有哪些类型?

3. 什么叫正线? 什么叫折返线?

4. 什么叫渡线?

任务二　掌握城市轨道交通线路的组成

任务目标

1. 知识目标

（1）掌握传统铁路线路的组成。

（2）了解整体道床和单轨交通线路的特点。

（3）掌握常见道岔的类型和单开道岔的结构。

（4）会熟练判断单开道岔的开通方向。

2. 能力目标

（1）会用专业知识，通过专业书籍、多媒体课件和图片资料获得帮助信息。

（2）会口头表达本次任务的知识要点及学习成果。

3. 素质目标

（1）具有良好的职业意识。

（2）能自主学习新知识、新技能。

（3）具有高度的职业责任心和正确的学习态度。

（4）具有较强信息搜集能力，会查找轨道交通线路的新知识。

（5）具有团队协作能力和吃苦耐劳的精神。

案例导入

城市轨道交通线路巡检程序

轨道是行车的基础，直接承受来自列车的压力，维护钢轨是保障行车安全的重要工作。因此，地铁公司会组织人员定期对钢轨进行维护，如图 4.10 所示。下面让我们来了解维护钢轨的工作流程。

（a）

（b）

图 4.10　钢轨巡检

（一）准备工作

（1）检查所携带的工器具是否齐全、状态是否良好。

（2）检查所携带的材料数量、规格是否正确。

（3）按要求办理要点登记手续。

（二）巡检作业

二人一组，巡检线路按照车间制订的巡回图执行。巡检人员掌握巡道时间，需要检查的内容有：

（1）钢轨；
（2）接头及夹板；
（3）扣件；
（4）排水沟；
（5）轨枕或支撑块；
（6）道床；
（7）路基及其他；
（8）道岔及细部配件；
（9）温调器等。

对于巡检中发现的问题，要在巡检记录簿里及时做好记录，巡检中能处理的立即处理，不能处理的立即报告组长。

在巡检过程中为保障工作人员的安全需要做到：

（1）班前应确保有足够休息，巡检时需精神饱满，不得做与巡检无关的事。

（2）按规定穿戴工作衣、鞋、帆布手套等防护用品。酷暑、严冬季节时，应做好相应的防暑、防寒措施。

（3）按规定办理施工要、销点手续。

知识链接

一、传统铁路方式

传统铁路轨道由路基、道床、钢轨、轨枕、连接零件、防爬设备等组成，如图 4.11 所示。

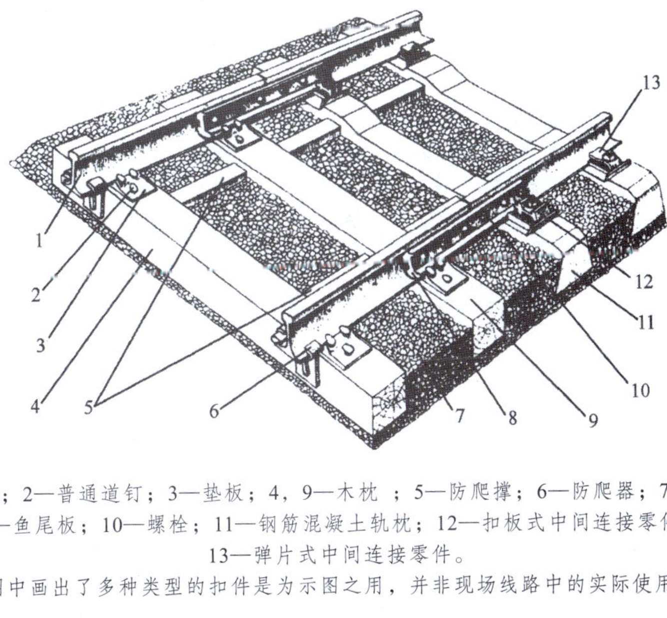

1—钢轨；2—普通道钉；3—垫板；4，9—木枕；5—防爬撑；6—防爬器；7—道床；8—鱼尾板；10—螺栓；11—钢筋混凝土轨枕；12—扣板式中间连接零件；13—弹片式中间连接零件。

注：图中画出了多种类型的扣件是为示图之用，并非现场线路中的实际使用情况。

图 4.11 传统铁路轨道组成

1．路　基

路堤式路基采用取土填筑办法，按规定断面尺寸夯实形成。一般适用于地下铁道、轻轨等轨道交通系统，并采用独立路基施工的方式进行施工。

2．道　床

大多采用碎石道床，具有良好的弹性、排水性能，造价低，维护简单易行。

3．轨　枕

有木枕和预应力钢筋混凝土轨枕两种形式，其主要作用是支撑钢轨并保持轨距，如图 4.12 所示

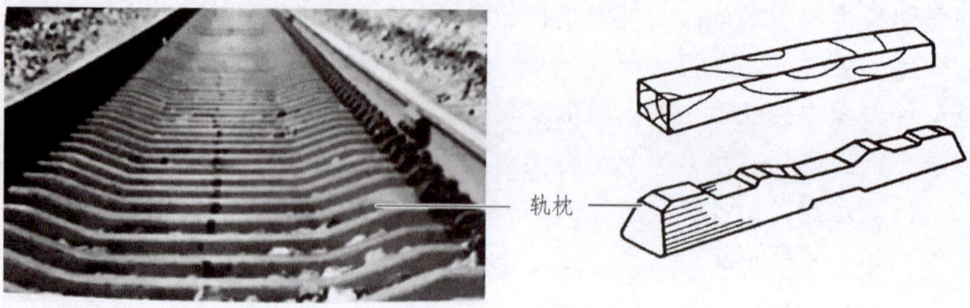

图 4.12　轨枕

4．钢　轨

钢轨采用“工”字形宽底座断面，由轨头、轨腰、轨底组成，如图 4.13 所示。由于钢轨要承受列车传来的巨大压力，以及车轮与钢轨之间不可避免地要产生磨耗，所以要求钢轨具有足够的强度、稳定性和耐磨性。钢轨的类型是以每米长度的重量来表示的，如 50 kg/m、60 kg/m 等。

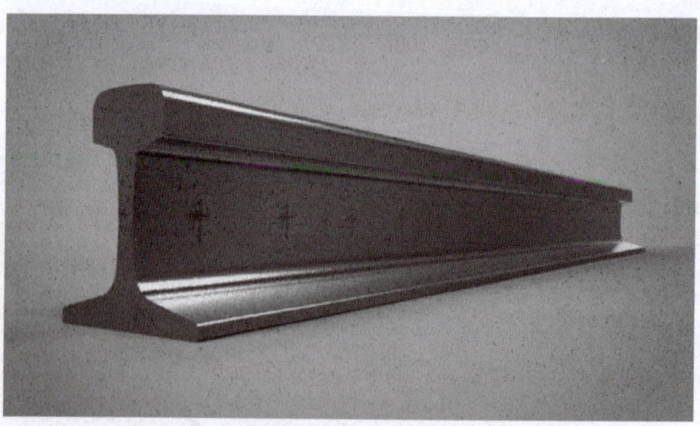

图 4.13　钢轨

5．连接零件

连接零件有接头连接零件和中间连接零件两种。接头连接零件用来连接钢轨与钢轨之间的接头，中间连接零件用来连接钢轨与轨枕，中间连接零有扣板式、弹片式、弹条式等弹性扣件，目前广泛使用弹条式，如图 4.14 所示。

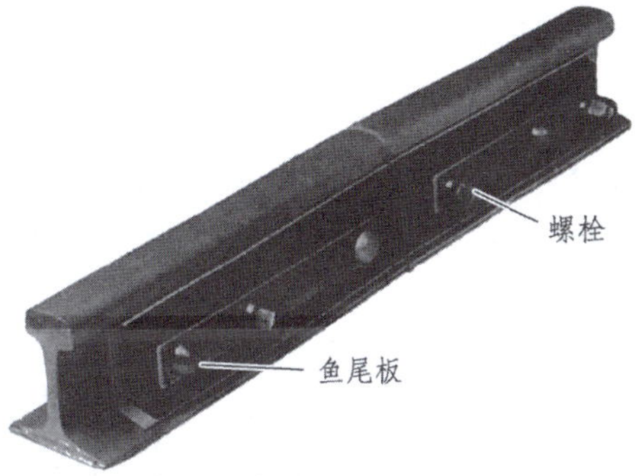

（a）接头连接零件

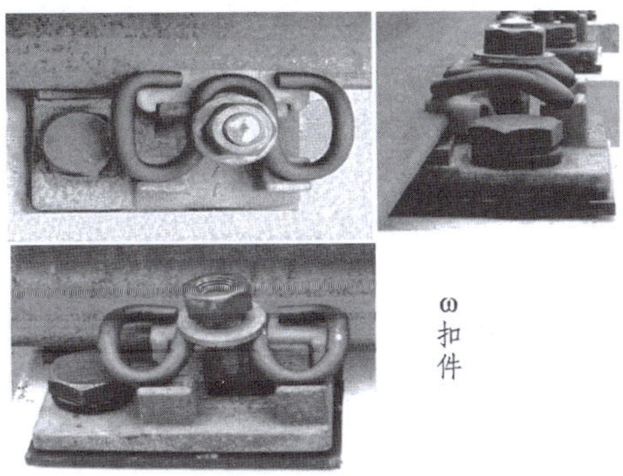

（b）中间连接零件（弹条式扣件）

图 4.14

6．防爬设备

列车运行时由于纵向力的作用，钢轨可能会产生纵向移动，有时还会带动轨枕一起移动，这种现象叫“轨道爬行”。轨道爬行往往引起轨缝不匀、轨枕歪斜等线路病害，对轨道的破坏性极大，严重时还会危及行车安全。通常靠设置防爬设备来有效地防止轨道爬行。常见的防爬设备有防爬器和防爬撑两种，如图 4.15 所示。

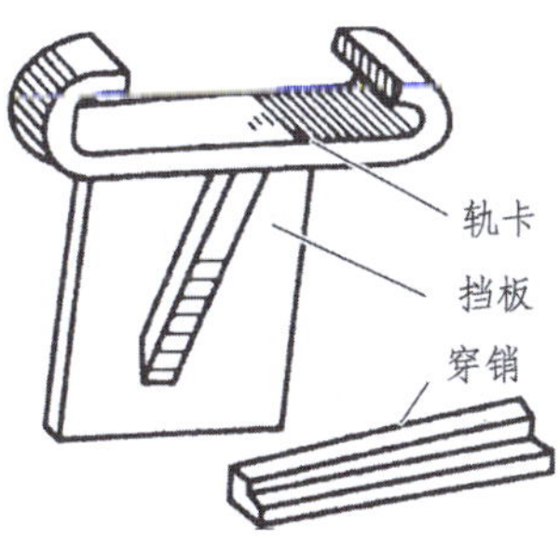

（a）防爬器

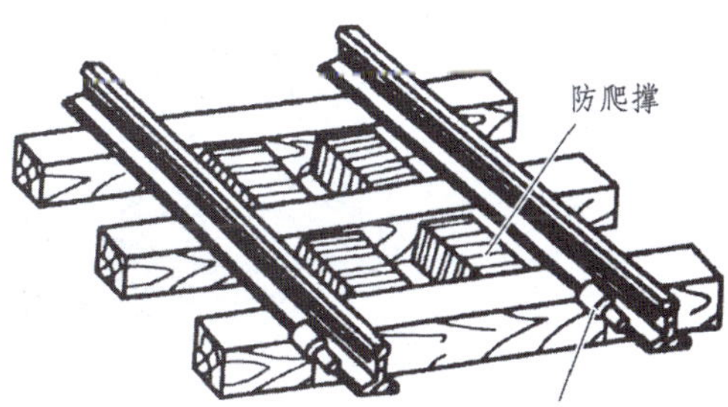

（b）防爬撑

图 4.15

二、整体道床结构（无砟道床）

整体道床结构有两种形式：一种是无枕式整体道床，即将道床、路基、轨枕组合成混凝土整体道床，在其上直接安装扣件、弹性垫层和钢轨；另一种是轨枕式整体道床，道床内可预埋木枕、钢筋混凝土枕，如图 4.16 所示。

（a）无枕式整体道床　　（b）轨枕式整体道床

图 4.16

整体道床的特点是整体性好，坚固、稳定、耐久，轨道的建筑高度小，减少了隧道净空高度，轨道维修量小，适应地铁和轻轨交通运营时间长、维修时间短的特点。但其弹性差、造价高、施工时间长。

三、单轨交通线路结构

单轨交通分为跨座式（骑跨式）和悬挂式（悬吊式）两类，其线路结构如图 4.17、图 4.18 所示。

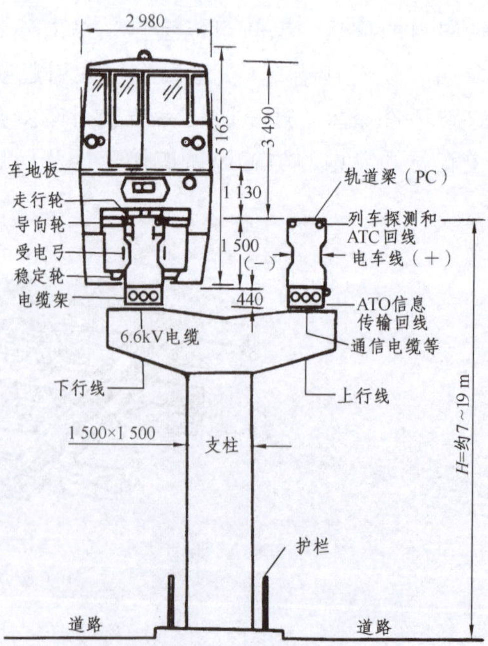

图 4.17　跨座式单轨交通线路结构

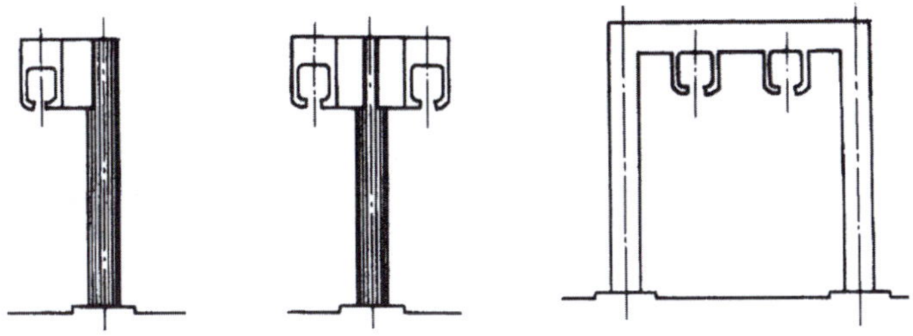

图 4.18 悬挂式单轨交通线路结构

单轨交通线路结构比较简单，由轨道梁、支柱、基础组成。由于单轨交通车辆一般采用橡胶走行轮、导向轮（稳定轮）来构成走行部，因此其轨道梁结构中主要包括承重面、导向侧面及附属设施（如供电、自动控制、通信等）等。

四、道　岔

道岔是轨道交通线路上供列车安全转线的设备。

1．道岔类型

（1）单开道岔：将一条线路分岔成两条线路，一条直线（主线），一条曲线（侧线）。

（2）双开道岔：将一条线路分岔成两条不同方向的曲线线路。

（3）三开道岔：沿一股直线钢轨（主线）对称分支，同时衔接的有三条线路，一股直线钢轨、两股曲线钢轨。

（4）复式交分道岔：两条线路平面交叉，引渡列车由一条线路跨越至另一条线路的设备称为交叉。在菱形交叉的两侧，各增添两副转辙器和一股连接曲线，就是复式交分道岔。车辆通过交叉设备时，只能沿原线路继续运行，不能转线。

为简单起见，道岔种类用线路中心线来表示，如图 4.19 所示。

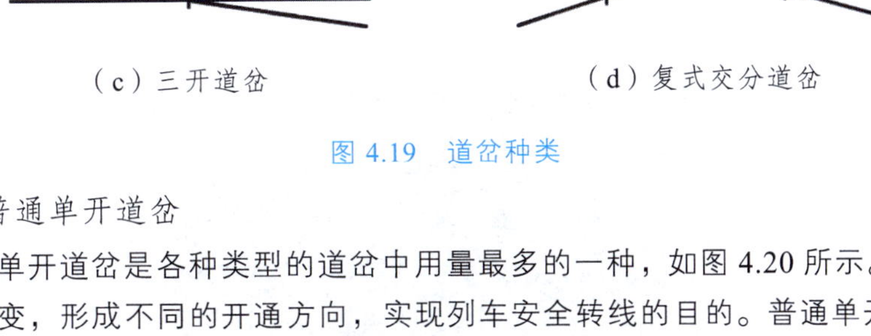

（a）单开道岔　（b）双开道岔　（c）三开道岔　（d）复式交分道岔

图 4.19 道岔种类

2．普通单开道岔

普通单开道岔是各种类型的道岔中用量最多的一种，如图 4.20 所示。通过尖轨位置的改变，形成不同的开通方向，实现列车安全转线的目的。普通单开道岔由转辙器、连接部分、辙叉及护轨等组成。

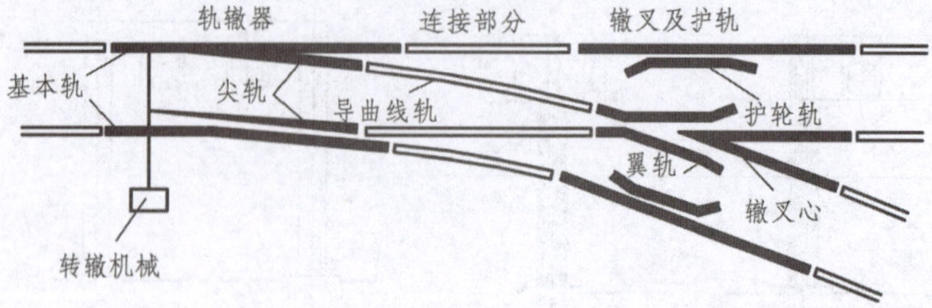

图 4.20　普通单开道岔

转辙器由 2 根尖轨、2 根基本轨及转辙机械等组成。尖轨是转辙器的主要部件，通过连接杆与转辙机械相连，操纵转辙机械可以改变尖轨的位置，以确定道岔的开通方向。

连接部分由直线轨、曲线轨连接而成。

辙叉及护轨包括辙叉心、翼轨及护轨、基本轨等，如图 4.21 所示。其作用是保证车轮安全通过两条钢轨的相互交叉处。

图 4.21　辙叉心、翼轨及护轨

普通单开道岔在辙叉心部分存在有害空间（即辙叉心实际尖端与翼轨间最小距离处存在着轨线中断不连续的情况），当列车通过时，会造成车轮与辙叉实际尖端互相冲击。一般采取限制通过道岔速度来降低不利影响，减少乘客不适的感觉。也可以选用活动心轨道岔来消除辙叉心部分有害空间的影响，如图 4.22 所示。

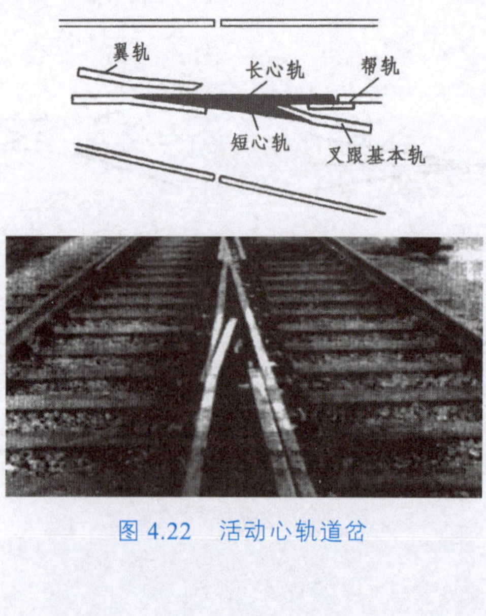

图 4.22　活动心轨道岔

3．单轨交通道岔

跨座式单轨交通道岔有单开、双开、三开及五开等几种，依据行车组织的要求，组合成单渡线、交叉渡线等多种不同的形式。图 4.22 为具有代表性的几种跨座式单轨道岔。

（1）单渡线道岔：如图 4.23（a）所示，可移动道岔为两组，供上下行线间设单渡线使用。道岔区长度为 40 m。

（2）交叉渡线道岔：有两种形式，如图 4.23（b）、4.23（c）所示。

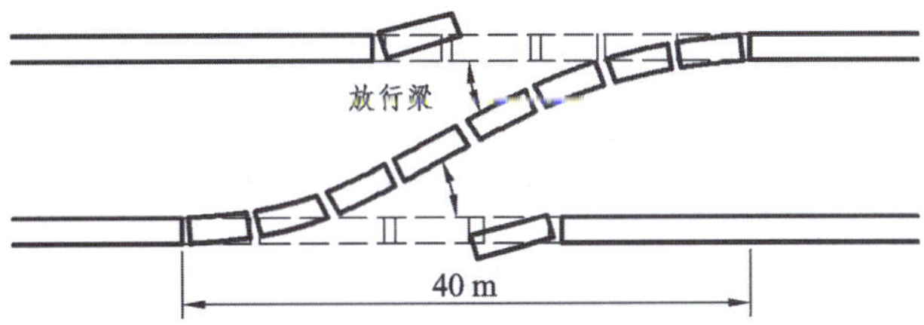

（a）单渡线道岔

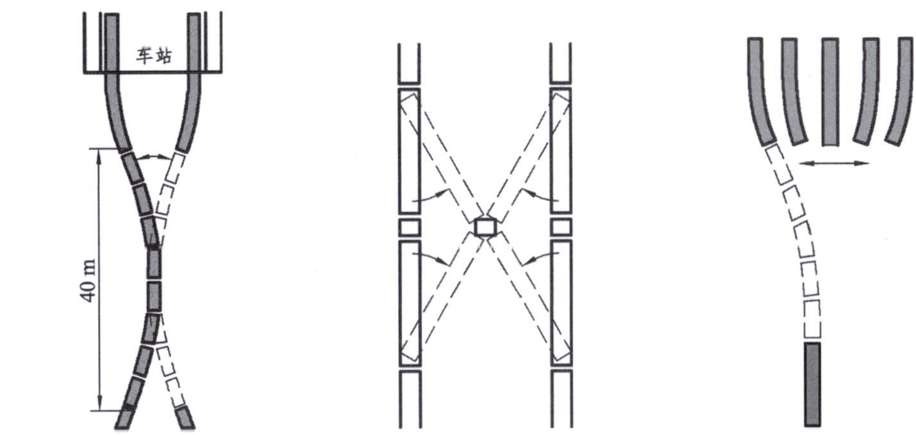

（b）交叉渡线（长 40 m）　（c）交叉渡线（长 72 m）　（d）五开道岔

图 4.23　跨座式单轨道岔

图 4.23（b）用于上下行交叉渡线处，中间两节短道岔梁为固定式；另有两组活动道岔梁，通过不同组合连接，可构成 4 条通路。道岔区长为 40 m，列车通过速度为 25 km/h。

图 4.23（c）用于上下行交叉渡线处，在上下行线及线间中部为固定梁，另有 4 组活动道岔通过不同组合连接，可构成 4 条通路。道岔区长为 72 m，列车通过速度为 35 km/h。

（3）多开道岔：用于车场内行车线与多条存车线的连接。根据连接线的多少，道岔可分为单开、双开、三开及五开等多种形式，道岔区长度为 20～30 m。图 4.23（d）为五开道岔示意图。

任务小结

本任务介绍了城市轨道交通线路的组成，讲述了传统线路各组成部分的作用，阐述了道岔的种类及单开道岔的组成和各组成部分的作用。通过本任务的学习，学生需了解城市轨道交通线路的组成，了解整体道床和单轨交通线路的特点，熟悉传统线路各组成部分的作用，掌握常见道岔的类型和单开道岔的结构，会熟练判断单开道岔的开通方向。

课后习题

一、填空题

1. 钢轨的连接零件有接头连接零件和________________两种。
2. 由道床、路基、轨枕组合成的整体的轨下基础称____________________。
3. 整体道床结构有两种形式：一种是无枕式整体道床，另一种是__________。
4. 钢轨的断面形式是____________。
5. 我国地铁正线常采用____________kg/m 的钢轨。
6. 单开道岔所分成的曲线股道有____________条。
7. 常见的防爬设备有防爬器和____________两种。

二、简答题

1. 传统轨道交通线路主要由哪几部分组成？
2. 普通单开道岔由哪几部分组成？各组成部分的作用是什么？
3. 道岔常见的种类有哪些？

任务三　掌握城市轨道交通线路设计基础知识

任务目标

1. 知识目标

（1）掌握线路平面的定义、组成要素、曲线阻力及缓和曲线的含义。
（2）掌握线路纵断面的定义、组成要素、坡度、坡道阻力及竖曲线的含义。
（3）掌握线路上两根钢轨的位置关系。

2. 能力目标

（1）会用专业知识，通过专业书籍、多媒体课件和图片资料获得帮助信息。
（2）会口头表达本次任务的知识要点及学习成果。

3. 素质目标

（1）具有良好的职业意识。

（2）能自主学习新知识、新技能。

（3）具有高度的职业责任心和正确的学习态度。

（4）具有较强信息搜集能力，会查找轨道交通线路的新知识。

（5）具有团队协作能力和吃苦耐劳的精神。

案例导入

南京地铁 1 号线线路概况

南京地铁 1 号线正线为双线，列车运行采用双线单向右侧行车。奥体中心往迈皋桥站为上行，反之为下行。

（1）专用线最大坡度（换算）28‰，全长 830.498 m。

（2）正线及辅助线采用 60 kg/m 钢轨，小行基地采用 50 kg/m 钢轨，轨距为 $1\,435^{+6}_{-2}$ mm 。

3. 正线采用 60 kg/m 钢轨的 9 号道岔。小行基地采用 50 kg/m 钢轨的 7 号道岔（试车线为 60 kg/m 钢轨，与其接轨的道岔为 60 kg/m 的 9 号道岔），道岔侧向允许通过速度见表 4.1。

表 4.1　道岔侧向允许通过速度

辙叉号	9	7
速度/（km/h）	30	25

知识链接

一、线路平面设计

1. 线路平面

线路平面指轨道交通线路中心线在水平面上的投影。线路中心线：两根钢轨间距离的中点连线（单轨交通为轨道梁的中心线）。

2. 线路平面组成要素

直线：线路走向的主要部分。

曲线：为了满足线路选线要求，适应地形变化（地面布置方式），避让障碍物（地面、地下、高架方式）而必然出现的部分。

3. 曲线阻力

列车在通过曲线段时，除了克服基本阻力（即直线段也存在的阻力）外，还需克服由于曲线而产生的附加阻力。

基本阻力（W_0）：列车运行过程中需要克服的轮轨阻力、空气阻力等。

曲线附加阻力（W_r）：由于曲线而产生的附加阻力。

曲线阻力产生原因：因离心力的作用，使得外侧车轮轮缘挤压外轨，摩擦增加；同时由于曲线段内轨与外轨之间距离不相等，列车在通过曲线段时，会发生外侧车轮滚动，内侧车轮相对滑动的情况。

4．曲线阻力计算

单位曲线阻力为

$$w_r = K/R \quad （单位：N/kN）$$

式中，K 为计算常数，可通过检测得出，目前检测为 600；R 为曲线半径，单位为 m。

从式中可以看出：单位曲线阻力 w_r 与 R 成反比，即 R 越大，w_r 越小，对运行有利；但曲线半径 R 越小，线路适应地形、避让障碍物的能力越强。

5．曲线最小半径 R_{min}

城市轨道交通系统应根据其运行特征及车辆性能等要素，选择一个适合的 R_{min} 值，便于设计与施工。

地下铁道：正线 R_{min} 常用 300 m，困难地段不小于 250 m。

联络线：R_{min} 常用 150 m。车辆基地根据作业情况及布局需要，R_{min} 还可适当取较小的值（最小的 R 值仅有 100 m 左右）。

单轨交通：① 正线：$R_{min} = 60$ m（跨座式），$R_{min} = 30$ m（悬挂式）；② 其他，$R_{min} = 30$ m（跨座式、悬挂式）。

6．缓和曲线

离心力与车辆运行速度的平方成正比，与曲线半径成反比，即 $f = k \cdot m \cdot V_{max}^2 / R$。将直线段视为 $R = \infty$ 的状况，则直线段与曲线段之间离心力有一个突变过程，即从 0 突变为相当大的值（因为 R 较小、V 较大）。为保证行车安全和乘客舒适，需在直线与圆曲线之间加入一段缓和曲线。缓和曲线常选择高次幂曲线、等速螺旋线等具有从直线过渡到圆曲线特征的曲线。如地下铁道常采用 $L = 0.07V^3 / R$ 规格的曲线，单轨交通选用 $L = V^3 / 14R$ 规格的曲线等。

二、线路纵断面设计

1．线路纵断面

线路纵断面是轨道交通线路中心线在垂直平面上的投影，单轨线路以轨道梁中心线为准。

2．线路纵断面的组成要素

平道：线路纵断面的基本部分。

坡道：由于选线和避让障碍物需要及适应运行需要而设置的特殊路段。

3．坡道阻力（W_i）

列车通过坡道时，因坡度存在而产生的附加阻力。

$$i(‰) = \tan\alpha = h/L$$

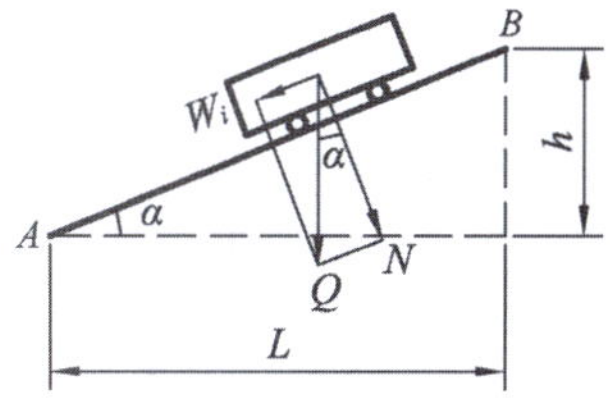

图 4.24　坡道阻力产生原因示意图

式中，α 为坡道夹角；h 为坡道高差（m）；L 为坡道水平距离（m）。

坡道阻力产生的原因：车辆在坡道上运行，重力分解为对轨道的正压力 N 与沿坡道的下滑力 W_i 两个分力，如图 4.24 所示。W_i 即为坡道阻力，上坡时，W_i 为正值；下坡时，W_i 为负值。

4．坡道阻力计算

$$W_i = Q \cdot \sin\alpha$$

当 α 很小时，有 $\sin\alpha = \tan\alpha$，并取 $1\ \text{kg} \approx 10\ \text{N}$，因此

$$W_i = Q \cdot \tan\alpha = Q \cdot i\ (\text{kg}) \approx 10i \cdot Q\ (\text{N})$$

单位坡道阻力

$$w_i = W_i / Q = 10i \cdot Q / Q = 10i\ (\text{N/t})$$

由此可见，W_i 与 i 成正比，即 i 越大，W_i 越大，对列车运行速度制约越大。

5．最大坡度 i_{max}

地下铁道及轻轨：正线一般选择 30‰，困难地段 $i_{max} \leqslant 35‰$，辅助线路 $i_{max} \leqslant 40‰$。

单轨交通：正线，跨座式：$i_{max} \leqslant 60‰$；悬挂式：$i_{max} \leqslant 60‰$。其他线路，跨座式：$i_{max} \leqslant 100‰$；悬挂式：$i_{max} \leqslant 120‰$。

6．竖曲线

相邻坡道与坡道之间，或平道与坡道之间的交点叫变坡点。在变坡点处，当坡度差异较大时，会导致列车运行不顺。为此，在变坡点设置圆曲线，使列车运行平顺，乘客舒适。所谓竖曲线，就是纵断面上设置的圆曲线。

《城市轨道交通工程项目建设标准》（建标 104—2008）规定：对正线的区间线路，竖曲线半径一般取 5 000 m，困难情况下取 2 500 ~ 3 000 m；车站两端因行车速度较低，其线路的竖曲线半径可取 3 000 m，困难情况下可取 2 000 m。对辅助线和车场线，竖曲线半径可取 2 000 m；对于车型较小的 C 型车，竖曲线半径可以取 1 000 m。

车站站台和道岔范围不得设竖曲线，且竖曲线离开道岔端部的距离不应小于 5 m。渡线应设在 5‰ 以内的坡度上，而且竖曲线不应伸入道岔范围之内。竖曲线起点至道岔基本轨起点的距离，或距辙叉跟端以外短轨端点的距离，均不应小于 5 m。

由于允许的坡段长度较短，而允许的坡度值又较大，因而实际设计时常会出现两条竖曲线重叠或相距很近的情形。为了避免或减轻列车同时位于两条竖曲线而产生的振动叠加，规范规定两条竖曲线之间的夹直线长度不宜小于 50 m。

7．合理纵断面

地下铁道由于部分线路埋设在地下隧道或设置在高架结构上，又因车站与区间的埋深或高差不尽一样，在设计地下铁道线路纵断面时，须注意保持合理纵断面。

合理纵断面：既满足有利于列车运行提高效率、降低消耗、安全可靠的要求，又能满足降低施工量、减少施工难度、提高施工进度的需要。

如图 4.25 所示，由于区间隧道轨道面标高低于车站轨道面标高，因此，列车在运行过程中处于出站下坡与进站上坡的有利状态，有利于列车起动加速与进站减速制动，即与列车运行牵引要求一致。合理纵断面使列车运行的电耗量下降，附加制动力减少，从而降低了运行成本及设备损耗。

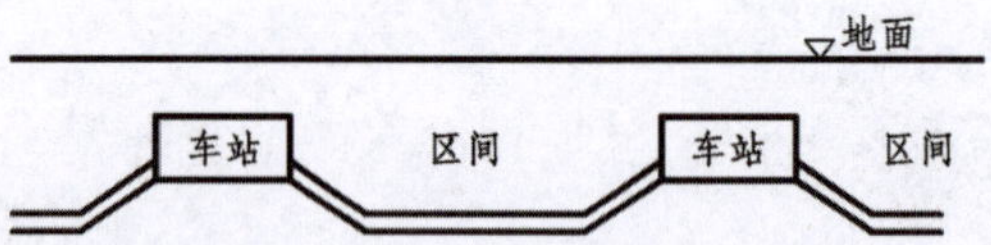

图 4.25　合理纵断面示意图

如图 4.26 所示，纵断面往往会出现在地下铁道且采用明挖法施工建设的系统。由于片面强调减少施工挖掘土方，而未预先明确列车运行特征及运营后的成本费用问题，以及受地质条件、地下结构等原因的影响导致不合理纵断面的出现，使得地下铁道线路无法改造调整只能成为永久性遗憾。

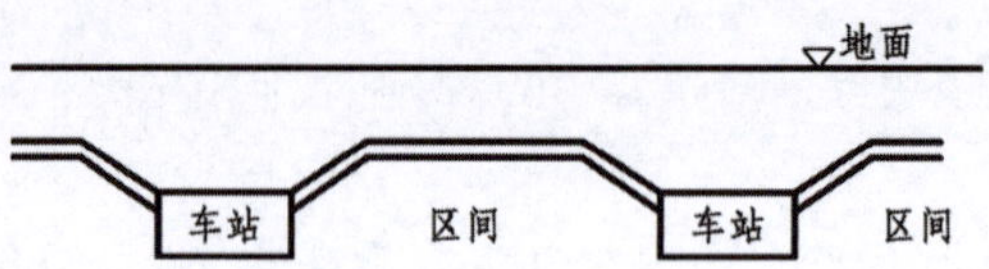

图 4.26　不合理纵断面示意图

地下盾构等施工方式比较容易解决线路走向选择，且无施工量多少的问题，理论上不会出现上述不合理纵断面。

同样，高架结构线路车站也应选择合理纵断面位置。

8．地下铁道埋深

（1）浅埋式：轨面到地面的高差小于 20 m，一般采用明挖式施工。

（2）深埋式：轨面到地面的高差大于 20 m，一般采用暗挖式施工。

不同埋深方式具有互补的优缺点。浅埋式具有以下优点：施工方便，造价低，运营费用低，乘客出入方便。深埋式具有以下优点：地下管线影响小，施工期对地面交通影响小，避让地下建筑障碍及地质困难地段较有利，受气候影响小，具有较强的军事功能。

三、两根钢轨之间的相互位置

对于地下铁道、轻轨来说，线路上两根钢轨之间的相互位置能否保持运营所需的良好状况十分重要。

1．轨　距

轨距指两根钢轨轨头顶面向下 16 mm 范围内两钢轨作用边之间的最小距离，如图 4.27 所示。

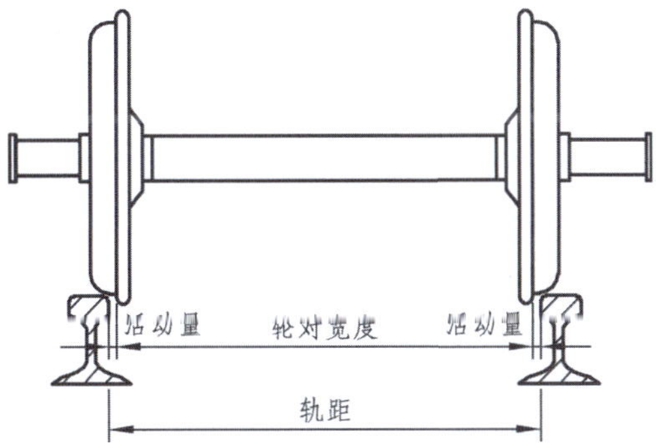

图 4.27　轨距

直线段：标准轨距为 1 435 mm。

曲线段：由于轨道交通车辆（主要指地铁、轻轨车辆）转向架多采用两轴转向架，在通过小半径曲线时，因为固定轴距（只能保持平行移动，不能相对运动的最外侧两车轴之间的距离，也称死轴距）的存在，导致前轴外侧车轮挤压外轨，后轴内侧车轮挤压内轨，容易卡死，甚至脱轨颠覆。为此，在小半径曲线段，采用轨距加宽的办法缓解上述影响。当 $R<200$ m，一般选择轨距加宽 15 mm 以下（视列车运行速度而定）。为保证城市轨道交通列车运行的速度和安全可靠性，故在正线一般不采用 $R<200$ m 的曲线，而在车场（厂）和辅助线则有可能采用。

2．顶面位置关系

顶面位置关系指两根钢轨轨面之间相互的标高差。

直线段：指两股钢轨的顶面应保持在同一水平面上。其容许误差：正线水平误差不得大于 4 mm，站场及其他线路误差不得大于 6 mm。

曲线段：为克服列车通过小半径曲线而产生的离心力，保障列车运行安全，采用外轨超高产生一定的向心力来抵消离心力影响，如图 4.28 所示。

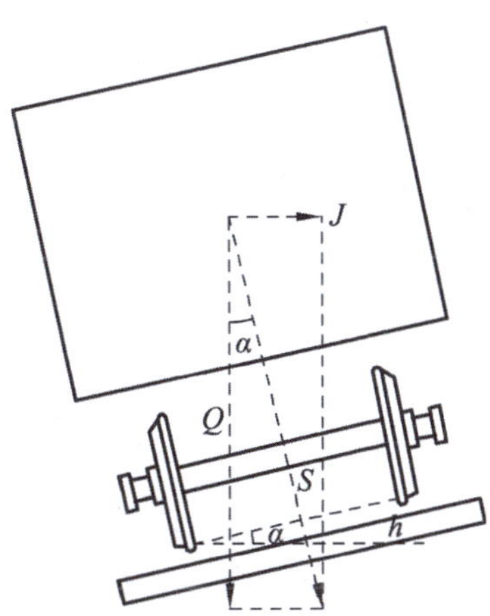

图 4.28　外轨超高原理图

外轨超高计算公式为

$$h = 11.8V_c^2 / R$$

式中，h 为外轨超高值（mm）；V_c 为列车通过曲线平均速度（km/h）；11.8 为换算系数。

一般采用内轨压低 $h/2$，外轨抬高 $h/2$ 方式具体布置。

任务小结

本任务介绍了线路平面和纵断面的定义、组成要素，讲述了曲线阻力、坡道阻力对行车的影响及缓和曲线、竖曲线的含义，阐述了城市轨道交通线路上直线地段和曲线地段两根钢轨的位置关系。通过本任务的学习，学生需了解线路平面和纵断面的定义、组成要素，了解如何合理选择纵断面，掌握曲线阻力、坡道阻力对行车的影响，掌握缓和曲线、竖曲线的含义，掌握直线和曲线线路上两根钢轨的位置关系。

课后习题

一、选择题

1. 地铁线路小半径曲线部分两钢轨顶面的位置关系是（　　）。

A. 外轨高于内轨　B. 外轨低于内轨　C. 两轨一样高　D. 高度不定

2. 列车通过缓和曲线时所受到的离心力是（　　）。

A. 突然增加的　B. 突然减少的　C. 逐渐变化的　D. 恒定不变

3. 坡度值的大小常用（　　）表示。

A. 百分率　B. 千分率　C. 小数　D. 分数

4. 浅埋式的埋深是指轨面到地面的高差小于（　　）m。

A. 10　B. 20　C. 30　D. 50

5. 下列哪项不是深埋式的优点。（　　）

A. 施工方便　B. 受气候影响小

C. 施工期对地面交通影响小　D. 具有较强的军事功能

6. 我国城市轨道交通直线段的标准轨距是（　　）。

A. 1 000 mm　B. 1 500 mm　C. 1 435 mm　D. 750 mm

二、填空题

1. 竖曲线指__________________________。

2. 竖曲线设于__________________________。

3. 曲线半径越小，则列车所受的曲线阻力________。

三、简答题

1. 什么叫轨道交通线路的平面和纵断面？它们的组成要素分别是什么？

2. 缓和曲线设置在什么地方？有何作用？
3. 变坡点指什么？
4. 什么叫轨距？我国轨道交通线路直线段的标准轨距是多少？

任务四　熟悉城市轨道交通线路标志、限界与施工方法

任务目标

1. 知识目标

（1）掌握线路标志的作用与种类。
（2）掌握限界的定义与种类。
（3）了解线路的施工方法。

2. 能力目标

（1）会用专业知识，通过专业书籍、多媒体课件和图片资料获得帮助信息。
（2）会口头表达本次任务的知识要点及学习成果。

3. 素质目标

（1）具有良好的职业意识。
（2）能自主学习新知识、新技能。
（3）具有高度的职业责任心和正确的学习态度。
（4）具有较强信息搜集能力，会查找轨道交通线路的新知识和新的发展动向。
（5）具有团队协作能力和吃苦耐劳的精神。

案例导入

武汉轨道交通 2 号线——全国最复杂过江地铁地质条件

武汉轨道交通 2 号线是过江地铁，也是武汉市首条开工建设的地铁线路，一期工程试验段于 2006 年 11 月正式动工。过江地铁是国内外城市轨道交通中第一个穿越强冲刷水域的线路，地质条件非常复杂，沿线有大量历史建筑要保护。

位于长江江底的地铁长度达 3 km，如何通风，灾害时如何安全防护、疏散，都是大难题，以前没碰到过。普通地铁的类似问题，解决起来要相对容易的多。江南、江北的地铁出口，往江底走坡度很大，车辆上下如何稳定安全，难度属全国第一。另外，武汉过江地铁还有一项全国第一，即首次对反恐防爆炸进行了安全论证。

1．区间隧道贯通

武汉市首段地铁盾构区间隧道汉口范湖至汉口火车站区间于 2008 年 12 月贯通。汉范区间为地铁 2 号线，即过江地铁的首段盾构区间，全长 1.01 km，为双洞双线设计，直径 6.28 m，约为长江隧道直径（11.38 m）的一半。

2．矿山法施工贯通区间隧道

武汉地铁 2 号线一期工程虎泉站至名都站区间（简称虎名区间）隧道于 2009 年 12 月 18 日成功贯通，这是武汉地铁首条采用矿山法施工贯通的区间隧道，也是继汉口火车站至范湖站盾构施工区间隧道双向贯通后，长江南岸首条双向贯通的区间隧道。虎名区间隧道分左右双线，总长 2 503 m，采用矿山法施工。该区间隧道地质复杂，洞顶为滞水发育的浅埋覆盖层，其中人工杂土超浅埋洞段长达 680 m，黏土层最薄处厚度仅 0.5 m，洞底岩溶、溶沟及溶槽发育，施工难度极大。虎名区间隧道施工期间，参建各方高度重视工程的质量安全，精心组织，密切配合，科学调度，不断优化施工方案，克服了高水位区断层带、溶洞重灾区、侵入基岩无声爆破开挖、人工杂填土超浅埋段等诸多困难，有效预防了突水、突泥、地表沉陷、管网毁损等安全风险，实现了区间隧道安全顺利贯通。

3．采用冷冻法施工贯通联络通道

武汉地铁 2 号线首条联络通道于 2010 年 2 月顺利贯通，这是武汉地区首次采用冷冻法施工获得成功的工程。

该通道位于地铁 2 号线汉口火车站至范湖站区间隧道的正中间，将左右线隧道连接起来，长约 6 m，净高 5 m，净宽 3 m 多。该通道分两层，下层可抽排隧道内积水，上层为乘客逃生通道。地铁 2 号线全线设有多处联络通道。

知识链接

一、线路标志

为了保证列车运行安全及司机等工作人员的需要，城市轨道交通线路沿线设有各种标志。其主要种类有：公里标、半公里标、百米标、曲线标、圆曲线与缓和曲线始终点标、坡度标、桥梁标、涵洞标等。设置位置如下：

（1）公里标、半公里标、百米标：分别设于一条线路自起点计算每一整公里、半公里及每百米处。

（2）曲线标：设于曲线中点处，其面向线路的侧面标明曲线的中心里程、半径大小、曲线和缓和曲线长度以及曲线超高和加宽值。

（3）圆曲线与缓和曲线始终点标：设于直缓、圆缓、缓圆各处。

（4）坡度标：设于变坡点处，标有两相邻坡道的坡度大小、坡段长度和变坡点的位置。

常见标志如图 4.29 所示。

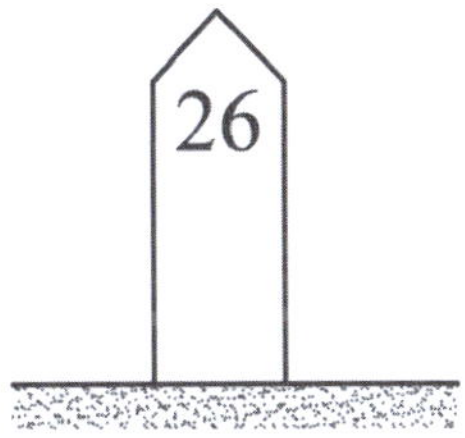

公里标

半公里标

曲线标

圆曲线与缓和曲线始终点标

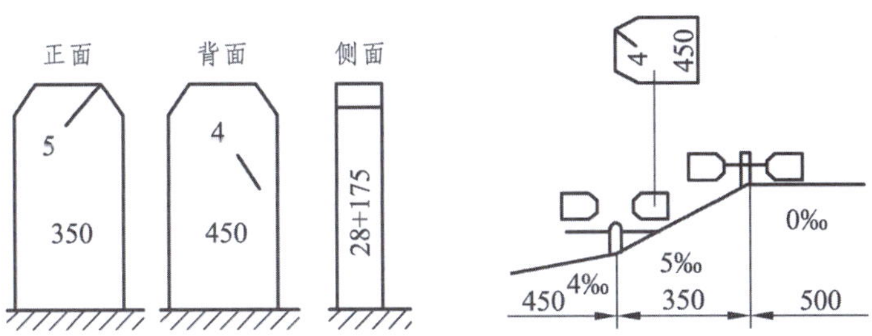

坡度标

图 4.29　常见线路标志

二、限　界

限界是指列车沿固定轨道安全运行时所需要的空间尺寸。城市轨道交通的限界包括车辆限界、设备限界、建筑限界等，如图 4.30 所示。

（1）车辆限界：它是指车辆在正常运行状态下形成的最大动态包络线，应根据车辆主要尺寸等有关参数，并考虑在静态和动态情况下所达到的横向和竖向偏移量及偏转角度，按可能产生的最不利的情况进行组合计算确定。

（2）设备限界：它是用以控制线路结构、通信、信号、供电、给排水等设备安装的控制线。直线地段设备限界是在直线段车辆限界外扩大一定安全间隙后形成的；曲线地段设备限界应在直线地段设备限界基础上，按平面曲线不同半径、过超高或欠超高引起的横向和竖向偏移量，以及车辆、轨道参数等因素计算确定的。

接触网限界属于设备限界的辅助限界。架空线式接触网限界是指为了保证受电弓的位置而留出来的空间；接触轨限界设在设备限界以内，用来控制接触轨的固定结构和防护罩的安装，同时还要保证容纳受流器在安全工作状态下所需要的净空，应根据受流器的偏移、倾斜和磨耗、接触轨安装误差、轨道偏差、电气间隙等因素来确定。

（3）建筑限界：指区间直线地段各种类型的桥梁、隧道建筑限界与设备限界之间的间距，应能满足各种设备安装的要求。其他类型与施工的桥梁、隧道建筑限界，应按照《地铁设计规范》（GB 50157—2013）规定的要求进行加宽与超高。

上述限界中，起控制作用的主要是设备限界与建筑限界。

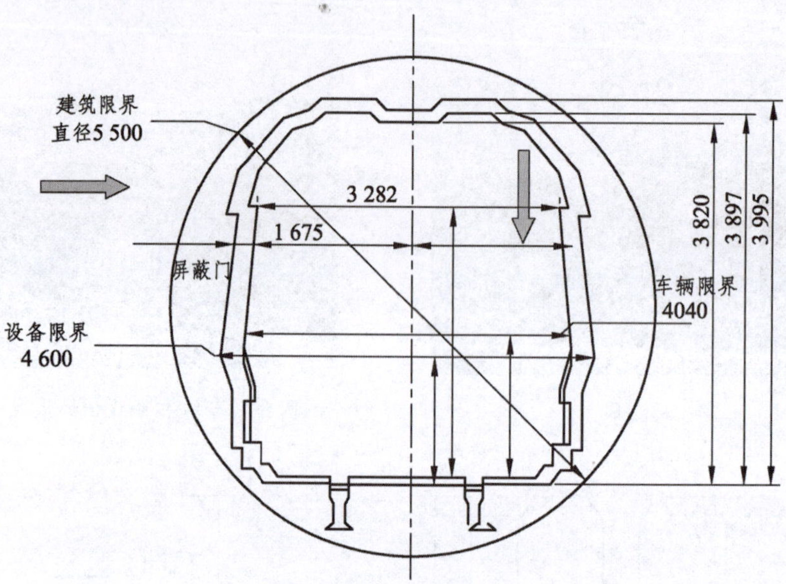

图 4.30　限界（单位：mm）

三、轨道交通线路建设施工方法简介

（一）地下铁道区间隧道的断面形式

（1）浅埋式地下铁道一般采用矩形断面，如图 4.31、图 4.32 所示。

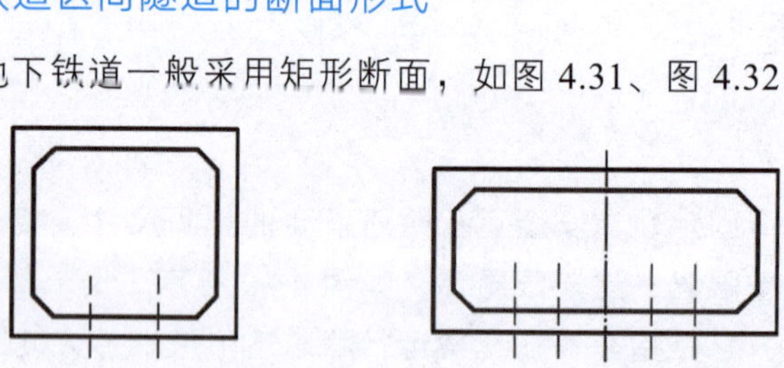

（a）单跨单线　（b）单跨双线

图 4.31　单跨单线和单跨双线示意图

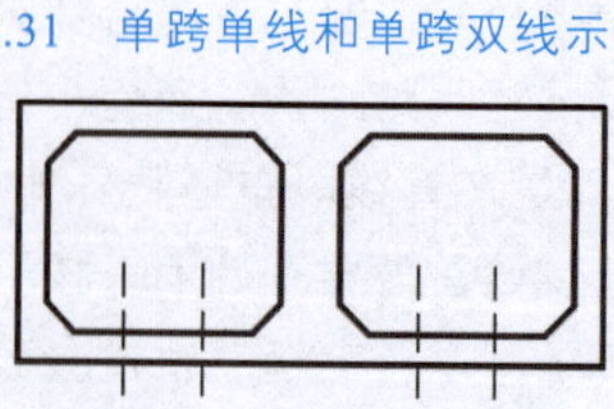

图 4.32　双跨双线示意图

（2）深埋式地下铁道根据施工方式不同，可以设计为矩形断面（如地下连续墙施工方法），也可以采用圆形断面（如地下盾构掘进施工方法），也有采用椭圆形断面的圆形断面，如图 4.33 所示。

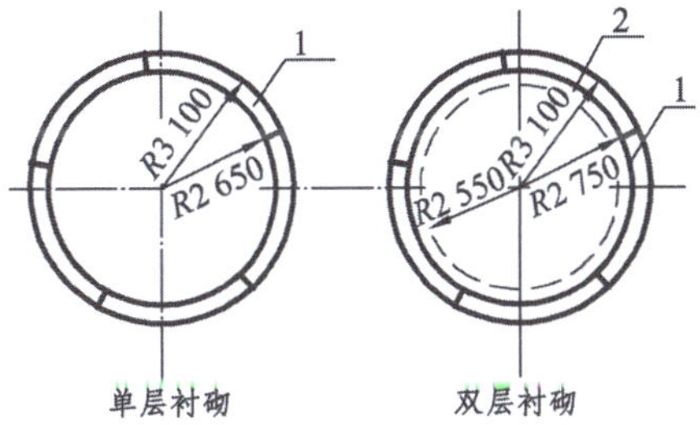

1—外层装配式衬砌；2—内衬。

图 4.33　地下铁道隧道圆形断面图

（二）地下工程隧道施工

1．明挖法

明挖法是指挖开地面，由上向下开挖土石方至设计标高后，自基底由下向上顺作施工完成隧道主体结构，最后回填基坑或恢复地面的施工方法。明挖法是各国地下铁道施工的首选方法，在地面交通和环境允许的地方通常采用明挖法施工，浅埋地铁车站和区间隧道也经常采用明挖法。

明挖法的优点：施工技术简单、快捷、经济，常被作为施工首选方案。

明挖法的缺点：阻断交通时间长，噪声与振动等会对环境造成影响。

2．盖挖法

盖挖法是由地面向下开挖至一定深度后将顶部封闭，其余的下部工程在封闭的顶盖下进行施工的施工方法。主体结构可以顺作，也可以逆作。在城市繁忙地带修建地铁车站时往往占用道路，影响交通。当地铁车站设在主干道上，而交通不能中断，且需要确保一定交通流量要求时，可选用盖挖法，如图 4.34 所示。

图 4.34　盖挖法施工图

3．暗挖法

暗挖法是在特定条件下，不挖开地面，全部在地下进行开挖和修筑衬砌结构的隧道施工方法。暗挖法主要有钻爆法、盾构法、掘进机法、矿山法（浅埋暗挖法）、顶管法、沉管法等，其中以矿山法（浅埋暗挖法）和盾构法应用最为广泛。盾构机和盾构法施工原理图如图 4.35 和图 4.36 所示。

盾构法的主要优点：除竖井施工外，施工作业均在地下进行，既不影响地面交通，又可减少噪声和振动对附近居民的影响；盾构推进、出土、拼装衬砌等主要工序循环进行，施工易于管理，施工人员也比较少；土方量少；穿越河道时不影响航运；施工不受风雨等气候条件的影响；在地质条件差、地下水位高的地方建设埋深较大的隧道时，盾构法有较高的技术和经济优越性。

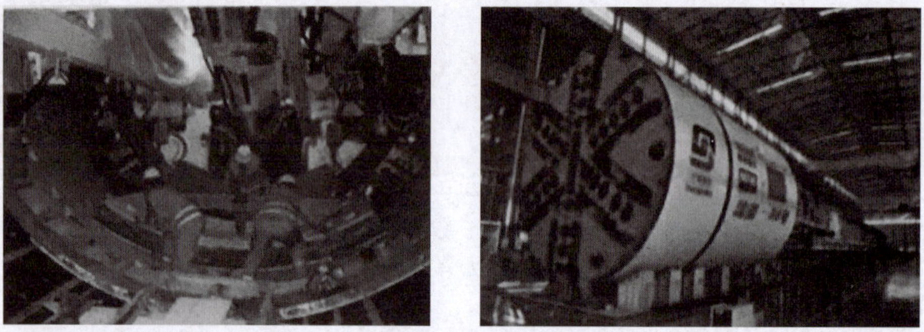

图 4.35　盾构机

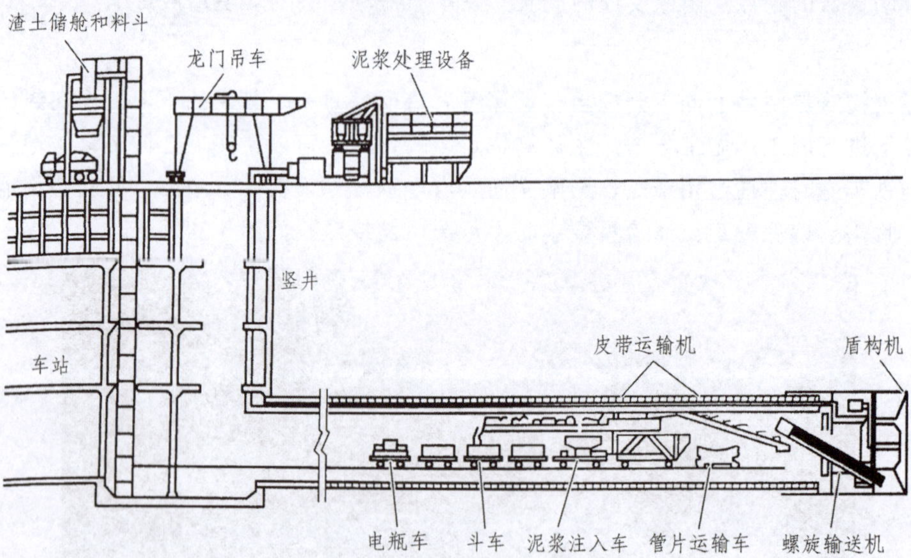

图 4.36　盾构法施工原理

（三）地面与高架结构施工方法

1．地面筑堤法

地面筑堤法是一种从地面筑起护堤，在堤上铺设道床和轨道的方法。地面筑堤方式虽然建设费用不高，但堤下土地不能利用，造价反而更高。

2．高架桥法

高架桥主要是用混凝土建造。高架桥法类似于城市高架桥和公路高架桥的形式，有拱形桥、梁形桥和刚性框架桥。高架桥主要由梁、墩台和基础三部分组成。高架桥跨越一般河流时，梁孔径应保证设计频率洪水、流冰及其他漂浮物或船只通过的安全要求。当高架桥跨越铁路、公路或城市道路时，桥梁孔径及桥下净空应满足有关规范的规定限界。一般情况下，城市地势平坦，全线采用高架结构。为了节省轨道交通系统的造价，高架桥结构要求有较小的建筑高度。

任务小结

本任务介绍了限界的定义与种类、城市轨道交通线路的施工方法，讲述了线路标志的作用与种类。通过本任务的学习，学生需了解城市轨道交通线路的施工方法，熟悉限界的定义与种类，掌握线路标志的作用与种类。

课后习题

一、选择题

1. 浅埋式地铁区间隧道的断面形式一般是（　　）。

A. 矩形　　B. 正方形　　C. 圆形　　D. 椭圆形

2.（　　）不是线路标志。

A. 公里标　　B. 曲线标　　C. 坡度标　　D. 道岔表示器

3. 世界上第一条过江地铁线路采用的施工方法是（　　）。

A. 明挖法　　B. 矿山法　　C. 盾构法　　D. 新奥法

二、填空题

1. 浅埋式一般采用__________施工。

2. 深埋式一般采用__________施工。

3. 设置线路标志是为了保证列车运行安全及__________________的需要。

三、简答题

1. 线路标志的作用是什么？常见的种类有哪些？

2. 什么叫城市轨道交通的限界？地铁和轻轨限界包括哪几种类型？

3. 轨道交通线路的施工方法主要有哪几种类型？

任务实施

任务五　熟悉城市轨道交通车站

任务目标

1. 知识目标

（1）了解车站的设计原则与车站规模的确定因素。
（2）掌握车站的分类。
（3）掌握车站的组成。

2. 能力目标

（1）会用专业知识，通过专业书籍、多媒体课件和图片资料获得帮助信息。
（2）会口头表达本次任务的知识要点及学习成果。

3. 素质目标

（1）具有良好的职业意识。
（2）能自主学习新知识、新技能。
（3）具有高度的职业责任心和正确的学习态度。
（4）具有较强信息搜集能力，会查找城市轨道交通车站的新知识。
（5）具有团队协作能力和吃苦耐劳的精神。

案例导入

北京南站

北京南站是一个规模宏大的立体化交通枢纽，这个“巨无霸”位于北京市南二环与南三环、马家堡东路与西路之间，占地 49.92 万 m^2，相当于 70 个足球场。主站房建筑面积为 31 万 m^2，相当于鸟巢体育场的 1.5 倍，世界第三大机场——伦敦希思罗机场所有的航站楼面积加起来也没有超过北京南站。作为京津城际高速铁路的起点站，东端衔接京津城际铁路和北京站，西端衔接京沪高速铁路、北京动车段与京山铁路、永丰铁路，集高速铁路、国有铁路、城际铁路、地铁及公交车、出租车等交通功能于一体。北京南站被誉为“亚洲最大火车站”，其外观如图 4.37 所示。

图 4.37　北京南站外观

北京南站是大型立体化交通枢纽，采用 5 层立体化布局，由地上两层、地下三层建筑以及高架环形车道组成。由上至下依次为二楼高架候车厅、一楼站台轨道层、地下一层换乘大厅、地下二层北京地铁 4 号线站台、地下三层为北京地铁 14 号线站台。旅客不出站就可以进行各种交通方式的换乘，最远的换乘距离不超过 200 m，50% 的旅客可在站内实现与地铁的“零换乘”。预计到 2020 年，北京南站每年客流量将超过上亿人次，春运高峰时期每小时将容纳 3 万人，每天超过 20 万人次在这里候车。

地上一层为站台轨道层，共设 24 条到发线、13 座站台、3 个客运车场；地上二层为高架候车层，是旅客进站层，建筑面积 47 654 m^2，中央为候车大厅，东西两侧是进站大厅，自北向南依次为各候车区。地下一层为整个车站的换乘大厅、停车场以及旅客出站系统，建筑面积 119 940 m^2，相当于 15 个足球场，大部分旅客可在此换乘，是南站的枢纽。地下二层是北京地铁 4 号线站台，地下三层为北京地铁 14 号线站台。

4 号线车站于 2009 年 9 月 28 日投入使用，车站呈西北—东南走向，垂直于地面铁路。14 号线车站于 2015 年 12 月 26 日投入使用，车站呈西南—东北走向，平行于地面铁路。

地铁站厅位于地下一层综合换乘大厅中部，地下二层为 4 号线站台，地下三层为 14 号线站台，宽度 32 m。两线均采用岛式站台设计。两线垂直交叉，站台中部通过楼梯相连。两条线的结构图如图 4.38、图 4.39 所示。

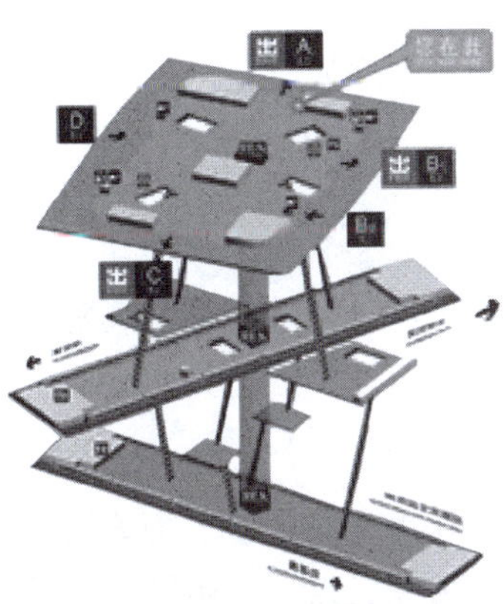

图 4.38　北京地铁 4 号线结构图

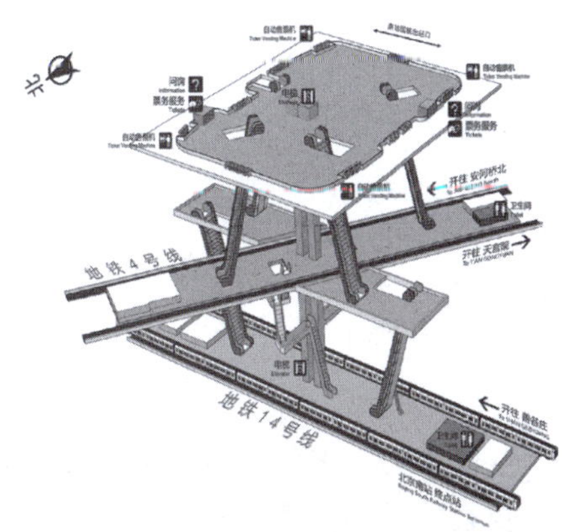

图 4.39　北京地铁 14 号线结构图

知识链接

车站是城市轨道交通线的重要组成部分，又是客流集散的场所，它必须具有供旅客乘降、换乘的功能，某些车站还必须提供折返、停车检修、临时待避功能。因此，车站的功能是要能安全、迅速、方便地组织乘客进出，能全面、可靠、机动地满足运营要求。

车站是城市轨道交通系统最重要的现代建筑类型，它们除了提供旅客上下车服务外，还可以具有一系列功能，如购物聚会及作为城市景观。车站也是空间建筑物与工程结构的结合之处，反映着城市轨道交通系统的特色。

一、城市轨道交通车站的分类

（一）按功能分

1. 终点站

终点站指线路两端端点的车站。

功能：乘降（乘客上下车），服务，列车折返，少量检修作业。

2. 中间站

中间站指线路中数量最多的基本站型。

功能：乘降，服务。

3. 换乘站

换乘站指两条或两条以上轨道交通线交叉点设置的车站。

功能：乘降，服务，换乘。

4. 区间站

区间站或称折返站、区域站，设在线路中间可供列车折返、开行区间列车的车站。

功能：乘降，服务，部分列车折返。

5. 通勤停靠站

通勤停靠站，即乘降点，设在车站与车辆基地的联系线路上。

功能：供内部职工上下班通勤乘降用。

（二）按车站站台形式分

车站可分为岛式车站、侧式车站、混合式车站（一岛一侧、一岛两侧等）等形式。如图 4.40 所示。

1. 岛式站台

站台位于上、下行行车线路之间，具有站台面积利用率高、能调剂客流、乘客中途改变乘车方向方便、车站管理集中、站台空间宽阔等优点。一般常用于客流量较大的车站。

2．侧式站台

站台位于上、下行行车线路的两侧。侧式站台上下行乘客可避免相互干扰，正线和站线间不设喇叭口，造价低，改建容易。但是，站台面积利用率低，不可调剂客流，中途改变方向须经过地道或天桥，车站管理分散，站台空间不及岛式宽阔。因此，多用于两个方向客流量较均匀（或流量不大）的车站。

3．混合式站台

将岛式站台和侧式站台同设在一个车站内，主要用于两侧站台换乘或列车折返。

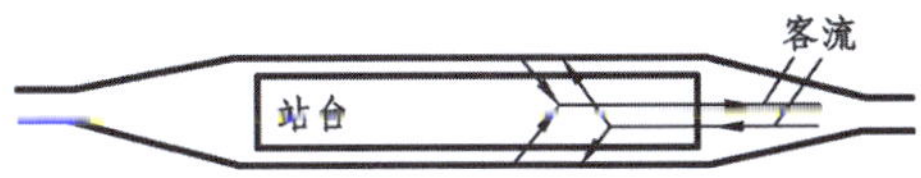

（a）岛式站台

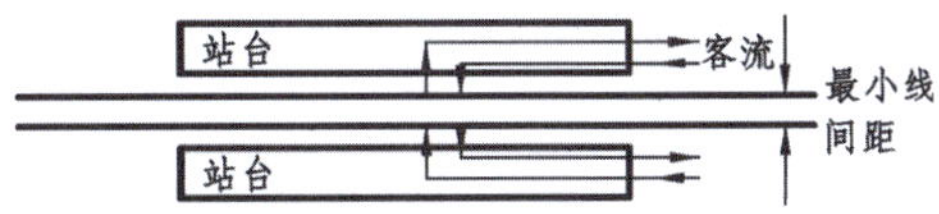

（b）侧式站台

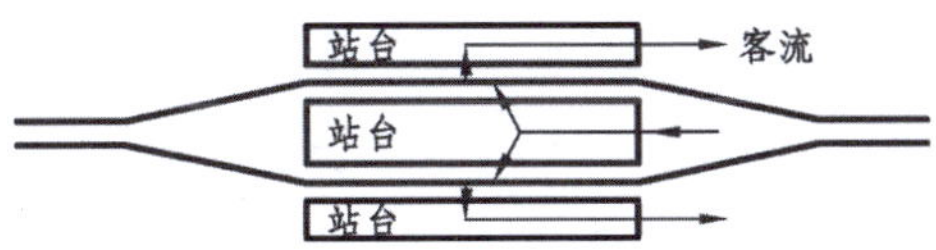

（c）混合式站台

图 4.40　站台分布形式

（三）按位置分

车站按所处位置的不同，可分为地面车站、地下车站、高架车站，如图 4.41 所示。

（a）地面车站

（b）地下车站

（c）高架车站

图 4.41

二、城市轨道交通车站设计原则

（1）车站总体设计要注意与周围环境的协调，如要与城市景观和地面建筑规划相协调。

（2）车站的规模及布局设计要满足路网远期规划的要求。

（3）车站站位应尽可能地靠近人口密集区和商业区，最大限度地方便乘客出行。

（4）车站的设计应尽可能地与物业开发相结合，使土地的使用达到最经济。

（5）车站的设计应简洁、明快、大方、易于识别，并应体现现代交通建筑的特点，同时还应与周围的城市景观相协调。

（6）车站设计应能满足设计远期客流集散量和运营管理的需要，应具有良好的外部环境条件，最大限度地吸引乘客。

（7）车站应在满足使用功能的前提下，尽量缩小建筑空间，使其规模、投资达到最合理。

（8）车站公共区应按客流需要设置足够宽度的、直达地面的人行通道，出入口的布置应积极配合城市道路、周围建筑、公共交通的规划等因素综合考虑，通道和出入口不应有影响乘客紧急疏散的障碍物。车站设计要尽量兼顾过街人行通道的要求。

（9）贯彻“以人为本”的思想，车站需解决好通风、照明、卫生等问题，以提供给乘客安全快捷和舒适的乘降环境。

（10）车站应考虑防灾设计，确保车站的安全性。

（11）车站设计要考虑其经济性。城市轨道交通建设投资巨大，根据我国城市轨道交通建设经验，车站土建工程的造价约占城市轨道交通系统总投资的 13% 左右。因此，应尽量压缩车站的长度及控制车站的埋深或车站架空高度，以降低造价，节约投资。

三、车站规模的确定

车站规模主要根据远期高峰客流量来确定，而远期高峰客流量选用全线通车交付运营后 25 年各站的高峰客流量。考虑到高峰小时进出站客流量的不均匀性，需乘以 1.2 ~ 1.4 的系数。

高峰小时客流量一般指早、晚高峰小时客流量。对于所处位置特殊的车站如大型文体场所、火车站等也可选用其他高峰小时客流量。

车站规模还应结合车站所在位置的重要性及该地区发展规划等因素综合考虑，寻求最佳方案。表 4.2 是我国轻轨车站规模分级。

表 4.2　轻轨车站规模分级表

车站规模	日均乘降量	高峰小时乘降量
小型站	5 万人次/日以下	0.5 万人次/h 以下
中型站	5～20 万人次/日	0.5～2.0 万人次/h
大型站	20～100 万人次/日	0.5～10.0 万人次/h
特大型站	100 万人次/日以上	10.0 万人次/以上

注：特大型站的日均客流乘降量为多条线路合计量。

地铁车站规模主要根据车站远期预测客流及所处位置确定，一般可分为三级。

A 级：适用于客流量大、地处大型客流集散点以及地理位置十分重要的车站。

B 级：适用于客流量较大、地处市中心或较大的居住区的车站。

C 级：适用于客流量较小、地处郊区的车站。

车站规模直接决定着车站的外形尺寸及整个车站的建筑面积等。表 4.3 为深圳市城市轨道交通二期 11 号线车站设计规模表。

表 4.3　车站设计规模表

车站名称	2035 年高峰小时站点双向客流乘降量(人/高峰小时)	车站规模	站型	形式	备注
深圳西站	28 970	大型站	地面站	岛式	换乘站
建工村站	6 122	小型站	地面站	侧式	预留站
内丽站	4 797	小型站	地面站	侧式	
龙珠站	8 792	小型站	地面站	侧式	
塘朗站	9 251	小型站	地面站	岛式	
龙华站	49 009	大型站	地面站	岛式	换乘站
坂田站	1 375	小型站	地面站	侧式	
雪岗站	14 831	中型站	高架站	侧式	
上李朗站	5 887	小型站	地面站	侧式	
平湖站	14 698	小型站	高架站	侧式	
北通道站			地面站	侧式	预留站
塘坑站	33 760	大型站	高架站	岛式	换乘站

四、车站的组成

对城市轨道交通系统来说，车站一般包括主体、出入口及通道、通风道及风亭（地下）和其他附属建筑物。图 4.42 为车站设施组成示意图。

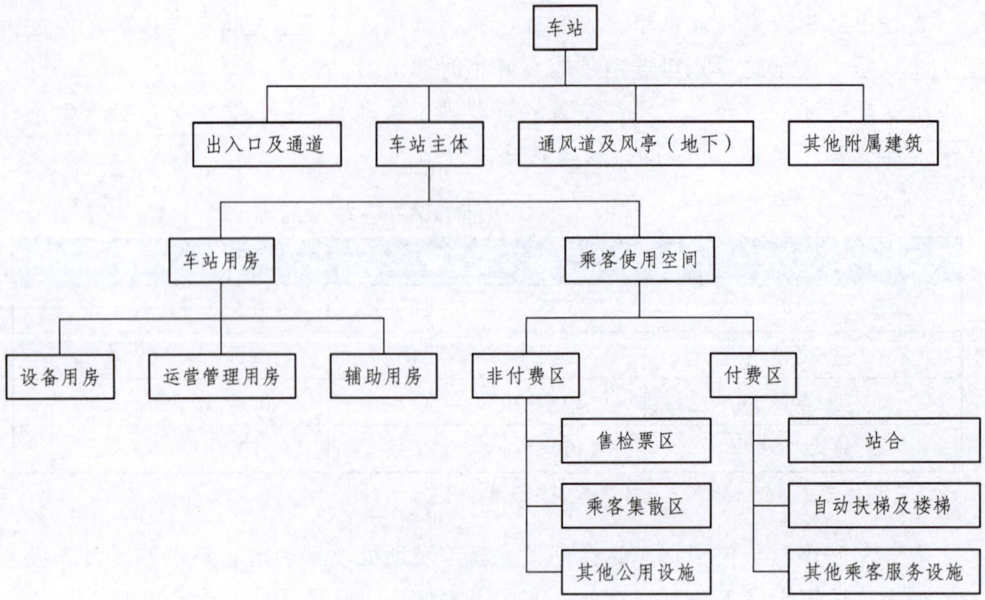

图 4.42　车站设施组成

1．车站主体

车站主体是列车的停车点，它不仅要供乘客上下车、集散、候车，一般也是办理运营业务和运营设备设置的地方。

根据功能不同，可分为以下两大部分。

（1）乘客使用空间。

乘客使用空间可分为非付费区和付费区。非付费区是乘客购票并正式进入车站前的活动区域，它一般应有较宽敞的空间、售检票位置，根据需要还可设银行、公用电话、小卖部等。付费区包括站台、楼梯和自动扶梯、导向牌等，是为乘客候车服务的设施。通常非付费区的面积应略大于付费区。

① 站厅。

站厅主要功能是集散客流兼客运服务等，如站厅中部为公用厅，两侧为客运管理区、机电设备区。此外，根据地段的不同还安排了商业开发。站厅规模大小、建筑特征要根据城市规划与交通的要求并与地面建筑相协调，要各具特色，且简洁、明快、流畅、富于时代感。

站厅面积根据高峰小时最大客流量及客流集散时间的要求计算确定。上海地铁 1 号线车站站厅公用厅满足高峰时 15 min 内容纳全部乘客的要求，站厅净高达 3 m。

② 站台。

站台主要供乘客上下车，集散客流，作短暂的停留候车。

站台长度：由车辆编组的计算长度决定。考虑到停车位置的不准确性和车站值班员、司机确定信号的需要，一般需预留 4～10 m。

计算公式如下：

$$L = nl + (4 \sim 10)$$

式中，L 为站台长度（m）；l 为车辆长度，包括车钩长度（m）；n 为车辆的编组数。

站台宽度：站台有效宽度应在考虑下列因素后经计算决定：站台形式、楼梯位置、高峰小时最大乘降人数、列车运行间隔时分等。其主要依据是高峰小时的客流量。一般岛式站台宽度为 10 ~ 15 m，侧式站台宽度为 4 ~ 6 m。岛式站台和侧式站台的实景图如图 4.43 和图 4.44 所示。

图 4.43　岛式站台

图 4.44　侧式站台

站台高度：站台高度指站台到轨顶面的高度，与车型有关。站台与车厢地板面同高，称为高站台；站台比车厢地板面低一、二个台阶，称低站台。我国生产的轻轨样车，车厢地板面到轨顶面的高度为 950 mm，站台高度 900 mm 为高站台，高度 650 mm 或 400 mm 为低站台。采用高站台时，考虑到由于车辆弹簧的挠度，在最大乘车效率时，车厢地板下沉的高度在 100 mm 以内，故高站台高度以低于车厢地板面 50 ~ 100 mm 为宜。

轨道中心到站台边缘距离：从轨道中心到站台边缘的距离由车辆的建筑限界决定，还应考虑站台的施工误差，一般施工误差为 100 mm。针对样车，车体宽为 2.6 m，将轨道中心到站台边缘的距离定为 1.4 m。当车站设在曲线上时，应适当加宽。

（2）车站用房。

车站用房包括运营管理用房、设备用房和辅助用房三部分。

运营管理用房是车站运营管理人员使用的办公用房，主要包括站长室、行车值班室、业务室、广播室、会议室和公安保卫室等。

设备用房是为保证列车正常运行、保证车站内良好环境条件和在灾害情况下乘客安全所需要的设备用房，主要包括通风与空调用房、变电所、综合控制室、防灾中心、通信机械室、信号机械室、自动售检票室、冷冻站、配电室、公区用房等。

辅助用房是为保证车站内部工作人员正常工作、生活所设置的用房，主要包括卫生间、更衣室、休息室、茶水间等。

2．地面出入口

（1）地面出入口位置的选择。地面出入口是乘客由地面进入车站或由车站上到地面的通道，其位置应满足城市规划及交通的要求。选择人流集中的地点，出入口应尽量与城市过街地道相结合，与地下商场、公共建筑楼群相连通，以方便乘客和过街行人。

（2）地面出入口的布置形式。地面出入口的形式应根据当地的气候、所处位置的特点等做成独建式（敞口、带顶棚、全封闭等）或合建式。一般采用三种形式：

“L”形、“T”形及“一”形。如图 4.45 所示，图（a）在对角线位置各设一“T”形出入口，此时，每个出入口的宽度可减小，这种设在人行道上的出入口一个车站不能小于 4 个。图（b）是车站偏离地面交叉口的情况，可利用地铁车站出入口兼行人过街地道作用，有时出入口还可伸入地面建筑物内。

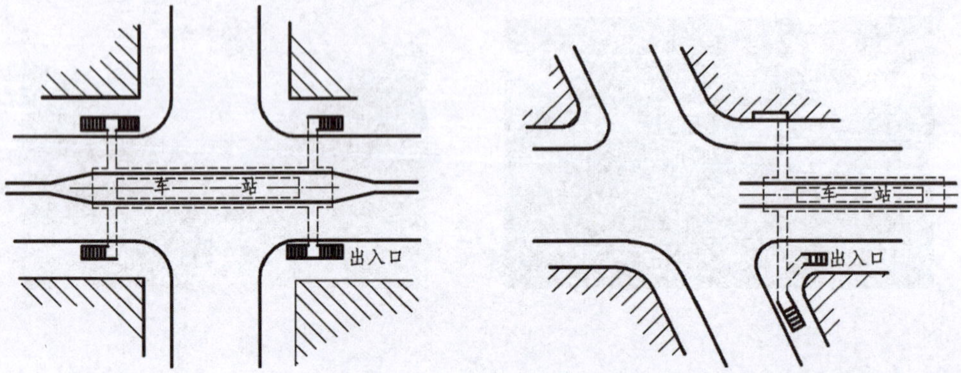

（a）车站在地面交叉口下　（b）车站偏离地面交叉口

图 4.45　地面出入口的布置形式

（3）出入口通道的数目及宽度。地面出入口通道的数目视客运量与地面条件而定，但应使出入口通过能力总和大于该站远期高峰流量。一般情况每一车站出入口不宜少于 4 个，分期修建及规模小的车站不能少于 2 个。站厅与站台的联络通道也要视情况而定，不得少于 2 个（岛式站台每端各 1 处，侧式站台每侧各 1 处）。

出入口及通道的宽度，由所需通过的客流量计算确定。单个通道或出入口宽度不小于 2 m，通道净空高度在 2.5 m 左右。

任务小结

本任务介绍车站的设计原则和车站规模的确定因素，讲述了车站的分类方式和车站的组成。通过本任务的学习，学生需了解车站的设计原则和车站规模的确定因素，掌握车站的分类方式及所分的类别，掌握车站的组成，特别是站厅和站台。

课后习题

一、填空题

1. 区间站是指设在线路中间可供列车______、开行区间列车的车站。
2. 按车站站台形式可分为岛式车站、______车站、混合式车站。
3. 岛式车站站台位于____________________。
4. 侧式车站站台位于____________________。
5. 车站按位置不同可分为地面车站、地下车站、______车站。

6. 车站规模主要根据________________确定。
7. 一般情况每一车站出入口不宜少于______个。

二、简答题

1. 城市轨道交通车站如何分类?
2. 城市轨道交通车站的设计原则是什么?
3. 地铁车站一般由哪几部分组成?
4. 地面出入口的形式主要有哪几种?
5. 地铁车站的站台形式有哪几种?请分别用图示表示出来。

拓展知识

一、线路的主要技术标准

线路的技术标准主要取决于建设条件、客运量、采用的车辆类型和行车速度，如表 4.4 所示。

表 4.4 线路的主要技术标准

线路要素		A 型车	B 型车	D 型车
最小曲线半径/m	正　线	300～350	250～300	50～100
	辅助线	250	150～200	25～80
	车场线	150	80～110	25～80
最大坡度/‰	正　线	30～35	30～35	50
	辅助线	40	40	60
	车场线	1.5	1.5	1.5
竖曲线半径/m	正　线	3 000～5 000	2 500～5 000	1 000
	辅助线	2 000	2 000	1 000
钢轨/（kg/m）	正　线	≥60	60	60
	辅助线	≥50	≥50	≥50
道岔/（N/R①）	正　线	9/200	9/200 或 7/150	待定
	车　场	7/150	6/110	待定

注：① N 代表道岔号数，R 代表线路半径。

二、道岔号数计算

道岔号数又称辙叉号数，用来表示辙叉角大小。辙叉角即辙叉心轨两个工作边的夹角。

因辙叉角是以度、分、秒来表示的，运用起来不方便，故在实际工作中常以道岔号数（辙叉号数）N 表示。

我国铁道部规定（城市轨道交通也执行此规定），道岔号数（辙叉号数）N 用辙叉角的余切表示，如图 4.46 所示。

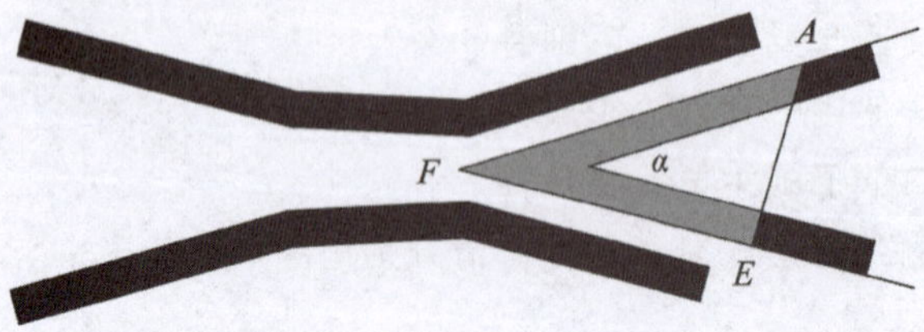

图 4.46　道岔号数计算图

计算方法为

$$N = \cot\alpha = FE / AE$$

式中　N——辙叉号数；

FA——辙叉心理论尖端（F）至辙叉心作用边任意一点（A）的距离；

AE——叉心作用边任意一点（A）至辙叉心另一作用边（E）的垂直距离（$AE \perp FE$）；

α——辙叉角。

现场鉴别道岔号数的方法很多，可采用以下较简便的两种方法进行测量：

（1）在心轨上找出顶面宽为 100 mm 及 200 mm 的两处，并分别画上两条线，然后再测量两条线间的距离，这个距离是 100 mm 的几倍，就是几号道岔。

（2）先在辙叉心轨顶面上找出一脚长的宽度处，再由该处向前量至辙叉心轨理论尖端处，实量几步就是几号道岔。

目前，我国铁路的主要线路上通常使用的单开道岔有 8 号、9 号、12 号、18 号、30 号、38 号几种道岔，对称道岔有 6 号、9 号，三开道岔有 7 号，交分道岔有 12 号、9 号。地铁正线一般铺设 9 号道岔，车场线一般铺设 7 号道岔。地铁道岔的号码较小，是由于地铁的行车速度不高，车场作业区速度较低，同时可以占地较少，节省投资。

三、电　梯

电梯包括垂直电梯、倾斜方向运行的自动扶梯、倾斜或水平方向运行的自动人行道等。地铁电梯系统设计应符合一定的标准。

（1）垂直电梯：车站垂直电梯设置在出入口、站厅层和站台层，一般是给有需要的人士使用，如伤残人士、携带大件行李的乘客和有其他特殊情况的人员（如图 4.47 所示）。

图 4.47　垂直电梯

平台需离路面 150～450 cm，为方便轮椅使用者，应设置斜坡，采用玻璃外墙增加站内透明度，各层电梯门宜安排在相反方向。

（2）自动扶梯（见图 4.48）：每座车站至少有一个出入通道设置自动扶梯。当通道提升超过 7.2 m 时，宜设上行扶梯；当提升高度超过 10 m 时，宜设上下行扶梯。站厅层与站台层之间宜设上下行扶梯。客流量不大且高差小于 5 m，可用楼梯代替下行扶梯。自动扶梯需沿整个车站平均分布。

图 4.48　自动扶梯

车站出入口若不受提升高度的限制，应均设置上、下行自动扶梯。当发生火灾时，车站的自动扶梯须停止运行，作为固定楼梯来疏散乘客。

根据《城市快速轨道交通工程项目建设标准》，自动扶梯和步行梯的设置标准如表 4.5 所示。

表 4.5　自动扶梯和步行梯的设置标准

提升高度 H/m	上　行	下　行	备　用
$H \leqslant 6$	步行梯△	步行梯	
$6 < H \leqslant 12$	自动扶梯	步行梯△	
$12 < H \leqslant 19$	自动扶梯	自动扶梯	步行梯△
$H > 19$	自动扶梯	自动扶梯	自动扶梯

注：① H 分别指站台至站厅，或站厅至地面高度。无站厅时，指站台至地面的高度。
② “△”表示在重要车站或主要楼梯口，也可设自动扶梯。

项目五　城市轨道交通信号与通信系统

信号系统是城市轨道交通的重要基础设施之一，它对于确保列车的运行安全和提高行车效率起到了必不可少的作用。从 20 世纪中、后期开始，随着计算机技术和微电子技术的飞速发展，信号系统因为数字技术和自动化技术的介入，发生了本质上的变化，技术上日趋成熟。

国外许多先进国家的轨道交通建设，从 20 世纪 80 年代开始广泛采用先进的数字化信号系统，以确保列车运行达到最大的安全和效率目标。

国内的城市轨道交通建设，从 20 世纪 90 年代起，建造或改造的北京、上海、广州和天津的地铁开始引进国外先进的地铁信号系统设备。北京地铁 1 号线引进英国 WESTING HOUSE 公司设备，上海地铁 1 号线引进美国 GRS 公司设备，广州地铁 1 号线引进德国 SIEMENS 公司设备，上海地铁 2 号线引进美国 US&S 公司设备，上海明珠线一期引进法国 ALSTON 公司设备、莘闵线引进德国 SIEMENS 公司设备。近年来，国产计算机联锁设备和计算机监测设备已日渐成熟，并逐步得到广泛应用。

任务一　熟悉城市轨道交通的信号设备

任务目标

1. 知识目标

（1）熟悉信号基本颜色及辅助颜色表示的意义。
（2）熟悉信号基本设备。
（3）熟悉常见的几种信号表示器的作用。

2. 能力目标

（1）会用专业知识，通过专业书籍、多媒体课件和图片资料获得帮助信息。
（2）会口头表达本次任务的知识要点及学习成果。

3. 素质目标

（1）具有良好的职业意识。

（2）能自主学习新知识、新技能。

（3）具有高度的职业责任心和正确的学习态度。

（4）具有较强信息搜集能力，会查找轨道交通信号设备新知识和新的发展动向。

（5）具有团队协作能力和吃苦耐劳的精神。

案例导入

上海轨道交通 1 号线、2 号线信号系统

上海地铁 1 号线自上海火车站至上海南站，向南延伸至莘庄站，全长 22 km，共有 16 个车站，设有 7 个设备集中站和 1 个车辆段。向北延伸，从上海火车站至泰和站，全长 12.5 km，经过 9 个车站，设有 4 个设备集中站。1 号线采用美国 GRS 列车控制系统，6 节编组，并装备了 ATC 系统全套设备，车载 ATP 设备双套冗余，ATO 设备单套。1 号线向南延伸采用 6502 继电联锁，向北延伸采用计算机联锁。系统为双机热备。ATP 系统采用头、尾各双套冗余地车载设备。ATP 是基于速度码方式，列车最高速度为 80 km/h，运行间隔为 120 s，设计间隔为 100 s。1 号线停车精度为 ± 25 cm，ATO 命令和车次号信息是通过车地通信（TWC）子系统实现的。

1 号线采用音频无绝缘轨道电路，各闭塞区间采用阻抗变压器电气隔离，列车信息检测采用 4 个载频，分别为 2 625 Hz、2 925 Hz、3 375 Hz、4 275 Hz 交替配置，调制频率 2 Hz、3 Hz 也以交替配置的方式有序地使用在线路上，以达到列车检测的目的。机车信号载频为 2 250 Hz，调制在不同的频率上，以向列车传输不同的速度信息和开门信息。

2 号线自中山公园站至浦东张江，现有 13 个车站，全长 18.16 km，有 4 个集中联锁站和 2 个非集中联锁站，全套 ATC，车载 ATP 双套冗余，ATO 设备单套。2 号线联锁设备采用 MI-CROLOCKII 计算机联锁，系统为双机热备。ATP 系统采用头、尾各双套冗余地车载设备，ATP 基于目标速度方式，设计间隔为 100 s；2 号线停车精度为 ± 50 cm。

2 号线采用 AF-902 和 AF-904 数字式无绝缘轨道电路检测列车的位置，轨道电路采用 BFSK 方式调制，向列车发送信息。载设频率为：上行 10.5 kHz、12.5 kHz、14.5 kHz；下行 11.5 kHz、13.5 kHz、15.5 kHz 交叉设置（渡线环线：16.5 kHz），传输速率为 200 bit/s。轨道电路向车载设备传送“目标速度”信息码，其中 8 位标志位、0～10 位添加位、CRC16 位、37 位数据信息，包括轨道电路 ID 号（12 位）、目标速度（4 位）、电路限速（4 位）、至目标速度的距离（7 位）、运行方向等。

2 号线是利用环线作为 TWC 信息的传输通道。每个车站的站台区域、折返线以及出库线等处，需要与列车交换信息的区域，其钢轨之间都铺设用于信息交换的交叉环线。该环线不仅作为 ATS 系统车-地信息交换设备，也是实现程序定位停车的重要设备。

当轨道电路检测列车进入车站站台区域时，地面通过 TWC 环线向列车送出由

CATS 送来的相关控制信息，列车收到上述有效信息作出响应，向地面送出列车状态的相关信息。

知识链接

城市轨道交通信号系统是一个高效的综合自动化系统，通常由轨道交通信号设备、联锁设备、列车运行自动控制系统三部分组成。信号是轨道交通列车运行指挥的命令；联锁设备保证轨道交通车站（包括车辆基地）列车运行的安全；列车运行自动控制系统是具有行车指挥、控制、管理功能的自动化系统，它能最大限度地保证列车运行的安全，提高运输效率，减轻运营人员的劳动强度。

一、信号的颜色及其表示的意义

（一）基本色

1．红　色

停车，禁止越过信号机，即信号处于关闭状态（信号熄灭或显示不明的情况，也视为停车信号）。

2．绿　色

可按规定速度通过，即信号处于正常开放状态。

3．黄　色

注意减速运行，即信号处于有条件的开放状态。

（二）辅助色

1．月白色

若作为调车信号，则表示允许越过调车信号机调车；若作为引导信号，应加上红色信号（有的用黄色信号）显示，准许列车越过红灯，以不超过 20 km/h（有的公司规定为不超过 25 km/h）的速度进站，并随时做好停车准备。

2．蓝　色

调车信号，表示禁止越过调车信号机调车。调车信号常设于折返站、区间站等有折返调车作业的车站，以及车辆基地等常有转线、取送、解编等调车作业的地方。

信号机是供城市轨道交通车辆段和正线区间作为进站、出站、进路、防护、调车、通过及引导地面灯光信号之用（在移动闭塞系统中，信号机只在后备或降级模式下起作用），一个灯位为一个独立单元和一种颜色，每架信号机可以显示绿、红、黄、月白、蓝等色，使用时根据需要进行组合。

现以广州轨道交通 1 号线正线及车辆段信号机显示的含义为例进行介绍。

（1）正线。采用三灯位四显示信号机，只在尽头型线路采用两灯位两显示，具体显示意义如下：

红灯——禁止通过。

绿灯——进路空闲，进路中道岔开通直股。

黄灯——进路空闲，进路中道岔开通侧向。

黄灯＋红灯——导信号，限速 25 km/h 通过。

（2）车辆段。各种信号机具体的显示意义如下：

红灯——禁止通过。

黄灯——允许进/出车辆段。

月白灯——允许调车。

蓝色灯——禁止调车越过。

（三）信号种类

1．视觉信号和听觉信号

视觉信号：以信号灯的颜色或信号装置的位置变化来显示信号意义，如色灯信号机、信号旗、信号牌等。

听觉信号：以声音的多少、长短等方式来表示信号意义，如口哨、响墩等。

一般以视觉信号为主要信号，听觉信号为辅助信号。

2．固定信号和移动信号

固定信号：固定设置在规定位置的信号装置所显示的信号，如地面信号机等。

移动信号：根据需要可以临时设置的信号装置所显示的信号，如信号牌、手提信号灯、信号旗等。

一般以固定信号为主要信号，移动信号为辅助信号。

3．地面信号和车载信号

地面信号：设置在线路附近供司机辨识的信号。

车载信号：通过传输设备，将地面信号或其他方式传输的信号直接引入车辆，并能显示的信号。

城市轨道交通系统一般采用车载信号的方式。

（四）信号机的设置及其功能

城市轨道交通系统的信号机，一般指的是设置在线路、车站、车辆基地等处，用于传递运行指挥命令的信号机，是一种昼夜均以信号灯的颜色显示信号意义的色灯信号机。常用的色灯信号机有以下几种。

1．进站信号机

设置在车站入口（站界）外方适当距离处，用来保护车站内作业的安全，指示列车能否由区间进入车站的信号机。

进站信号机信号显示有两种：

一个红色灯光——不准列车越过进站信号机（不准进站）。

一个绿色灯光——允许列车按规定速度越过该进站信号机（允许进站）。

2．出站信号机

设置在车站的出口，即列车由车站向区间发车处的前方，用来保护区间列车运行安全，指示列车能否由车站进入区间。

出站信号机信号显示有两种：

一个红色灯光——不准列车越过该出站信号机（不准出站）。

一个绿色灯光——允许列车越过该出站信号机，出发进入区间（站外区间有足够的制动距离保证列车按限定速度安全运行）。

3．调车信号机

调车是指列车（或车列）在线路上有目的的移动过程。

调车信号机根据调车作业的需要设置，一般设在停车场或有联锁设备的车站内，设置在调车作业的进路始端，用来防护调车进路的安全、指示列车能否进入调车进路进行调车作业。

调车信号机有两种信号显示：

一个白色灯光——允许越过该调车信号机（调车进路空闲）。

一个蓝色（或红色灯光）——不准越过该调车信号机（调车进路未排列完毕或该调车进路无空闲）。

4．防护信号机

设置在道岔处或进路的始端处，对通过道岔的列车显示信号，防护道岔开通的线路或进路的安全，如折返线的出入口处。

防护信号机有五种显示信号：

一个绿色灯光——该信号机所防护进路的道岔开通直股，准许列车按规定速度越过该防护信号机进入区间。

一个黄色灯光——该信号机所防护进路的道岔开通侧股，注意减速慢行，准许列车按规定速度越过该防护信号机进入相应的线路。

一个白色灯光——所防护的道岔开通折返线，准许列车按规定速度越过该信号机，运行至折返点。

一个红色灯光——不准越过该信号机（该道岔开通的进路无空闲）。

一个白色灯光 + 一个红色闪光——表示所防护的区间要求列车以不超过 20 km/h 的速度越过该信号机，有条件地进入区间。

5．复示信号机

复示出站信号机的显示信号。当出站信号机因地形地物影响而观察不清时，需在出站信号机的内方，设置复示信号机。

6．阻挡信号机

一般设在尽头线的终端，表示列车停车位置。

阻挡信号机的信号显示：

一个红色灯光——列车或车辆不准越过该信号机。

7．引导信号机

当主体信号机因故障等原因不能正确显示信号时，通过人工办理手续，显示一个白色灯光＋一个红色灯光（闪光）。其显示意义为：准许列车低速（不超过 20 km/h）越过该信号机进站，并随时做好停车准备。

8．列车速度表

列车速度表设置在司机室操纵台上便于司机确认的合适位置，是一种双指针数字速度计，其中红指针所指表示最大允许速度（带警示功能），黄指针所指表示列车的实际运行速度。

二、信号基础设备及信号表示器

城市轨道交通信号系统的基础设备包括信号机、继电器、轨道电路、转辙机、计轴器、应答器等，这些设备主要分布在地面和列车上，它们的质量和可靠性将直接影响信号系统效能的发挥和可靠性的提高。

（一）信号机

城市轨道交通采用透镜式色灯信号机或 LED 色灯信号机。列车的运行速度不取决于信号机的显示，允许信号的绿灯、黄灯不表示列车的运行速度，而是代表列车的运行进路是走道岔直股还是弯股。信号机通过颜色、数目和灯光状态向司机传递线路信息，从而指引列车运行。

城市轨道交通采用右侧行车制，信号机应设置在列车运行方向的右侧，如图 5.1 所示。当隧道中需要安装信号机时一般安装在隧道壁上，如图 5.2 所示。特殊情况下，可以设置在列车运行方向的左侧或其他位置。

图 5.1　设置于线路右侧的信号机

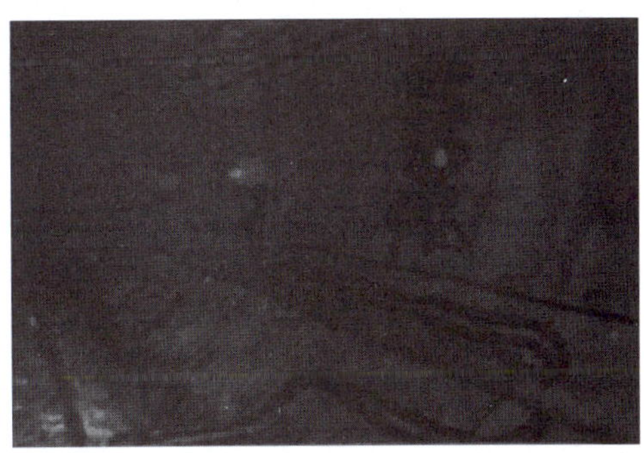

图 5.2　设置于隧道壁上的信号机

（二）继电器

信号继电器是自动控制系统中常用的电器，它是利用不同触点的组合，完成不同电路连通与开断的电器开关。其由线圈、铁芯、衔铁、推杆、中簧片、前接点、后接点等组成。

继电器的工作原理如图 5.3 所示。

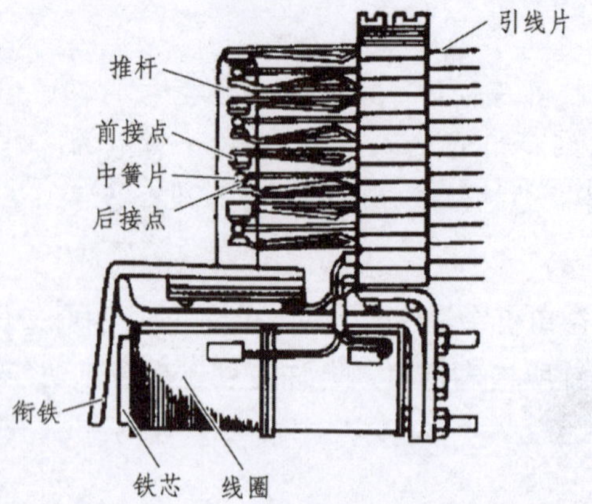

图 5.3　继电器工作原理图

当继电器励磁线圈通电时，衔铁被吸住，推杆升起，中簧片连接前接点，该组触点连接电路接通。

当继电器励磁线圈断电时，衔铁由于重力作用落下，推杆下落，中簧片连接后接点，连接该组触点电路，同时断开前组触点电路。

（三）轨道电路

为使行进中的列车直接获取传输信号，从而达到固定地面信号向车载信号传输显示的目的，利用两根钢轨作为导线，一端送电，另一端受电所构成的电气回路，称为轨道电路。相邻轨道电路段之间用绝缘节进行隔离。

1．轨道电路的组成与工作原理

轨道电路由送电端、接受（受电）端、传输线、电源、轨道继电器等组成。图 5.4 所示是一段直流闭路式轨道电路及其工作原理图。

如图 5.4（a）所示，当轨道上无车占用时，且钢轨完好无损，电路形成通路，轨道电路继电器励磁线圈有电通过，衔铁吸起，中簧片连接前接点，绿灯或黄灯亮，表示该段轨道上无车占用，列车可进入该区段运行，这时轨道电路称为“调整状态”。

如图 5.4（b）所示，当轨道上有车占用时，因为车轮的原因形成了电路短路，使得轨道继电器励磁线圈失去电流，从而使衔铁落下，中簧片断开前接点连接后接点，绿灯灭，红灯亮，表示该轨道段上有车占用，列车不准进入该区段（停车在该区段防护信号外）。此时，称轨道电路处于“分路状态”。

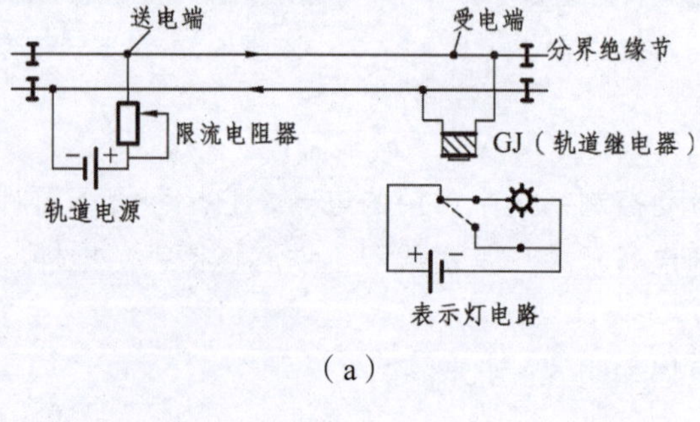

（a）

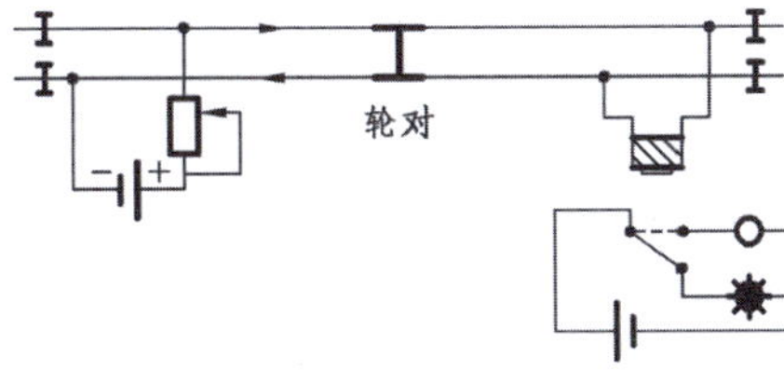

（b）

图 5.4　直流闭路式轨道电路及其工作原理图

当轨道发生钢轨断裂时，轨道电路形成断路，轨道继电器同样失去电流导致红灯亮，从而形成了保护作用。

2．轨道电路的作用

（1）监督列车在正线或车辆段等线路的占用情况。轨道电路反映有关线路空闲时，为建立进路、锁闭进路、开放信号、解锁进路及构成闭塞提供了依据。轨道电路被占用时，控制有关信号机自动关闭、将信号显示与列车运行结合起来。

（2）传递行车信息。在正线上，根据列车的不同位置，有关闭塞分区的轨道电路传递不同的控制信息，实现对追踪列车的控制。带有编码信息的轨道电路是城市轨道交通信号系统车地之间信息传输的通道之一。

3．轨道电路的种类

按照分割方式不同，轨道电路可分为有绝缘轨道电路和无绝缘轨道电路。

（1）有绝缘轨道电路。

有绝缘轨道电路可分为直流轨道电路和交流轨道电路。

直流轨道电路按照传输电流的形式可分为直流连续式和直流脉冲式。直流脉冲式包括极性脉冲、极频脉冲、不对称脉冲等制式。

交流轨道电路分为交流连续式和交流电码式。交流连续式常用工频 50 Hz，也可用低频 25 Hz、音频调制等方式。交流轨道电路如图 5.5 所示。交流轨道电路采用交流电源，在向轨道送电时需先降压，同时轨道电路继电器也需采用交流继电器。

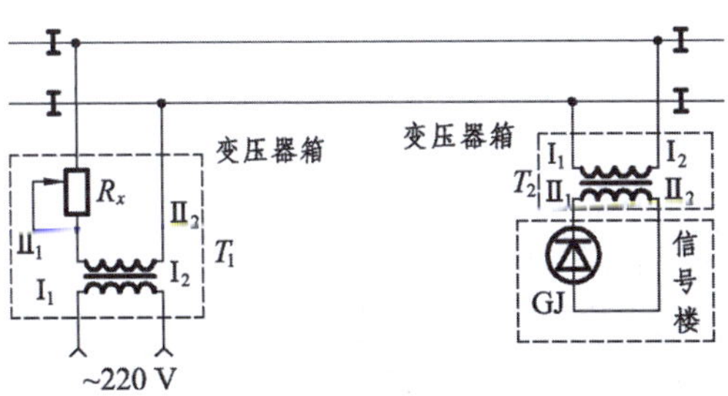

图 5.5　直线段交流轨道电路示意图

（2）无绝缘轨道电路。

对于有绝缘轨道电路而言，由于绝缘节容易破损，从而造成轨道电路故障频繁。同时，在长钢轨（无缝线路）线路区段，因设置绝缘节而增加了钢轨的分割点，从而对高速运行的轨道交通列车的安全、行驶平稳等形成不利影响。绝缘节的存在，还对牵引电流的回流输送带来一定的难度。况且，大量使用绝缘节本身也是一笔相当大的投资（包括运营后的维修工作费用）。因此，众多国家都在研究使用无绝缘轨道电路。

在无绝缘轨道电路区段，轨道电路的分段由调谐阻抗连接变压器来完成，如图 5.6 所示。

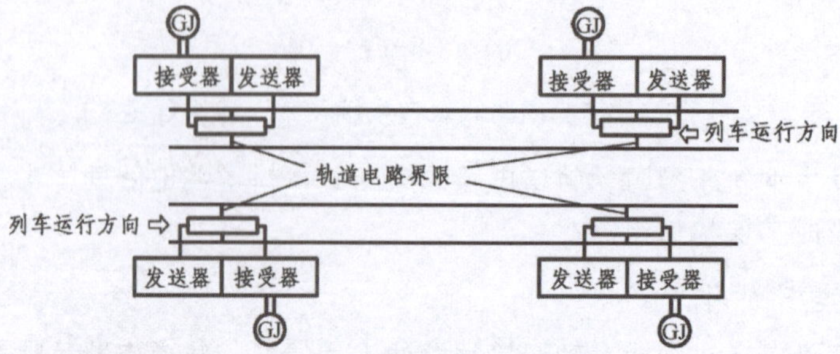

图 5.6　音频轨道电路示意图

轨道电路发送器设置在列车运行方向离去一端，用一台相当于轨道耦合变压器的阻抗连接变压器，把已调制好的音频信号送入钢轨。在列车运行方向的接入一端设置接收器，也通过一台阻抗连接变压器接入轨道。如果发送器送出的检测频率载波信号未被阻断（能收到），轨道继电器呈吸起状态，表明轨道上无车占用，列车可以进入。如果有列车占用轨道电路区段，发送器送出的信号在中途被列车车辆短路（或因钢轨断裂被断路），将使接收器收到的信号电平降到低于预置值，从而使轨道继电器接点呈落下状态，轨道短路处于“分路状态”，同样可起到防护区段安全的作用。

对于无绝缘轨道电路而言，阻抗连接器就是轨道电路的分界点（无形的绝缘节），每个阻抗连接器既是前一段轨道电路的发送耦合变压器，又是后一段轨道电路的接收耦合变压器。因此，相邻轨道电路段采用不同的载波频率，同一个载波频率相隔 4 个轨道电路段才能重复出现，以保证轨道电路对信号的自然衰耗的识别，从而使轨道继电器不致发生错误动作。

（四）转辙机

转辙机是重要的信号基础设备，用于实现对道岔的转换和锁闭，是直接关系行车安全的设备。它对于保证行车安全，提高运输效率，起着非常重要的作用。

转辙机是转辙装置的核心和主体，除转辙机本身外，还包括外锁闭装置和各类杆件、安装装置，它们共同完成道岔的转换和锁闭，如图 5.7 所示。

图 5.7　转辙机

转辙机的作用:

（1）转换道岔。

转辙机转换道岔的位置，根据需要使其位置至定位或反位。

（2）锁闭道岔。

道岔转至所需位置并且密贴后，转辙机使其锁闭，防止外力转换道岔。

（3）正确反映道岔位置。

道岔的尖轨密贴于基本轨并锁闭后，转辙机给出相应的位置表示。

（4）故障报警。

道岔被挤或因故处于“四开”（两侧尖轨均不密贴）位置时，转辙机将及时报警并显示。

（五）计轴器

计轴器通过检测和比较进入和离开轨道区段的列车车轮轮轴数，来判断相应轨道区段的空闲或占用状态，并将判断的结果经继电器输出到轨道状态检查设备。计轴器的最大优势在于它与轨道和道床状况的无关性，这使其不仅具备检查长轨道区间的能力，而且也解决了长期因道床潮湿和钢轨生锈影响地铁安全运行的困扰。

1．计轴器的组成

计轴器由室内设备和室外设备组成，如图 5.8 和图 5.9 所示。室内设备有运算器、继电器等或者采用微型计算机构成主机系统。室外设备有轨道传感器和电子单元。室内设备和室外设备采用传输线路连接。

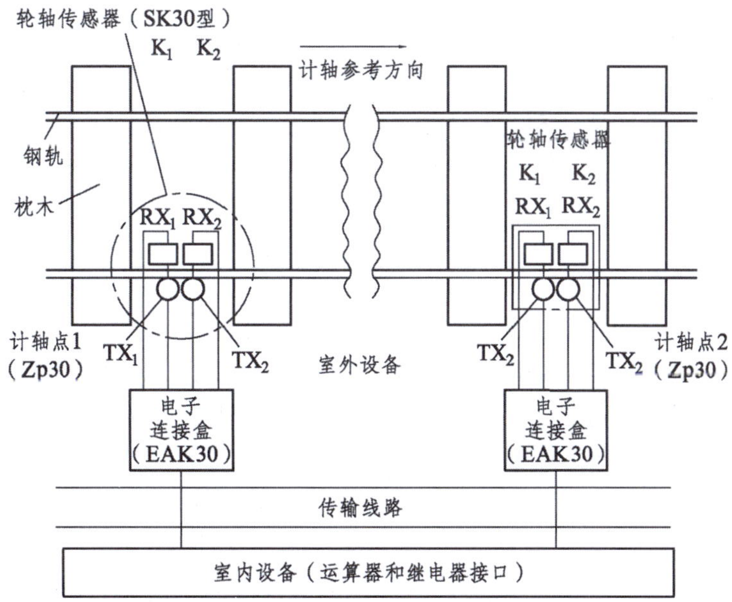

图 5.8　计轴器的总体结构

(a) 轨道磁头

(b) 电子单元

(c) 电子单元密闭安装盒

图 5.9 计轴器的室外设备

2. 计轴器的工作原理

计轴器利用轨道传感器、计数器来记录和比较驶入及驶出轨道区段的轴数，以此来确定轨道区段的占用或空闲。其工作原理为:利用电磁感应的原理，当列车出发，车轮进入轨道传感器作用区时，微机开始计轴，轮对经过传感器磁头时，计轴磁头可以探测到通过列车的轴数，向微机传送轴脉冲，并经电子单元向计轴运算器报告，判定运行方向，确定对轴数是累加计数还是递减计数。通常情况下，两个计轴探头可以确定一个闭塞分区。计轴探头沿线路安装在钢轨之上，其位置也是闭塞分区的分界点。计轴运算器是计轴器的核心部件，收集其控制范围内的计轴探头发来的所有信息。通过计轴运算器计算相邻两个计轴探头报告的轴数关系，就可以确定该闭塞分区是否空闲。

通常规定：凡进入防护区段的轮轴数进行加轴运算，凡离开防护区段的轮轴数进行递减运算。

计轴器应符合“故障-安全”原则。当设备断电、重启后，所有区段会设置为占用状态；当列车驾驶出区间而计轴数比较结果不为零（可能为正数也可能为负数），此时该区段仍会处于占用状态。列车无法出清，需要由行车人员确认该区间无车后，先对区段进行预复位，然后正常通过一列列车，才能使区段空闲。

（六）应答器

应答器也称信标，它也是信号系统的基础设备，随着 ATC 系统的普及，应答器在城市轨道交通中得到广泛的应用。不同的应答器应用于不同的信号制式，不仅称呼不相同，而且有“有源应答器”和“无源应答器”之分，也称为“有源信标”和“无源信标”。

1. 无源应答器

无源应答器本身不具备电源，当列车经过应答器时，地面应答器将预先写入的报文数据传送到车载应答器。无源应答器一般预先固定写入一条应答器报文，如线路坡度、最大允许速度、轨道电路参数等信息，如图 5.10（a）所示。

2. 有源应答器

有源应答器本身具备电源，所以它存储的信息是可变的，当列车经过应答器时，立即向列车发出应答器内部已存储好的随机信息。

有源应答器与轨旁电子单元（LEU）连接，根据 LEU 设备所发送的报文，变化地向列车传送应答器报文数据信息。其数据信息内容主要包括编号、链接关系、临时限速、进路长度、线路载频、线路固定信息等，如图 5.10（b）所示。

（a）无源应答器

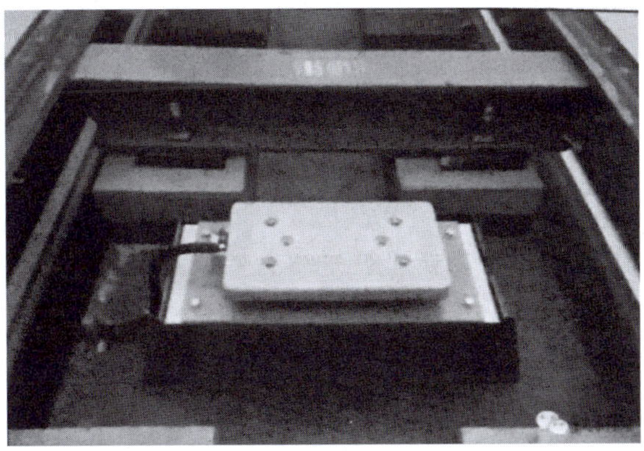

（b）有源应答器

图 5.10　应答器示意图

（七）信号表示器

反映信号设备位置的装置，自身并没有信号意义。常见的信号表示器有警冲标、道岔表示器、进路表示器、发车表示器等，如图 5.11 所示。

1．警冲标

警冲标是警惕造成冲突事故的一种标志，用来指示列车停车位置，不准向道岔方向或线路交叉点方向越过，以防止停留在该线路的列车与临线列车发生侧面冲突。其一般设于两会合线路线间距为 4 m 的中间。

2．进路表示器

进路表示器表示股道上进路开通的方向。

3．道岔表示器

道岔表示器表示道岔的位置及其开通的方向。

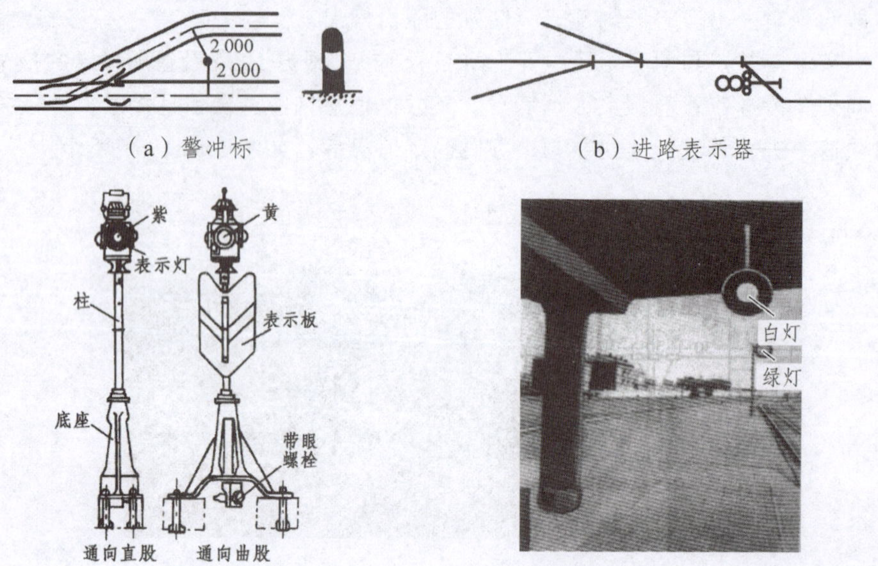

（a）警冲标　（b）进路表示器

（c）道岔表示器　（d）发车表示器

图 5.11

道岔处于定位（道岔开通直股）：表示器的鱼尾板顺着线路方向，白天沿线路方向看不到该标板，夜间显示一个紫色灯光。其他国家也有显示一个蓝色鱼尾板表示道岔正向开放，夜间显示一个紫色灯光。

道岔处于反位（道岔开通侧股）：表示器的鱼尾板横着线路方向，白天沿线路方向可看到该标板，夜间显示一个黄色灯光。

在调车区为集中联锁时，进行连续溜放作业的分歧道岔应有道岔表示器，平时无显示，当进行溜放作业时，其显示方式如下：

（1）紫色灯光——表示道岔开通直向。

（2）黄色灯光——表示道岔开通侧向

4．发车表示器

发车表示器设置在车站站台上列车发车始端位置，向司机表示能否关车门及发车的时间。平时不亮灯，列车停靠后其灯光显示如下：白色闪光表示离发车还有 5 s，提示司机关车门；白灯光表示可以发车；无显示表示不能关车门、发车。也有的车站用发车倒计时表示。

任务小结

本任务介绍了信号基本颜色及辅助颜色表示的意义，讲述了信号的六种基本设备和四种信号表示器。通过本任务的学习，学生需熟悉信号基本颜色及辅助颜色表示的意义，熟悉警冲标、进路表示器、道岔表示器、发车表示器等信号表示器的作用；掌握几种常见信号机的功用；掌握轨道电路的作用、组成和工作原理；掌握继电器、转辙机、计轴器、应答器的作用。

课后习题

一、选择题

1. 表示股道上进路开通的方向是下列哪种信号表示器。(　　)

   A. 警冲标　　B. 道岔表示器

   C. 进路表示器　　D. 发车表示器

2. 下列哪项选项是信号的基本颜色。(　　)

   A. 红色、绿色、黄色　　B. 红色、黄色、蓝色

   C. 红色、月白色、绿色　　D. 月白色、蓝色、黄色

3. 警冲标指示(　　)。

   A. 列车停留位置　　B. 进路开通方向

   C. 道岔开通方向　　D. 发车信号

二、判断题

1. 调车信号显示蓝灯表示禁止越过该信号机调车。(　　)
2. 调车信号显示蓝灯表示允许越过该信号机调车。(　　)
3. 调车信号显示月白色灯表示允许越过该信号机调车。(　　)
4. 调车信号显示月白色灯表示禁止列车运行。(　　)
5. 以声音的长短、多少来显示的信号叫听觉信号。(　　)
6. 我国地铁和轻轨的信号机设于列车运行方向的左侧。(　　)
7. 列车在车站进行的有目的的移动叫调车。(　　)
8. 阻挡信号机设于尽头线的终端。(　　)
9. 阻挡信号机设于车站的两端。(　　)
10. 列车速度表上的红指针所指表示最大允许速度。(　　)
11. 列车速度表上的红指针所指表示列车的构造速度。(　　)
12. 列车速度表上的黄指针所指表示即时实际运行速度。(　　)
13. 列车速度表上的黄指针带有警示功能。(　　)
14. 司机停车时越过警冲标后可以退回再停。(　　)

三、填空题

1. 固定信号是指______________________________所显示的信号。
2. 移动信号是指______________________________所显示的信号。
3. 按照分割方式不同，轨道电路可分为轨道电路和________轨道电路。
4. 警冲标一般设于两会合线路线间距为______的中间。

四、简答题

1. 城市轨道交通信号的基本颜色有哪些？各表示什么意义？

2. 主要有哪些城市轨道交通信号系统的基础设备？

3. 说出下列四种信号表示器的作用：道岔表示器、警冲标、进路表示器、发车表示器。

4. 什么叫轨道电路？其组成有哪些？

任务二　了解城市轨道交通的联锁设备

任务目标

1. 知识目标

（1）熟悉进路的概念，了解有关类别。

（2）掌握联锁的定义与种类。

（3）了解 6502 电气集中联锁和 SICAS 计算机联锁的设备。

2. 能力目标

（1）会用专业知识，通过专业书籍、多媒体课件和图片资料获得帮助信息。

（2）会口头表达本次任务的知识要点及学习成果。

3. 素质目标

（1）具有良好的职业意识。

（2）能自主学习新知识、新技能。

（3）具有高度的职业责任心和正确的学习态度。

（4）具有较强信息搜集能力，会查找轨道交通联锁设备新知识和新的发展动向。

（5）具有团队协作能力和吃苦耐劳的精神。

案例导入

联锁设备故障时，如何保证行车安全

联锁设备故障主要表现为信号显示错误、进路不解锁、进路不触发、道岔不转换或不密贴等。当联锁设备发生故障时，主要通过以下几方面来确保行车安全。

1. 限制行车速度，提高驾驶人员的专业技术水平

当联锁设备发生故障后，只能靠驾驶员手动驾驶列车，因此首要措施就是限制列车运行速度，避免列车追尾等事件发生。当然，驾驶员的专业水平在此时也显得尤为重要。

2. 调整列车间隔，保证安全行车

由于联锁设备故障会发生列车运行速度低、作业时间长的现象，为实现均衡吸收客流、保证列车安全运行，需针对不同的区段采取不同的行车间隔。

3. 采用电话闭塞法行车，有效组织行车

在联锁设备故障后，应由控制中心对故障类型做出判断，了解影响范围，组织故障区段改为电话闭塞行车法，使两个站间为一个闭塞分区，每个闭塞分区只准一辆列车占用。

知识链接

城市轨道交通车站大多数仅有列车到达、停靠、上下乘客、出发等作业，没有调车作业，因而在车站线路设置方面也较简单，仅需两条运行线，无需配备其他线路。但在部分需要折返作业的车站（如终点站，区间站等），或需进行其他调车作业的车站（如配置出入车辆基地线路的车站、联络线出岔处车站、设有渡线可供转线的车站等），以及在车辆基地、材料厂等需要调车作业的部门需要设有较多的线路。为了保证调车作业的安全，避免冲撞、追尾等事故发生的可能，轨道交通系统采用联锁的办法来防护保障。

调车作业是列车在车站内有目的地移动位置的作业过程，即转线作业过程。轨道交通各条线路之间由道岔来连接，因此，道岔是列车进入哪一段线路作业的决定部件。至于列车线能否进入那一段线路进行安全调车，则需要视整个车站其他相关线路开通的情况而定，从而需要设置信号机来防护和指挥。联锁设备解决了上述相关问题。

一、联锁的概念及其要求

（一）进路的概念

列车由一个地点到另一个地点所运行的路径称为进路。进路又分为列车进路和调车进路两种。

列车在车站接入、发出、通过所经由的一段线路称为列车进路。列车进路又分为接车进路、发车进路和通过进路。

调车进路是指调车车列在站内进行调车作业时所经过的路径。调车进路又分为牵出线进路和折返进路。

两条或两条以上的进路，有一部分重叠或交叉，有可能产生冲突的进路，称之为敌对进路。

（二）联　锁

为了保障行车安全，进路要由信号机防护。道岔位置不正确，或者进路上有车，防护这条进路的信号机就不能开放。信号机不开放，就是禁止列车开到进路里去，以保证列车运行安全。即在道岔、进路和信号机之间必须存在某种相互制约的关系，且必须按照一定的程序才能动作和建立。我们把道岔、进路和信号机三者之间相互联系、相互制约的关系叫联锁，实现这三者之间联锁关系的设备，称为车站联锁设备，简称车站联锁。

联锁存在于两个对象之间，一般情况下是互锁的：如道岔不在规定位置，信号机应锁在关闭状态；一旦信号机开放，信号机又把道岔锁在规定位置。

（三）联锁的要求

（1）开通进路的道岔位置未确定到位之前，防护该进路的信号机不能开放。

（2）进路的道岔开通之后，即进入锁闭状态不能再转换，防护该进路的信号机能开放，敌对进路信号机不能开放。

（3）在主体信号未开放之前，预告信号、复示信号均不能开放。

（四）联锁的种类

（1）电气集中联锁：通过继电器、轨道电路将道岔、信号机用电气回路进行集中控制与监督。

（2）计算机联锁：由计算机控制系统来集中控制和监督道岔与信号机的动作状态。

二、6502 电气集中联锁

6502 电气集中联锁系统是继电集中联锁中较为成熟的联锁系统，它在我国轨道交通系统早期得到广泛应用，随着科学技术的发展，6502 电气集中联锁系统逐步被计算机联锁系统取代，目前仅有早期建成的轨道交通线路还在使用。

（一）6502 型电气集中联锁设备

该设备也称为大站继电电气集中联锁设备，其主要设备分为室内设备和室外设备。

1．室内设备

（1）控制台和显示屏：是车站值班员指挥行车、调车控制中心指挥列车运行的控制中心，如图 5.12 所示，主要用于集中控制和监督各条作业进路的道岔转换、信号开放与关闭、进路排列开通与锁闭。

控制台与显示屏所在地往往就是车站（车辆基地）的控制中心。

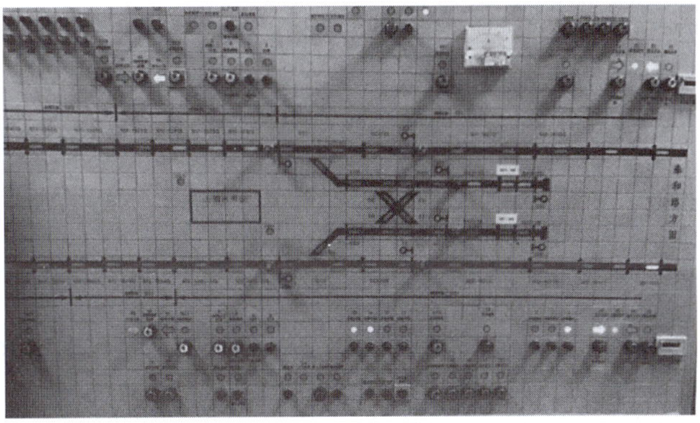

图 5.12　6502 型电气集中联锁控制台

（2）区段人工解锁按钮盘：在道岔区段因发生故障导致进路无法解锁，或关闭信号的设备发生故障时，可以采用区段人工解锁按钮盘上的相关按钮来解锁进路、关闭信号。办理时，需要两人协同操纵：一人在控制台上按下相应咽喉的总人工解锁按钮，另一个人在区段人工解锁按钮盘上按下故障区段的事故按钮，如图 5.13 所示。

图 5.13　区段人工解锁按钮盘

（3）继电器组合和组合架：由于 6502 型电气集中联锁设备中继电器数量较多，为组装及测试检修方便可靠，将相关的继电器进行集中安置，组成继电器组合，并安装在不同的继电器组合架上，如图 5.14 所示。

图 5.14　继电器组合和组合架

（4）电源屏：为不间断地提供电气集中联锁所需的各种交流电源和直流电源，而专门设置的电源供应设备。

（5）分线盘：作为室内与室外电缆连接的专门设备。

2．室外设备

（1）信号机：设置在各进路规定位置的固定信号机，如进站、出站、调车、复示等信号机。

（2）道岔：配置电动转辙机的电动道岔或配置有气动装置的气动道岔，均可实现远程集中操纵、监督、控制。电动转辙机是通过电动机转动转换为齿条平移，从而带动道岔尖轨（可动轨道岔还包括辙叉心）平移，形成道岔开通不同股道的功能。如单开道岔就有定位与反位两种位置。

气动装置是通过电空阀控制高压空气通路不同的状态带动传动装置，达到道岔尖轨平移，转换道岔开通不同股道的目的。

（3）轨道电路：用于监督进路是否空闲，传输相关信息。当进路空闲时，显示屏上该进路的表示光带无灯光显示；当进路有车占用时，显示屏上该进路的表示光带亮红色。防护该进路的信号机也会因轨道电路呈“分路状态”而关闭。

（4）室外导线：分为信号电缆、道岔电缆、轨道电缆，均采用地下电缆布置的方式布置。如图 5.15 所示，信号电缆用虚线表示，道岔电缆用实线表示，轨道电缆用点画线表示。

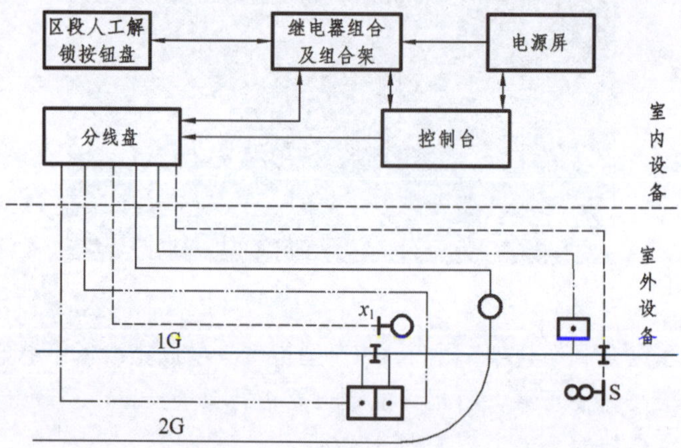

图 5.15　6502 型电气集中联锁设备组成示意图

（二）6502 型电气集中联锁设备特点

（1）操作简便，可以满足联锁要求。

① 排列进路：按压进路始端与终端按钮，该进路相关道岔自动转换到位，并锁闭；防护该进路信号机自动开放；敌对进路信号机关闭，并锁闭。

② 进路解锁：当列车占用进路后，形成轨道电路分路，防护该进路信号机自动关闭；当列车出清该进路后，进路自动解锁。

（2）显示清晰直观。

① 道岔位置表示灯：显示定位与反位。

② 信号机表示灯：显示信号机信号色。

③ 进路表示灯：采用逐段表示光带与股道占用情况表示灯结合的方式。

（3）可以逐段解锁，可以排列迂回进路，可以排列中途折返进路。

三、计算机联锁

（一）SICAS 计算机联锁系统

随着计算机技术的发展，计算机联锁正在凭借其更高速、更可靠的特点逐步取代继电联锁。20 世纪 60 年代中期，有些国家从设计可靠的计算机硬件入手，应用"故障-安全"元件来构建计算机，但是因为价格昂贵，没有得到推广。20 世纪 70 年代后期，随着微型计算机的发展，人们从软件入手，利用软件冗余实现了"故障-安全"。所谓"故障-安全"，就是要求信号设备或系统一旦发生安全故障后能防止出现灾难性后果，自动导向安全一方的重要设计原则，比较典型的计算机联锁系统为 SICAS 联锁系统，现以 SICAS 联锁系统为例做简要介绍。

计算机联锁系统设备普遍分为 5 层，它包括表示操作层、逻辑层、执行表示层、设备驱动层和现场设备层。

SICAS 联锁系统如图 5.16 所示，包括 LOW（现场操作员工作站）、SICAS（联锁计算机）、STEKOP （现场接口计算机）、DSTT（接口控制模块）以及现场的道岔、信号机和轨道电路等。SICAS 联锁设备如图 5.17 所示。

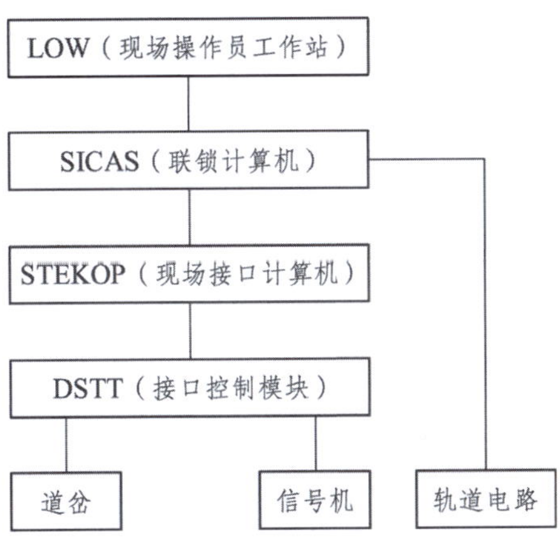

图 5.16　SICAS 联锁系统

图 5.17　SICAS 联锁设备

1. 表示操作层

表示操作层是人机界面，它将设备和列车运行情况进行图形化显示，通过鼠标和键盘操作命令实现联锁命令操作，接收操作员命令给逻辑层处理。

SICAS 的本地操作和表示一般是通过 LOW 来完成的。操作命令根据安全等级分为常规操作命令和安全操作命令。安全操作命令只有在 LOW 上才可以操作，其安全责任主要由行车调度员负责，故必须确认相关的操作前提，并且输入正确的命令，操作完毕后必须在值班日志中记录。LOW 设置在车站和运营控制中心。图 5.18 是 LOW 的显示界面。

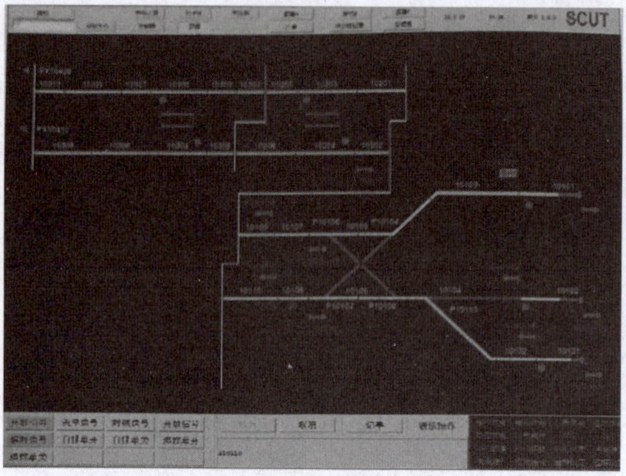

图 5.18　LOW 的显示界面

2. 逻辑层

逻辑层是系统核心，是对联锁逻辑的处理。逻辑层应用了“双机热备“三取二”“二乘二取二”等冗余技术，提高了计算机联锁的可靠性和安全性。

3. 执行表示层

执行表示层是逻辑层和设备驱动层的接口，它分解逻辑层的命令，控制设备驱动层的驱动设备，将采集设备驱动层的表示信息传给逻辑层。

4. 设备驱动层

设备驱动层是现场设备的驱动设备。

5. 现场设备层

现场设备层包括道岔、转辙机，信号机和轨道电路等现场设备。

（二）计算机联锁的优越性

计算机联锁是一种新型的车站自动控制系统，要求在保证安全检查的情况下，以最经济、合理的技术措施提高运输效率，改善劳动条件。

计算机联锁与继电联锁相比有以下几个优点：

（1）体积小、可靠性高、可实现无维修，为信号技术结构的改革创造了条件。

（2）计算机联锁系统功能更加完善，继电联锁受站场的电路网络层次和结构、继电器数量以及网络线的多寡等限制，在功能及功能扩展方面均受到限制。对上述限制，计算机联锁系统通过少量硬件和软件开发即可解决。

（3）计算机联锁系统的信息量大为丰富，利用当前的各种网络手段可与其他行车调度指挥系统、列车控制系统联网，提供及交换各种信息，以使工作协调。

（4）计算机联锁系统易于实现系统的自身化管理，利用自诊断、自检测功能及远距离联网，实现远距离诊断。

（5）随着大规模集成电路的发展，计算机联锁的投资将越来越低，与继电联锁相比将更具优势。

（6）计算机联锁是双机热备系统，任何一点故障均不会影响行车。维修更加方便，出现故障后，将故障的一系脱离系统，再将故障的电路板进行更换，就可排除故障。

目前，计算机联锁在我国地铁公司已得到了广泛应用，且效果良好。

任务小结

本任务介绍进路、联锁的定义与种类，讲述了联锁的要求及6502电气集中联锁和SICAS计算机联锁的设备概况。通过本任务的学习，学生需了解进路的概念与种类，熟悉联锁的定义、种类与要求，熟悉6502电气集中联锁和SICAS计算机联锁的设备概况。

课后习题

一、填空题

1. 列车由一个地点到另一个地点所运行的路径称为____________。
2. 列车在车站接入、发出、通过所经由的一段线路称为______进路。
3. 列车进路又分为接车进路、发车进路和______进路。
4. 两条或两条以上的进路，有一部分重叠或交叉，有可能产生冲突的进路，被称为______。
5. 通过继电器、轨道电路将道岔、信号机用电气回路进行集中控制与监督的方式叫_______联锁。
6. 由计算机控制系统来集中控制和监督道岔与信号机的动作状态的联锁方式叫________联锁。
7. 6502型电气集中联锁的室外设备有信号机、道岔、__________和室外导线。

二、简答题

1. 什么叫联锁？联锁的种类有哪些？
2. 联锁的要求有哪些？
3. 6502型电气集中联锁的室内设备有哪些？
4. SICAS联锁系统包括哪几部分？

任务实施

任务三　了解列车自动控制系统

任务目标

1. 知识目标

（1）了解列车自动控制系统的组成。

（2）掌握列车自动控制系统的种类。

（3）了解列车自动控制系统各组成部分的功能。

（4）了解 CBTC 的特点。

2. 能力目标

（1）会用专业知识，通过专业书籍、多媒体课件和图片资料获得帮助信息。

（2）会口头表达本次任务的知识要点及学习成果。

3. 素质目标

（1）具有良好的职业意识。

（2）能自主学习新知识、新技能。

（3）具有高度的职业责任心和正确的学习态度。

（4）具有较强信息搜集能力，会查找列车自动控制系统的新知识和新的发展动向。

（5）具有团队协作能力和吃苦耐劳的精神。

案例导入

ATS 系统中央服务器故障处置流程

当信号系统发生故障时，行车指挥人员应立即采取措施，将故障影响降到最小，确保列车运营安全。下面以某地铁泰雷兹信号系统中央服务器故障为例，讲述中央服务器故障时的应急处置方法。

（1）19 时 00 分，行车调度员发现中央服务器故障，ATS 面板信息不再更新，且 ATS 面板状态栏全部跳红，中央 ATS 面板故障情况，如图 5.19 所示。

（2）19 时 00 分，集中站本地服务器自动激活，信息再次更新，但是各集中站间仍没有通信，各集中站站名显示为黄色，行车调度员和车站值班员均无操作权。

（3）19 时 00 分，行车调度员立即通知全线集中站值班员中央服务器故障，车站立即将控制权转移至本地。

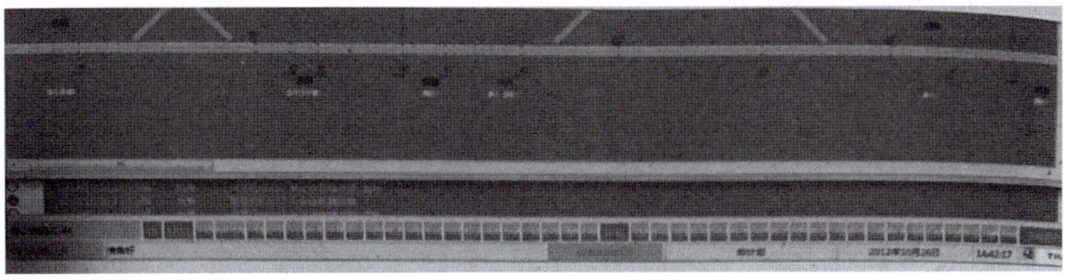

图 5.19　中央 ATS 面板故障情况

（4）19 时 01 分，集中站车站值班员通过“请求区域控制权”直接取得本集中站控制权。

（5）19 时 02 分，集中站车站值班员确认通信列车在任何区域内均可正常运行，无须车站值班员做任何操作。

（6）19 时 02 分，集中站为本区域内非通信列车创建列车图标、分配运行线并排列跨越区域的列车运行线。

（7）19 时 30 分，信号人员将故障处理完毕，行车调度员通知集中站值班员将控制权转换为中控。

（8）19 时 31 分，行车调度员收回 ATS 控制权，重新激活时刻表后又重新为列车分配班次。列车恢复正常运营。

知识链接

一、列车自动控制系统的组成

列车自动控制系统（Automatic Train Control System，ATC 系统）主要包括：列车自动保护系统（Automatic Train Protection，ATP）、列车自动运行系统（Automatic Train Operation，ATO）、列车自动监控系统（Automatic Train Supervision，ATS）三个子系统。这三个子系统既相互独立又相互联系，实现对列车的控制，保证列车行驶的安全和运输效率的提高。列车自动控制系统如图 5.20 所示，其设备框图如图 5.21 所示，各子系统的主要功能如图 5.22 所示。

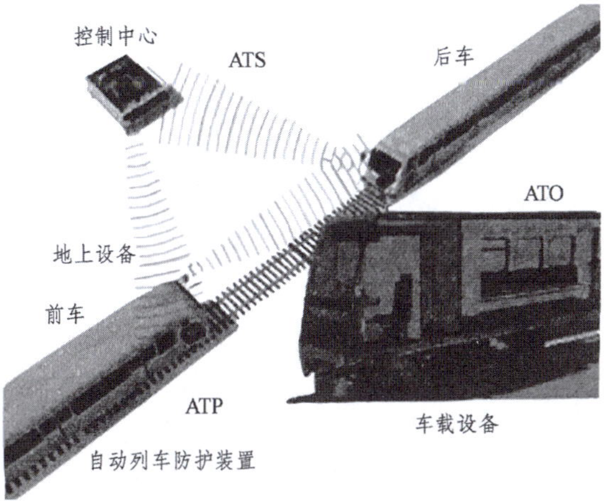

图 5.20　列车自动控制系统

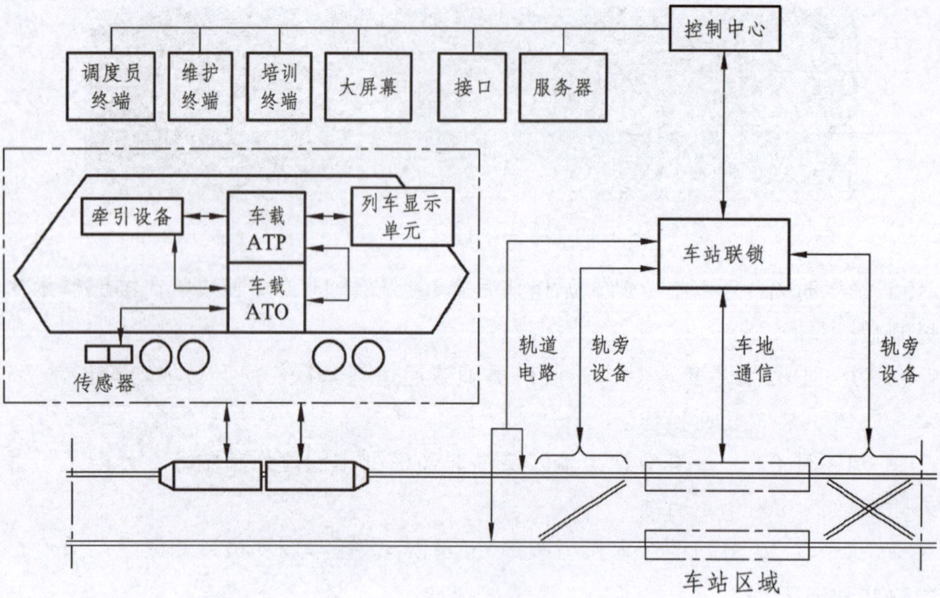

图 5.21　列车自动控制系统设备框图

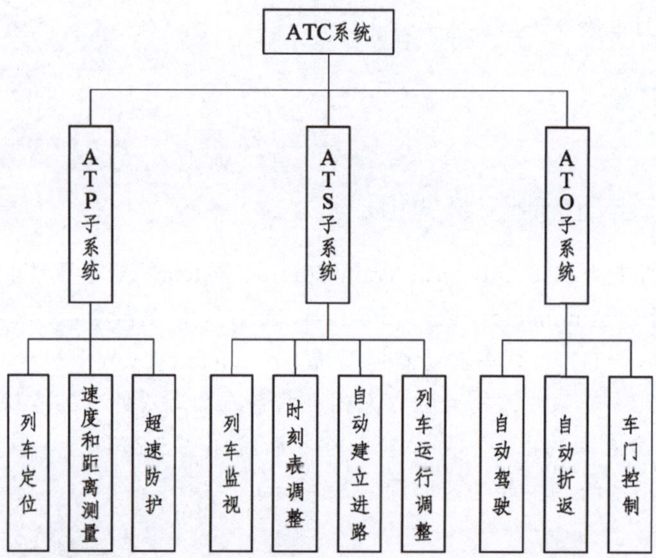

图 5.22　列车自动控制系统各子系统的功能

二、列车自动控制系统的种类

（一）闭塞的基本知识

1．闭塞的定义

为保证列车运行的安全，在组织列车运行时，通过设备或人工控制，使连续发出的列车保持一定间隔安全行车的办法称为行车闭塞法，简称闭塞。

2．闭塞的方式

（1）时间间隔法。

时间间隔法即按规定的时间间隔向区间发车，以时间间隔作为闭塞条件的闭塞方法。不能保障在同一时间同一区间内只有一个列车占用的安全条件的成立。可适用于道路汽车交通的运行组织。

由于按时间间隔法行车，难以严格保持前后行列车间的安全间隔，如果进路办理疏忽或司机操纵不当，容易发生追尾事故。因此，正常情况下，轨道交通不宜采用此法行车。只有在特殊情况下，如一切电话中断时才准许采用时间间隔法，并且要有安全保障措施。

（2）空间间隔法。

空间间隔法即在同一时间、同一区间内只有一个列车占用，即前行列车与续行列车始终保持一定的空间间隔，且以空间间隔作为闭塞条件的闭塞方法适用于轨道交通。

按空间间隔法行车时，行车闭塞法有基本闭塞法和代用闭塞法两类。基本闭塞法是指使用基本闭塞设备时采用的行车闭塞法。在自动闭塞设备线路上，基本闭塞法是将连续发出的列车以闭塞分区、轨道电路区段，或者以列车制动距离加上安全防护距离作为安全间隔运行的方法。在非自动闭塞设备线路上，基本闭塞法是将连续发出的列车以站间区间作为安全间隔运行的方法。代用闭塞法是指基本闭塞设备因故不能使用时临时采用的行车闭塞法，电话闭塞法是常用的代用闭塞法。

3．轨道交通常见的闭塞制式

（1）半自动闭塞。

采用车站出站信号机的允许显示信号作为列车占用站外区间的行车凭证，区间两端的值班员通过专门的闭塞机来办理闭塞手续，由于办理手续由值班员人工完成，信号显示的转换由运行中的列车自动完成的，故称为半自动闭塞。由于半自动闭塞制度保障了两个车站之间区间仅有一个列车运行，因此，区间运行安全得到了保障。但线路通行能力较低，适用于单线轨道交通。

（2）自动闭塞。

将站间区间划分为若干小区间（称为闭塞分区），并设置通过信号机进行防护。由车站出站信号机和区间内通过信号机的显示共同作为列车占用区间的行车凭证。而且，出站信号机的关闭与通过信号机的信号显示变化，均由行进中的列车自动完成（除了出站信号机的开放仍由车站值班员在排列列车进路时完成，已包含在联锁环节中），故称之为自动闭塞。自动闭塞使站间区间可有多个列车同时占用（只要能保持安全间隔），同时还能对区间内是否有列车占用的信息进行检查监督，是列车运行自动化控制的基础。

（二）列车自动控制系统的种类

1．按闭塞制式分类

按闭塞制式不同，ATC 系统分为固定闭塞、准移动闭塞和移动闭塞。

（1）固定闭塞式 ATC 系统。固定闭塞式 ATC 系统将轨道划分为固定的闭塞分区，不论前车还是后车都是用轨道电路来监测的，所以系统只知道列车在哪个区段，并不知道列车的具体位置。因此列车的控制必然是分级的、阶梯式的。

（2）准移动闭塞式 ATC 系统。准移动闭塞式 ATC 系统对前后车的监测不同，对前车的监测仍然使用固定闭塞方式，而对后车的监测则使用移动的方式来获得后车的具体位置，这样后车可根据自身的位置、速度等情况选择制动点。它是介于固定闭塞与移动闭塞之间的一种过渡制式。

（3）移动闭塞式 ATC 系统。移动闭塞式 ATC 系统对前、后两列车都采用移动式的定位方式，不存在固定的闭塞分区，列车之间的安全追踪间隔随着列车的运行而不断移动和变化。

移动闭塞取消了传统的轨道电路，线路上的列车连续不断地把运行的信息，如列车速度、位置、牵引重量等通过通信系统向控制中心传送，让控制中心连续不断地掌握先行列车和后续列车的间隔距离，当追踪列车和后续列车的间隔等于后车的常用制动距离加安全距离时，控制中心向追踪列车发出惰行或制动的命令，使后续列车与先行列车的间隔距离加大，从而确保列车运行安全。列车的间隔距离不是固定的，而是与列车运行的速度有关，当速度高时，两列车的间隔距离就加大，反之就缩短。这种闭塞方式能够在确保行车安全的条件下，最大限度地增大行车密度，提高运输能力。目前它已成为城市轨道交通信号系统的发展方向，其主要优点如下：

① 能轻松达到 90 s 的行车间隔要求，且当需求增长而需要调整运营间隔时，无需改变或增加硬件。

② 可取消区间的信号机、轨道电路等地面设备，降低系统的安装维护费用。利用其精确的控制能力，可以有效地通过在折返区域调整速度曲线来减少在尽端折返线的行走防护距离，从而减少折返站的土建费用。

③ 车上—地面可靠传输的信息量大，便于实现全程无人自动驾驶。全程无人自动驾驶方式是列车上没有任何驾驶员或工作人员的全自动方式。站停、发车、运行、折返、入库等过程由操作控制中心直接管理。主控中心可以更精确地控制列车按运行图运行，减少了列车在区间不必要的加速、制动，可节省能源，增加旅客舒适度。同时这种方式具有非常高的灵活性，对突然增长的能力需求和不可预见的事件具备敏捷的反应能力。

④ 易于实现列车双向运行。当轨道交通系统因线路、车辆等故障造成运行中断时，可通过组织临时反向载客运行来保持轨道交通系统的不间断运作。

固定闭塞与移动闭塞示意图如图 5.23 所示。

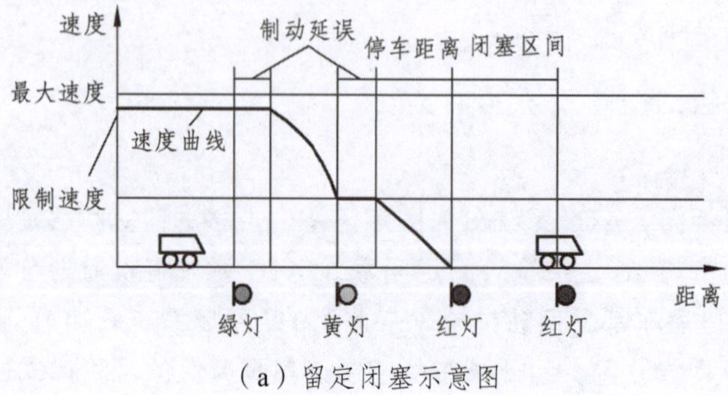

（a）留定闭塞示意图

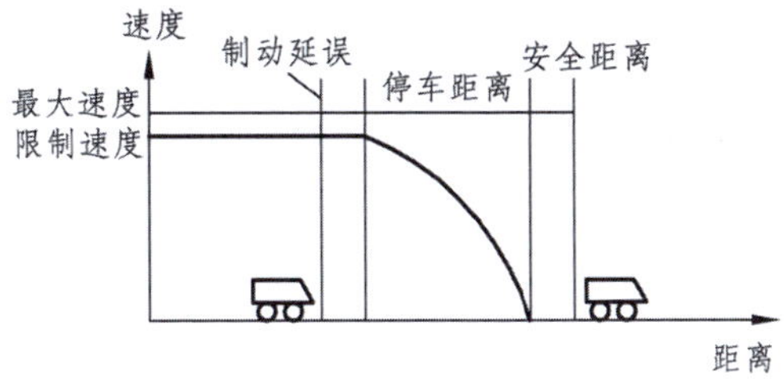

（b）移动闭塞示意图

图 5.23　固定闭塞与移动闭塞示意图

2．按结构分类

（1）点式 ATC 系统。

点式 ATC 系统是在地面设置应答器，当列车驶过地面应答器，车载应答器与地面应答器对准时，车载应答器通过电磁感应的方式将能量传递给地面应答器，地面应答器的内部电路开始工作，将所存数据通过电磁感应传送到车上。列车计算机系统根据所得到的数据计算制动曲线。

（2）连续式 ATC 系统。

连续式 ATC 系统，使用数字音频轨道电路从地面传至车上前方目标距离的一系列数据，车载设备根据传来的数据信息，实时计算允许速度曲线，并按此曲线控制。此系统速度监控实时、无级，可实现平稳驾驶。

三、列车自动保护系统系统（ATP）

ATP 系统即列车运行超速防护或列车运行速度监督，是保证行车安全、防止列车进入前方列车占用区段和防止超速运行的设备。ATP 系统实现了列车运行安全间隔防护和超速防护。ATP 子系统检测列车位置并向列车传送 ATP 信息（目标速度信息或目标距离信息），列车收到 ATP 信息后自动实现速度控制，确保列车在目标距离内不超过目标速度的前提下安全运行。

（一）ATP 系统的工作原理

当列车在区间行驶过程时，轨旁 ATP 计算机通过轨道电路将行车信息发送到车上，车载 ATP 天线接收信息并传递到车载 ATP 计算机。同时车载 ATP 计算机结合速度传感器收集到的列车状态信息（位移、方向等），形成对列车的自动防护，从而保证列车运行安全。

当列车进站时，车载 ATP 天线接受同步环线发送的停车位置信息，并将信息发送给车载 ATP 计算机，同时车载 ATP 计算机结合速度传感器收集到的列车状态信息，给出列车精确停车的方案。

当列车停稳时，车载 ATP 计算机向地面发送开关门信息。室外应答器接收信息传递室内应答器控制柜，进而驱动屏蔽门开关门，实现车门与屏蔽同步开关。

（二）ATP 系统的功能

（1）列车定位：它能够确定列车在路网中的地理位置。

（2）速度和距离测量：它能够确定列车的速度和位置（距前方目标点的距离）。

（3）ATP 监督功能：它能够对列车安全的各个方面（如速度、方向、车门、紧急制动、后退、报文和设备）进行监督。

（4）超速防护：它能够严密监视限制速度不被超越，一旦超过，先提出警告，然后启动紧急制动，并记录。

（5）停车点保护：停车点有时就是危险点，通常在停车点的前方设置一段防护段，保证列车停在危险点前方。

（6）列车间隔控制：在保证行车安全（防止两列车发生追尾事故）的情况下，控制列车最短间隔控制，可以提高运行效率。

（7）车门、屏蔽门控制：ATP 轨旁设备与屏蔽门采用安全接点的物理接口，只有列车停在规定的停车点，列车车门与屏蔽门才能打开。

四、列车自动运行系统（ATO）

ATO 子系统主要用于实现“地对车控制”，即用地面信息实现对列车驱动、制动的控制，包括列车自动折返。根据控制中心指令自动完成对列车的启动、牵引、惰行和制动，送出车门和站台安全门开关信号，使列车以最佳工况安全、正点、平稳地运行。

ATO 子系统要想实现列车的自动驾驶，需要 ATP 子系统和 ATS 子系统提供支持。ATP 子系统向 ATO 子系统提供列车运行的速度、线路允许速度、目标速度和目标距离，以及列车当前所处位置等基本信息。ATS 子系统向 ATO 子系统提供列车运行作业和计划。

（一）ATO 子系统的工作原理

ATO 子系统从 ATP 子系统获得最大允许速度和列车实时速度，并根据 ATS 子系统和定位系统的信息，发出牵引和制动命令，驾驶列车运行。

（二）ATO 子系统的功能

ATO 子系统的功能分为基本控制功能和服务功能。

1. 基本控制功能

基本控制功能是自动驾驶、自动折返、自动控制车门开闭等。自动驾驶又包含自动调整列车运行速度、停车点的目标制动、从车站自动发车、区间内临时停车等。

2. 服务功能

服务功能包括列车位置功能、允许速度功能、巡航/惰行功能等。

（三）列车驾驶模式

ATO 驾驶是列车的驾驶模式之一，列车驾驶模式有如下几种：

（1）ATO 模式：ATO 模式即自动列车驾驶，是正线上列车运行的正常模式。采用 ATO 模式时，列车在车站间的运行是自动的，不需要司机驾驶，司机只负责监督 ATP/ATO 指示、列车状况，以及所要通过的轨道、道岔、信号的状态，必要时加以干预。

（2）AR 模式：AR 模式即自动折返模式。

（3）SM 模式：SM 模式即在 ATP 子系统监督下的人工驾驶模式，也称为列车自动防护驾驶模式，是列车的降级模式。处于此模式时，驾驶员在 ATP 子系统的监督下根据驾驶室显示推荐的速度手动驾驶列车，当列车速度超过 ATP 子系统的允许速度时发出警告，继而紧急制动。此模式在 ATO 模式发生故障时使用。

（4）RM 模式：RM 模式即限制式的人工驾驶模式。采用 RM 模式时，列车由司机驾驶，司机负责监督 ATP/ATO 指示显示、列车状况，以及所要通过的轨道、道岔、信号的状态，ATP 子系统仅监督允许的最大限速值。此模式用于列车在车辆段运行，联锁、轨道电路、ATP 轨旁设备故障，列车紧急制动后等情况。

（5）URM 模式：URM 模式即非限制式人工驾驶模式，采用 URM 模式时，列车的运行完全由司机负责，没有 ATP 的监控。此模式用于车载 ATP 设备故障、车辆部分设备处于检修和调试状态等情况。

以上五种驾驶模式在满足一定的条件后可以相互转换。

五、列车自动监控系统（ATS）

ATS 系统主要实现对列车运行的监督和控制，包括列车运行情况的集中监视、自动排列进路、列车运行调整、自动生成时刻表、自动记录列车运行实际轨迹、自动进行运行数据统计及自动报表、自动监测设备运行状态等，辅助调度人员对全线列车进行管理。

（一）ATS 系统的构成

ATS 系统主要包括控制中心设备和车站（车辆段）设备。

1．控制中心设备

控制中心设备如图 5.24 所示，包括调度工作站、列车运行计划工作站、系统服务器、数据库服务器、网络通信设备、电源设备等。

图 5.24　ATS 系统控制中心设备房

2．车站设备

车站设备有集中联锁站和非集中联锁站两种。

（二）ATS 系统的功能

ATS 系统具有列车监视、时刻表处理、自动建立进路以及列车运行调整方面的功能。

1．列车监视

它用计算机再现列车的运行，列车运行有轨道空闲和占用信号驱动。列车由车次号识别，ATS 系统给人机界面（HMI）、PIS 提供列车位置信息。列车运行的识别由轨道占用信号从“空闲”到“占用”的翻转来识别，图 5.25 所示为某地铁公司的 ATS 显示界面。

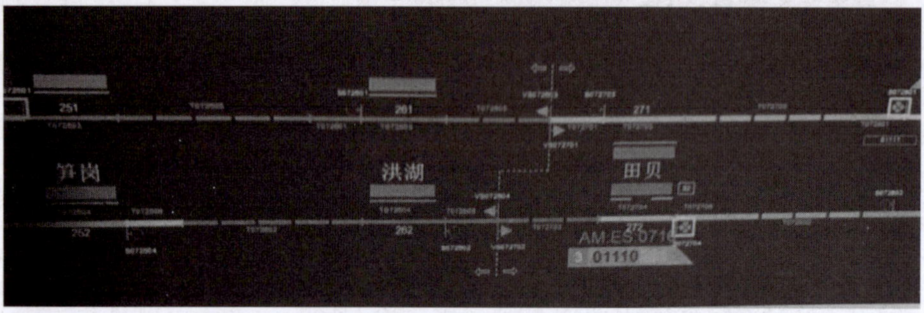

图 5.25　ATS 显示界面

2．时刻表处理

系统提供时刻表编制数据库，调度员人工设置数据产生计划时刻表，计划时刻表从控制中心传到 ATS 分机，系统存储适合不同情况的多套计划时刻表，系统随时对时刻表的状态进行比较。

3．自动建立进路

控制中心对进路、信号机和道岔实现集中控制，形成控制道岔位置的命令，在适当的时间向信号系统发送命令。

4．列车运行调整

它不断将计划时刻表和实际时刻表进行比较，通过调整停站时间和列车运行等级，自动调整列车按计划时刻表运行。

六、基于无线通信的列车自动控制（CBTC）系统

（一）CBTC 系统概述

基于无线通信的列车自动控制（Communication-Based Train Control，CBTC）系统是一种采用先进的通信、计算机技术，连续控制、监测列车运行的信号系统。它的特点是实现了列车和轨旁的双向通信，用无线双向通信代替轨道电路，实现对列车运行的控制，有效、安全地提高线路通过能力并缩短行车间隔。

（二）CBTC 系统特点

CBTC 系统的关键技术是双向无线通信系统、列车定位技术、列车完整性检测等。列车定位技术有多种方式，例如，车载设备的测速-测距系统、全球卫星定位、感应回线等。

CBTC 系统的突出优点是可以实现车辆与地面之间的双向通信，并且传输信息量大，传输速度快，很容易实现移动闭塞，大量减少区间敷设电缆，减少一次性投资及减少日常维护工作，可以大幅度提高区间通过能力，灵活组织双向运行和单向连续发车，容易适应不同车速、不同运量、不同类型牵引的列车运行控制。

（三）CBTC 系统结构组成

CBTC 系统主要由 ATS、区域控制器、车载设备、轨旁设备等组成。CBTC 系统结构组成如图 5.26 所示。

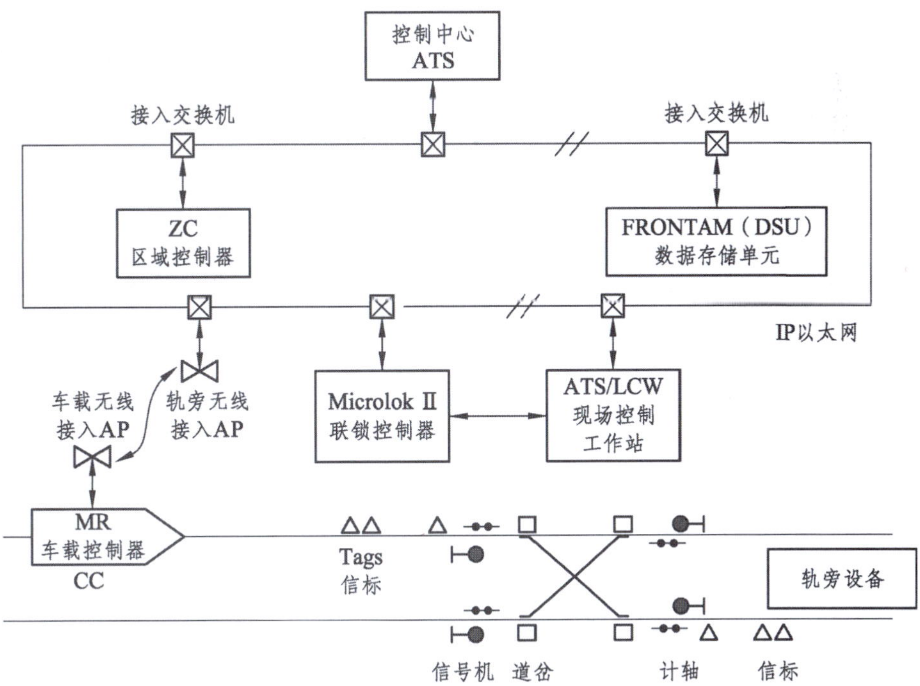

图 5.26　CBTC 系统结构组成

（四）CBTC 系统的主要技术指标（以某城市地铁为例）

（1）设计行车间隔不大于 90 s，设计折返间隔不大于 108 s。

（2）控制中心：控制中心 ATS 系统至少能管理 100 列列车，对线路长度不做限制。

（3）轨旁 ATP 计算：设置有 6 套 ATP，每套至少能管理 20 列列车，完全满足远期的列车管理要求。

（4）在基于 CBTC 信号系统的 ATO 控车模式下，列车在站台精确停车要求达到：停车精度在 ±0.3 m 范围内的概率≥99.99%；停车精度在 ±0.5 m 范围内的概率≥99.999 8%。

（5）在后备模式点式 ATO 控车模式下，列车在站台精确停车要求达到：停车精度在 ±0.5 m 范围内的概率≥99.999 8%。

（6）当列车在站台停车精度＞0.5 m 时，车载信号设备不能打开车门/屏蔽门。

（7）列车自动控制系统的信息表示采集周期和控制命令反应时间均不应大于 1 s。

（8）热备切换时间不影响设备工作的连续性，可做到无忧切换。

（9）列车到达折返站能可靠实现无人自动折返的正确率为≥99.99%。

（10）对整个系统的运行转台检测数据至少可保存 1 年。

在北京奥运会开幕前夕，北京地铁 10 号线（奥运支线）已正式开通运营，这是世界上第一条开通即采用无线移动闭塞信号系统（CBTC）的城市轨道交通线路。它采用世界上最先进的无线移动闭塞方式，将信号装置放在了每列列车上，这好比是将固定电话变为移动电话，指挥中心可以时刻精确掌握列车的位置，也将更为准确地下达命令，可大大缩短运营间隔时间。北京地铁 10 号线总长约 24 km，拥有 22 座车站，其中 6 座为换乘站，线路连接城市的西北和东南地区，是唯一一条与奥运支线和机场线相连的地铁线。据介绍，根据人工录入的拟运营车辆数目、站台多少及各站停留时间等数据，列车自动控制系统能自动生成 256 种列车时刻表。正常运行时，各趟列车将会根据时间和车距自动调整速度。如果前后两辆列车距离小于安全距离，后面的列车将自动刹车；如果时间充足、车距合适，列车还可自动滑行以节约能源。北京地铁 10 号线（奥运支线）是当时地铁中科技含量最高、技术最先进的地铁线路，两条线路的列车全部采用自动驾驶系统，自动停车位置的误差在 25 mm 以内，列车的最小行车间隔可达到 90 s。

任务小结

本任务介绍了列车自动控制系统（ATC）的组成、闭塞的定义与种类、CBTC 的特点，并介绍了列车自动控制系统（ATC）的种类及 3 个子系统的功能。通过本任务的学习，学生可了解闭塞的定义与种类，CBTC 的特点，了解移动闭塞的优点，了解列车的驾驶模式，熟悉列车自动控制系统（ATC）的组成与种类，熟悉列车自动保护系统（ATP）、列车自动运行系统（ATO）、列车自动监控系统（ATS）的功能。

课后习题

一、填空题

1. 列车自动控制系统的英文简称是________系统。

2. 列车自动控制系统主要包括________________、________________、________________三个子系统。

3. 列车自动保护系统的英文简称是__________系统。

4. 列车自动运行系统的英文简称是__________系统。

5. 列车自动监控系统的英文简称是__________系统。

6. 闭塞的方式有__________和空间间隔法。

7. 按空间间隔法行车时，行车闭塞法有基本闭塞法和____________两类。

8. CBTC 的中文意思是_________________________系统。

二、简答题

1. 什么叫闭塞？轨道交通常见的闭塞制式有哪些？
2. 列车自动控制系统按闭塞制式分哪几类？
3. 什么叫移动闭塞？它有何优点？
4. 列车驾驶模式有哪些？

任务四　了解城市轨道交通通信系统

任务目标

1. 知识目标

（1）了解城市轨道交通通信系统的要求。

（2）了解城市轨道交通通信系统的类别。

（3）了解城市轨道交通通信系统的组成及功能。

2. 能力目标

（1）会用专业知识，通过专业书籍、多媒体课件和图片资料获得帮助信息。

（2）会口头表达本次任务的知识要点及学习成果。

3. 素质目标

（1）具有良好的职业意识。

（2）能自主学习新知识、新技能。

（3）具有高度的职业责任心和正确的学习态度。

（4）具有较强信息搜集能力，会查找列车通信系统的新知识和新的发展动向。

（5）具有团队协作能力和吃苦耐劳的精神。

案例导入

调度电话

调度电话在城市轨道交通系统中发挥着重要作用，OCC（Operation Control Center，单条轨道交通线路的控制中心，简称控制中心）设四门调度电话，为中心调度员（如行调、电调、环调、维调等）进行运营组织、电力供应、设备维修和救灾防护的指挥提供有效通信手段。

1．调度电话盘面

调度电话盘面如图 5.27 所示。

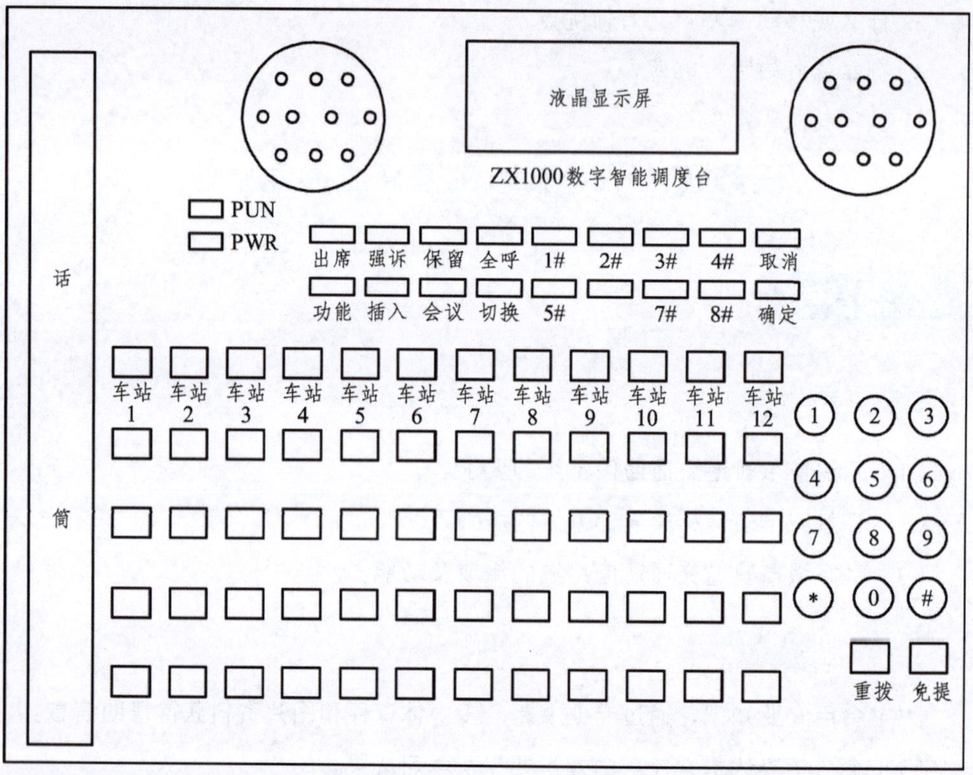

图 5.27　调度电话盘面

（1）显示屏：中文显示呼叫车站、来电号码、日期、时间和通话的状态。

（2）“1#～8#”分组：组呼已储存的组，每组可储存不多于 30 个的调度电话。

（3）会议：可以同时选定多个号码（通过固定车站键选定）进行电话会议，调度员可控制调度分机能否发话，并可对各调度分机送话。

（4）保留：正在通话中，有另一方呼叫，用该键后，不挂断前者，即可与另一方通话。

（5）重拨：重复拨号。

（6）免提：用扩音器通话。

（7）取消：中断通话、取消拨号（每按一下取消一位所拨的号码）。

（8）固定车站键：每个车站固定一个按键，需要与该站通话时，直接按该按键。

（9）两路分机：每一门调度电话都有两路分机，两路分机可以进行切换并能同时通话，互不干扰。

（10）分机 1：分机 1 使用话筒进行通话，能够使用所有的通话功能。

（11）分机 2：分机 2 使用免提进行通话，能够使用所有的通话功能。分机 2 和分机 1 不能同时与同一个车站进行通话。

调度电话外接一个麦克风，可以当话筒使用。

2．主要操作

调度电话已固定各车站的号码，可进行单呼、组呼和全呼。

（1）单呼：直接按固定车站号码键即可接通，也可通过拨号按键呼叫，呼叫前先拿起话筒或按“免提”键。

（2）组呼：可以选固定组，按相关固定键。不同调度台根据日常工作需要将各自通话对象分组。组呼还可以自由选组，即自由选定需要通话的车站。操作方法是：先按“会议”键，然后按“固定车站键”选择需要加入会议的车站。

（3）全呼：按“全呼”键，可以接通全部车站调度电话分机。

（4）切换：在用分机 1 与一组车站进行通话时，如果需要再和另外的一组车站通话，可以按“切换”键，将通话切换到分机 2，切换后无须再按其他键即可使用免提进行通话。

（5）呼入：当有电话呼入时，该站固定按键上方的红色指示灯会闪亮，按一下该键即可接听，接听时无须断开其他通话，自动保持通话连接。

知识链接

一、城市轨道交通系统对通信的要求

城市轨道交通通信系统是应用于轨道交通中实现各种信息交互功能的通信网络系统的总称。它是为确保提供传输服务、给旅客提供信息、并且保证对车站及车上旅客进行高度控制而建立的一个视听链路网。通信系统为运营、管理及维修人员或其他系统的设备通过传输（诸如语音、数据、图像等）电信号在一定的距离内进行通信，通信的服务范围包括运营控制中心、车站、车辆段、站内及沿线。

通信系统是多个独立的子系统的组合。这些子系统在设计上能协调工作，在不同的运营环境下正确地相互作用。各子系统应能对各自子系统内的故障进行检测和报警，从而确保整个通信系统的可靠性。

城市轨道交通系统对通信的要求如下：

（1）对于运行组织而言，要保证将各站的客流情况、工作状况、线路上各个列车运行状况等信息准确迅速地传输到调度控制中心。同时，将调度控制中心发布的调度指挥控制命令与信号及时可靠地传送至各个车站及运行中的列车。

（2）系统的组织管理方面，要保证各部门之间和上下级之间保持畅通、有效、可靠的信息交流与联系。

（3）要保证本系统与外部系统的联系便捷畅通。

二、城市轨道交通通信系统的分类

（1）自动电话通信子系统：供一般公务联系用。

（2）专用通信子系统：直接指挥列车运行。

（3）广播子系统：向乘客报告列车运行信息。

（4）闭路电视子系统：用以监视车站各部位、客流情况及列车停靠、车门开闭和起动状况。

（5）传真及数据通信子系统：用以传送文件和数据。

三、城市轨道交通通信系统的组成及功能

城市轨道交通通信系统主要包括传输系统、公务电话系统、专用电话系统、广播系统、闭路电视监控系统、乘客信息系统、无线集群通信系统、时钟系统等子系统。传输系统、时钟系统除了为各通信子系统提供服务外，还要为其他系统提供传输服务。

（一）传输系统

传输系统是整个通信网络的纽带，通过它将各通信子系统车站信息传送到控制中心，同时为电力系统、信号系统、AFC 自动售检票系统、消防报警系统、办公网络等提供传输通道。传输设备包括车站设备和控制中心设备，不同的厂家有不同的组网模式。

通信传输系统组网模式示意图如图 5.28 所示。

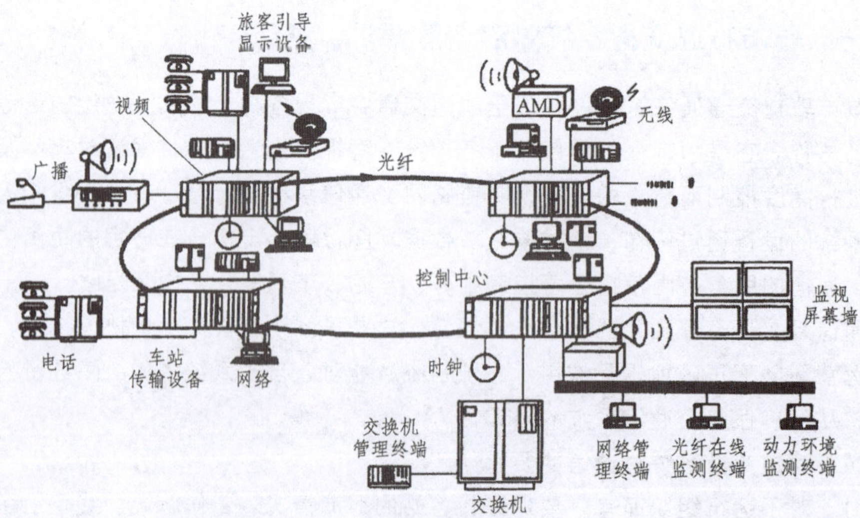

图 5.28　通信传输系统组网模式示意图

整个传输系统一般由车站设备、控制中心设备和传输线路三部分组成。车站设备用来将车站各系统需要上传的电信号转换成光信号，通过光缆线路传输到控制中心；控制中心设备是将车站上传的光信号转换成各通信子系统或其他系统需要的电信号。控制中心一般包括网络管理系统，用来监测整个网络设备运行状态，同时还具有系统参数设置、故障统计、报表输出、系统用户权限设置等功能。

（二）公务电话系统

公务电话系统为轨道交通运营提供办公电话、传真等业务，同时在控制中心、车站、段厂等也设置公务电话，既可作为办公电话使用，也可以作为有线调度电话的备份，一旦调度电话故障，作为临时应急使用。

（三）专用电话系统

专用电话系统包括调度电话系统，站内、站间电话和轨旁电话。

1. 调度电话系统

调度电话系统为城市轨道交通的调度人员，如行调、电调、维调、环调等提供专用的直通电话，具有单呼、组呼、全呼、会议、紧急呼叫、强拆、强插等特有的功能，并配备维护终端和数字录音等设备。

城市轨道交通调度电话系统由调度台、调度分机以及调度交换机等组成，并通过传输系统电缆相连。

调度台：它设于运行控制中心（OCC），是调度业务的操作台，为调度人员提供专用的通信服务。城市轨道交通中，调度台一般设置在行车调度、电力调度、环控调度、维修调度、公安调度等岗位，如图 5.29 所示。

图 5.29　调度台

调度分机：它设于各车站、车辆段、停车场，为各值班员提供通信服务。调度台呼叫调度分机，按热线功能方式，无须拨号；调度分机呼叫调度台分为一般呼叫和紧急呼叫，紧急呼叫时调度台有相应的信号显示。

调度交换机：它设于中央控制中心、车辆段、停车场、各车站设备房，完成各调度电话间的数据交换。

2. 站内、站间电话

（1）站内电话。

站内电话（见图 5.30）是为了适应站内岗位之间频繁通话而建立的独立的内部

电话系统。站内电话主要提供车站内部通信。站内电话是车站内部的电话系统，一般采用小型交换机实现。

（2）站间电话。

站间电话设置在车控室，可实现车站值班员与邻站、联锁站值班员的直达通话。

3．轨旁电话

轨旁电话（见图 5.31）是为系统运营和维护及应急需要，安装在隧道里的电话。使用轨旁电话是列车司机和维修人员在紧急情况下及时联系车站及相关部门的一种手段。轨旁电话由轨旁电缆与站内交换机连接，轨旁电话机具有抗冲击性和防潮的特性，区间内每隔 150～200 m 安装一部电话，3～4 部轨旁电话机并接使用同一号码，并且用多部电话交叉配置的方式增加可靠性。轨旁电话可同时接站内电话和公务电话，通过插座或开关实现号码转换。

图 5.30　站内电话

图 5.31　轨旁电话

（四）广播系统

广播系统是城市轨道交通运营行车组织的必要手段，它的主要作用有：对乘客进行广播，通知列车到站、离站、线路换乘、时间表变更、列车误点、安全状况，播放音乐改善候车环境；进行防灾广播，在突发或紧急情况下，组织指挥事故抢险，提高应急响应能力；对运营人员进行广播，发布有关通知信息，使运营人员协同配合工作。

1．广播系统控制

广播系统由控制中心和车站两级控制，正常情况下以车站广播为主，事故抢险及组织指挥时，以控制中心防灾广播为主。为了运营防灾的需要，控制中心环控调度员有最高优先级。在优先级上，环控调度员高于行车调度员，行车调度员高于维修调度员，控制中心调度员高于车站值班员。当多等级信息相继触发时，正在播放的广播中断，自动进入按序等待状态。

2．广播系统的组成

按设备的安装地点不同，广播系统可分为地面广播与车载广播两部分。

地面广播的作用是对乘客进行广播，通知列车到站和离站的信息，或播放音乐以改善候车环境，或在发生意外情况时疏导乘客。其对乘客广播的播音范围主要是站台和站厅区。地面广播的另一作用是对工作人员进行广播，其播音范围为办公区域、站台、站厅、隧道、车辆段和停车场内，以便及时发布与行车有关的信息，使工作人员协同配合工作。地面广播信息既可以由控制中心广播台发出，也可由车站值班员用广播控制盒发出，如图 5.32 所示。

车载广播的主要作用是给乘客发布到站信息以及为他们播放一些背景音乐，同时在紧急情况下可向乘客播放信息。

图 5.32　广播控制盒

（五）闭路电视监控系统

闭路电视监控系统是控制中心调度管理人员、车站值班员、站台管理人员和驾驶员实时监控车站客流、列车出入站、旅客上下车等情况，以提高运营组织管理效率，保证列车安全、正点运送乘客的系统，该系统借助于录像功能还可以进行安全事故取证。

1. 闭路电视监控系统组成

闭路电视监控系统由摄像机（含监听头，即话筒）、控制部分、传输部分、监视器、报警部分和网管部分 6 部分组成。摄像机与监视器如图 5.33 所示。

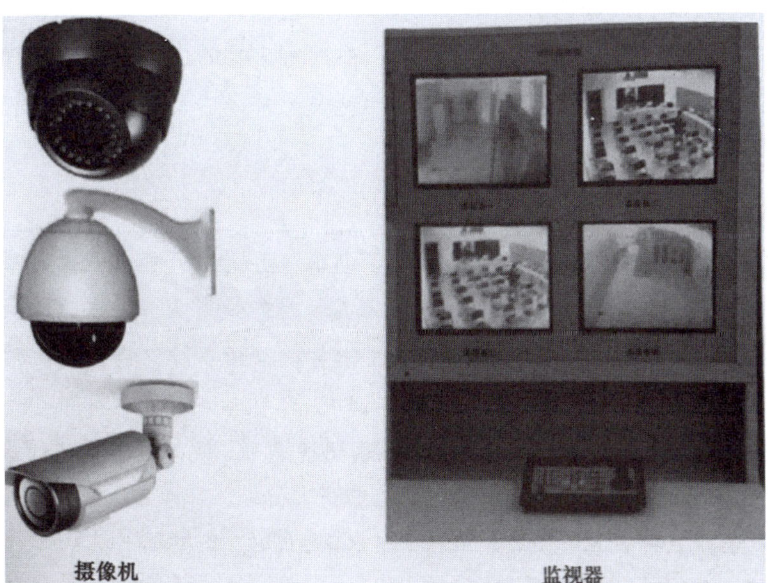

图 5.33　闭路监控系统设备

其中，控制部分是整个闭路电视监控系统的核心，由视频切换器、视频网络控制器、视频分配器、画面分割器、录像机、远端解码器等设备组成。

2．闭路电视监控系统功能

（1）图像显示功能。车站工作人员可以对本车站的所有图像进行选择显示，可采用自动循环方式或人工单选方式显示任意一幅本车站的图像。

（2）录像及回放功能。数字硬盘录像机，可自动录制车站所有图像，并保留一段时间。车站工作人员可通过车站回放键盘，在车控室监视器上查询、调取本站某一摄像机的某时段录像，进行回放查看。

（3）图像汉字叠加功能。各幅图像上可叠加显示一些必要的信息，包括车站名称，摄像机位置及编号、日期和时间等信息。维护人员可以更改以上信息。

（4）对可变摄像机的遥控功能。为了最大限度地监视车站区域，闭路电视监控系统设置了可变光圈、焦距和角度的可变摄像机。车站值班员通过控制台的操作，可遥控设定所有可变摄像机的光圈、焦距和角度。

（5）驾驶员的监视功能。为了保证乘客上、下车的安全，在列车进出站台时向驾驶员提供当前站台的监视录像，以便驾驶员查看车门及屏蔽门的开关情况，防止夹伤乘客。

（六）乘客信息系统

乘客信息系统（Passenger Information System，PIS）是依托多媒体网络技术，以计算机系统为核心，通过设置站厅、站台、出入口、列车的显示终端，让乘客及时准确地了解列车运营信息和公共媒体信息的多媒体综合信息系统。

乘客通过正确的服务信息引导，能够安全、便捷地乘坐轨道交通。PIS 在正常情况下，提供乘车须知、列车到发时间、列车时刻表、管理者公告、政府公告、出行参考等实时动态多媒体信息；在火灾、阻塞及恐怖袭击等非正常情况下，提供动态紧急疏散提示。

1．乘客信息系统的功能

乘客信息系统包括显示紧急信息、显示列车服务信息、显示乘客引导信息、播放广告等功能。

（1）显示紧急信息功能。系统会在发生紧急状况时播放临时的通告和警示，引导乘客。在发生重大灾害需要乘客迅速逃离时，该系统可随时中断部分或所有的服务信息，播放紧急处理相关的信息，引导乘客迅速撤离，将损失降到最低，如图 5.34 所示。

（2）显示列车服务信息功能。车站子系统的车站服务器实时从 ATS 接收列车服务信息，再控制指定的终端显示器显示相应列车服务信息，如下班车的到站时间、列车时间表、列车阻塞/异常、特别的列车服务安排等信息，如图 5.35 所示。

图 5.34　紧急信息

图 5.35　列车服务信息

（3）显示乘客引导信息功能。为了引导乘客安全快速地乘坐列车和离开站台到达地面，该系统在站厅、站台实时显示乘客疏导信息，引导乘客有秩序地候车和乘车，同时以最快的速度疏导乘客，从而保证地铁的运力最大化，如图 5.36 所示。

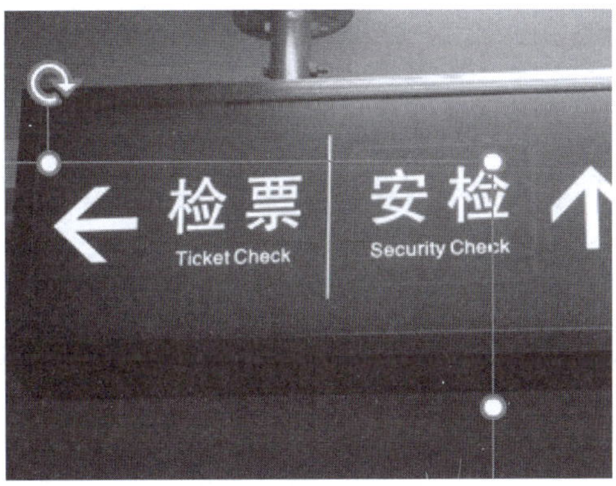

图 5.36　乘客引导信息

（4）播放广告功能。PIS 可为轨道交通引入一个多媒体广告的发布平台，通过广告的播出，为轨道交通带来经营效益。广告可以分为图片广告、文字广告和视频广告等。

2．信息显示优先级

乘客导乘信息系统要确保乘客快速安全地到达目的地，在保证安全运营的基础上，可以向乘客提供各类信息服务，以及进行商业广告的运作。因此，在乘客导乘信息系统的设计中，应充分考虑每一类信息的显示优先级。高优先级的信息优先显示，相同优先级的信息按照先进先出的规则进行显示。按照这个要求，信息显示的优先级规定如下：

（1）信息类型的优先级按照如下顺序递减:紧急灾难信息、列车服务信息、乘客引导信息、一般站务信息及公共信息、商业信息。

紧急灾难信息为最高优先级信息，发生紧急情况时可以终止和中断其他所有优先等级的信息。

（2）高优先级的信息可以中断低优先级信息的播出，低优先级的信息不能打断高优先级信息的播出。发生紧急情况时，系统紧急中断当前信息的播出，进入紧急信息播出状态，其他各类信息自动停止播出。系统以醒目的方式提示乘客进行紧急疏散。直到警告解除，才能继续进行其他各类信息的播出。

（3）同等优先级的信息按设定的时间播出列表顺序播出。

（七）无线集群通信系统

城市轨道交通中无线集群系统主要解决固定人员（调度员、值班员）与流动人员（驾驶员、站务、维修人员与列检人员等）相互之间的通话及数据传输问题。其一般为带状网络结构，如图 5.37 所示。

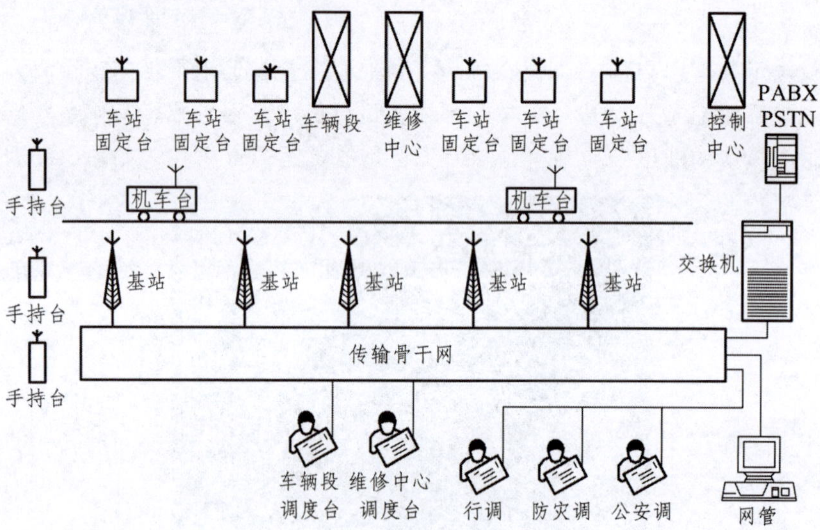

图 5.37　无线集群调度系统网络结构

系统主要包括以下几部分：控制中心交换设备、控制中心网络管理终端、调度台、基站、移动设备（便携式手持台、车载电台、车站用固定台）、传输设备等。

城市轨道交通无线集群调度系统在功能组成上一般分为六个无线通信子系统，这六个无线通信了系统包括行车调度通信子系统、站务通信于系统、车辆段调度通信子系统、维修调度通信子系统、公安调度通信子系统、防灾调度通信子系统。分别为其六个不同部门提供服务，既可实现不同通信组的相互独立，使其各自通信操作互不妨碍，又可以实现系统设备和频率资源的共享。

行车调度通信子系统负责完成正线行车调度员与机车驾驶员的通信联系，传送行车指挥话音和数据指挥命令。

站务通信子系统负责完成车站车控室内勤人员与车站外勤人员及本站控制内列车驾驶员间的通话。

车辆段调度通信子系统负责完成段、厂内的行车调度员与机车驾驶员的通信联系，传送行车指挥话音和数据指挥命令。

维修调度通信子系统提供维修调度、各专业调度员及本专业维修人员的无线调度通信，一般采取组呼方式。不同专业各自分组，专业之间若要进行通话，可由维修调度临时派接通话。

公安调度通信子系统、防灾调度通信子系统提供公安、防灾调度员、沿线指挥人员和抢险救灾人员之间的调度通信（采用组呼方式）。此系统是在突发事件情况下才启用，由网络调度员通过动态重组功能设置临时通话小组，将应急指挥人员、各专业的抢修人员、车站值班人员等组成一组以适应现场抢险应急需要。

（八）时钟系统

时钟子系统主要为工作人员、乘客及相关系统设备提供统一的标准时间信息，为城市轨道交通的其他各设备系统提供统一的定时信号。时钟子系统由中心母钟（简称一级母钟）、车站和车辆段母钟（简称二级母钟）和时间显示单元（简称子钟）组成，其网络示意间图如图 5.38 所示。时钟子系统还应适应具有运营关联的线路，乃至线网运营及各机电系统对统一标准时间信息的需求。

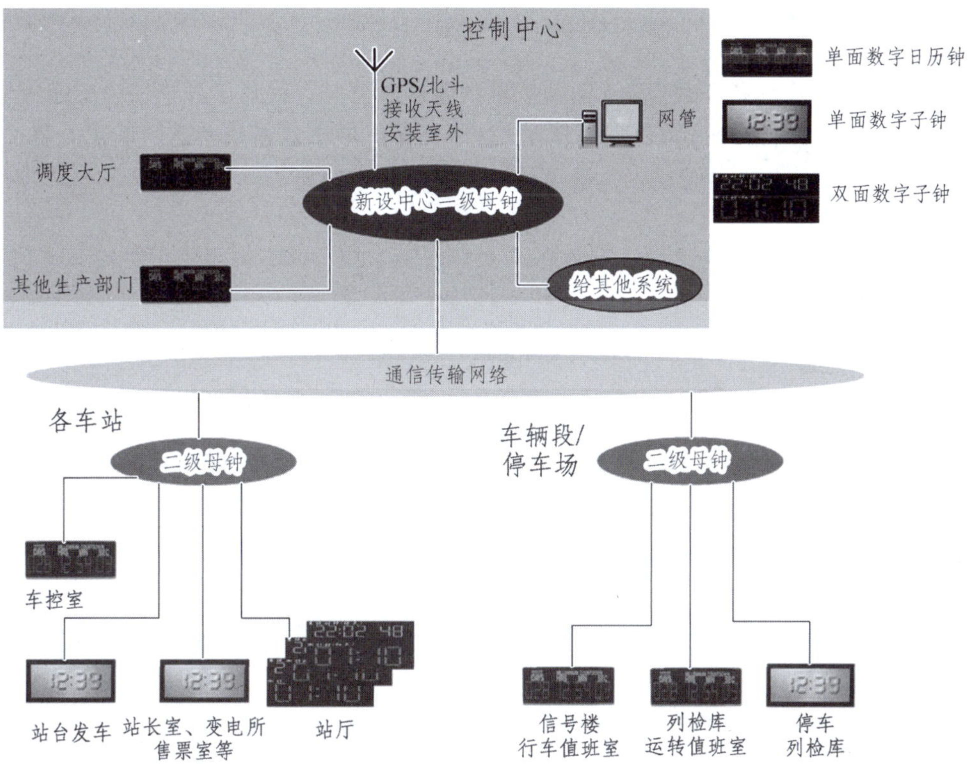

图 5.38　时钟系统网络示意图

一级母钟设置在控制中心，二级母钟设置在各车站和车辆段，子钟设置在中心调度室、车站控制室、牵引变电所值班室、站厅、站台，以及其他与行车工作直接相关的办公场所。子母钟的显示方式如图 5.39 所示。

当设有数字同步网设备时，一级母钟应能接收外部全球卫星定位系统（GPS）基准信号校准，一级母钟定时向二级母钟发送时间编码信号用以校准：二级母钟产生时间信号提供给车站等地的子钟。

中心一级母钟　　车站二级母钟　　子钟

图 5.39　子母钟的显示方式

任务小结

本任务介绍了城市轨道交通通信系统的要求、分类，讲述了城市轨道交通通信系统的组成及功能。通过本任务的学习，学生需了解城市轨道交通通信系统的要求，了解通信系统的分类、组成，熟悉通信系统的分布与功能。

课后习题

一、填空题

1. 自动电话通信子系统供________联系用。
2. 传输系统一般由车站设备、____________和传输线路三部分组成。
3. 专用电话系统包括调度电话系统，站内、站间电话和________电话。
4. 城市轨道交通调度电话系统由________、调度分机以及调度交换机等组成。
5. 调度台它设于____________，是调度业务的操作台。
6. 站间电话设置在________，可实现车站值班员与邻站、联锁站值班员的直达通话。
7. 轨旁电话是为系统运营和维护及应急需要，安装在________。
8. 广播系统由________和车站两级控制。
9. 乘客信息系统的英文简称是________。
10. 时钟子系统____________、车站和车辆段母钟和时间显示单元组成。

二、简答题

1. 城市轨道交通系统对通信有哪些要求？
2. 城市轨道交通通信系统按功能的不同主要分为哪几种？
3. 城市轨道交通通信系统主要组成有哪些？

拓展知识

某地铁无线通信系统终端设备使用说明内容如下。

1．手持台使用说明

通话发起者进行单向呼叫通话，需按下“通话键”。在听到一声“滴”的短音后且屏幕上出现“T”（正在发射）后，双方可以进行通话。图 5.40 为手持台通话。

对方讲话时，通话发起者松开“通话键”，收到单向呼叫时屏幕将显示“R”（正在接收）。

2．无线调度台使用说明

调度员进行单向呼叫时，调度员可在“轨道图”中单击列车车次或在“监听组设置”中选择列车车体，调度员说话需先单击激活按钮“Active”，然后按下“PTT”按键建立通话。通话完成后，调度员需单击“挂机”按钮将其挂断，结束通话。图 5.41 所示为无线调度台通话。

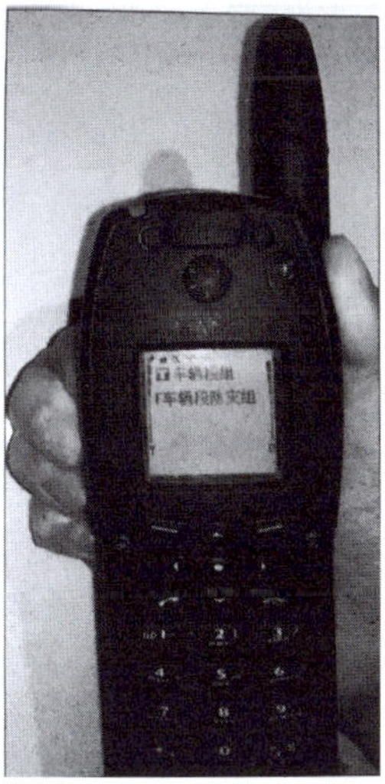

图 5.40　手持台通话

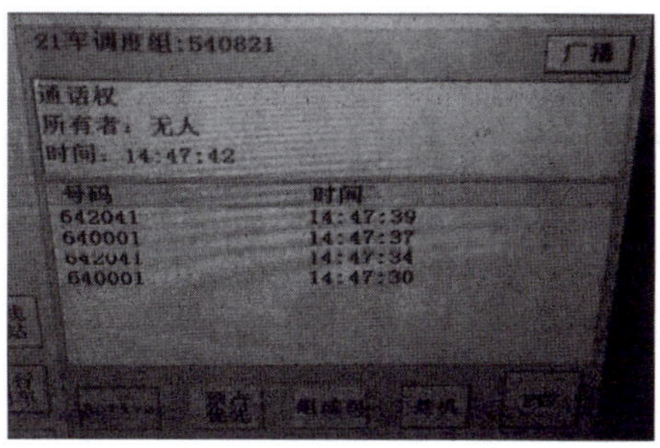

图 5.41　无线调度台通话

项目六　城市轨道交通运营管理

任务一　了解城市轨道交通运营管理

任务目标

1. 知识目标

（1）了解城市轨道交通运营组织机构。

（2）了解城市轨道交通运营公司的岗位设置。

（3）了解城市轨道交通运营公司的轮班工作制度。

2. 能力目标

（1）会用专业知识，通过专业书籍、多媒体课件和图片资料获得帮助信息。

（2）会口头表达出本次任务的知识要点及学习成果。

3. 素质目标

（1）具有良好的职业意识。

（2）能自主学习新知识、新技能。

（3）具有高度的职业责任心和正确的学习态度。

（4）具有团队协作能力和吃苦耐劳的精神。

案例导入

人员误入轨道，车站紧急抢救

1．事故概述

2015 年某月某日 20 时 00 分，某站站台站务员发现有乘客跌入轨道，立即按压站台紧急停车按钮，并报告车控室。

20 时 01 分，列车在站外 50 m 处停稳。

20 时 02 分，值班站长和一名站务员带着担架和对讲机等设备到达事故现场。

20 时 03 分，行车调度员同意下线救人，值班站长带人下线抢救伤员。

20 时 04 分，值班站长一行人到达伤者身边，拍照做好记录后，查看伤者脚部扭伤情况，确认无其他大碍后，就协调车站人员用担架将伤者抬至站台安全区域。

20 时 05 分，车站值班员汇报行车调度员，人员工具已出清。行调员通知值班员在车控室 IBP 盘上对紧急停车按钮进行复位。

20 时 05 分，列车进站进行乘降作业。

20 时 07 分，驻站机电人员在列车离站后对站台紧急停车按钮进行复位，如图 6.1 所示。

图 6.1　车站紧急停车按钮

2．事故分析

车站人员在发现人员误入轨道事故后能立即按压紧急停车按钮，并及时报告车控室，表现了其具有极强的安全意识。车站值班站长在事故发生后能立即组织人员赶赴现场将伤者抬离现场，车控室值班员在故障排除后立即在车控室对紧急停车按钮进行复位，保证了乘客人身安全和车站的正常运营秩序。

知识链接

一、城市轨道交通系统的运营特性

城市轨道交通运营管理是一个系统工程，它必须遵循轨道交通的客观规律，在运输组织上，实行集中调度、统一指挥、按图行车。在功能上，实现车辆、车务、机电、通信信号、供电、工建等专业紧密配合，确保隧道、线路、供电、车厂、通信信号、机电各系统设备状态良好，运行正常。在行车安全控制方面，主要依靠合理的行车组织和可靠的设备运行来保证行车间隔和正确的行车路径。

在运营组织上，城市轨道交通具有以下特点：

（1）相对其他公共交通方式而言是安全、高速、舒适、污染少、大运量的系统。

（2）一般只有客运业务，没有货运业务（除了少数线路承办邮件运输之外）。

（3）均采用双线运行（即上下行分线运行）。

（4）全日客流分布在时间上有较为明显的高峰（早、晚高峰）和低谷之分，个别线路可能会出现多个高峰。高峰时段客流量集中，时间性强。在空间上又有不同的区间客流密度分布，如在某个时段某个区间的客流量特别大。

（5）列车运行间隔时间短，发车密度高。

（6）运营时间内无法实施设备维护保养，需在运营时间外利用专门的检修时间进行。

（7）运行指挥集中，设备先进，牵涉的部门较多。

二、城市轨道交通人员的构成及管理模式

1．城市轨道交通运营公司的组织架构

城市轨道交通一般都设置了运营总部，运营总部全面负责地铁运营管理、客运服务、列车运行组织及土建设施、车辆和运营设备的维修保养工作，涵盖专业达到40余个、工种100多个，是直接服务于社会大众，展现城市形象及文明程度的重要窗口。

以我国某城市轨道交通运营公司为例，运营总部的组织架构如图6.2所示。各部门按职能划分可以分成以下几类机构，各机构的部门构成如下：

（1）核心业务机构：客运一分公司、客运二分公司和客运三分公司。

（2）专业维修机构：车辆中心、维修中心和通号中心。

（3）线网管控机构：调度中心、票务中心、线网管控中心和物资中心。

（4）管理监察机构：办公室、党群工作部、人力资源部、财务部、合约法律部和安全监察部。

（5）生产支持机构：培训中心、计划经营部、总工程师办公室和新线部。

其中，维修机构又可以细分为车辆、信号、环控、房建、变电、低压、照明、屏蔽门、检修、自控、隧道、轨道、接触网、给排水、电扶梯、AFC等专业。

2．城市轨道交通运营公司的岗位设置

根据公司运作的需要，城市轨道交通运营公司设置了不同的工作岗位，各岗位的工作职责和作业程序也存在差异，且各岗位还设置了不同的职级。

某地铁运营公司的岗位设置和职级设置分别如图6.3和图6.4所示。

三、城市轨道交通运营公司的轮班工作制度

地铁生产性技术、技工及客服系列岗位，凡因工作需要，必须昼夜连续工作的，实行轮班工作制度，实行轮班工作制的员工休息视为轮休与调休。城市轨道交通轮班原则:轮班要严格遵守有关规定，原则上每月工时不能超出《劳动法》规定，并每月要确保员工休息时间符合有关规定。城市轨道交通轮班制度一般有常白班制、三班两运转制、四班两运转制和五班三运转制。

（1）常白班制：即上班人员实行常日班工作制度。一般为上5天班休息2天制度（参见表6.1所示张三的班表）。执行此种上班制度的一般为综合技术类工程师、站区站长、车站站长及各运营部门经理、主任等不需要24 h在岗的岗位。

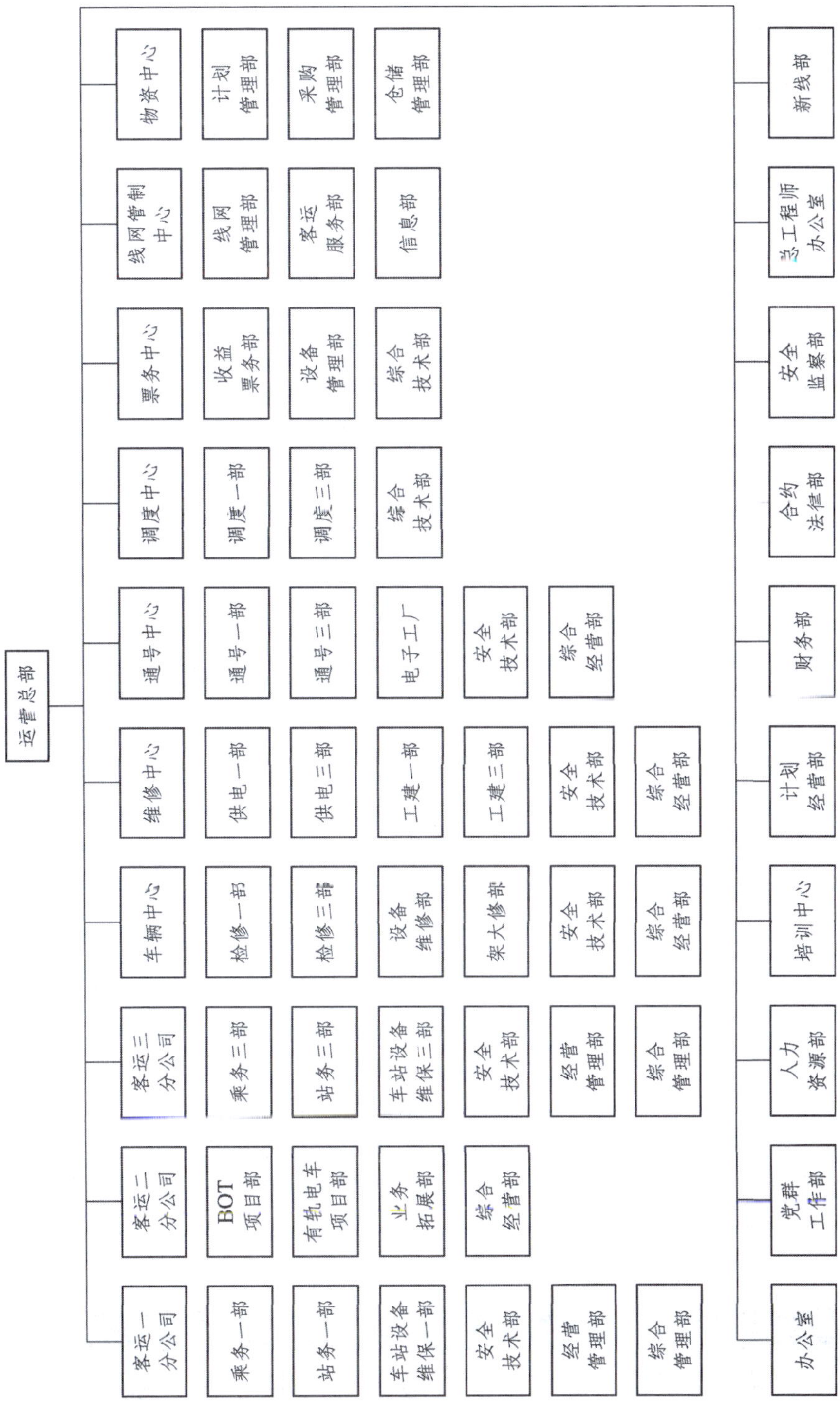

图 6.2　某地铁公司运营总部的组织架构

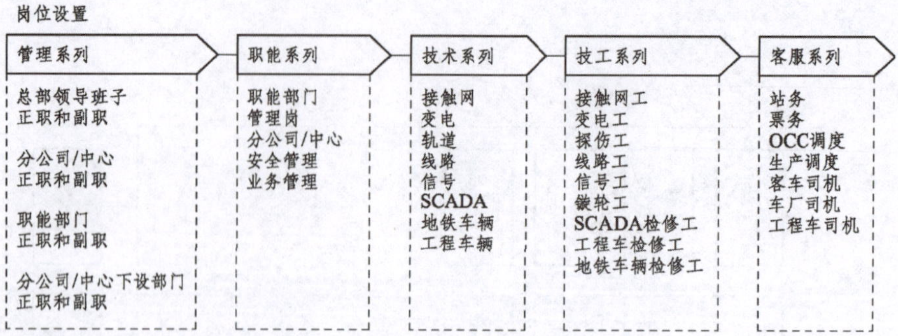

图 6.3　某地铁运营公司的岗位设置

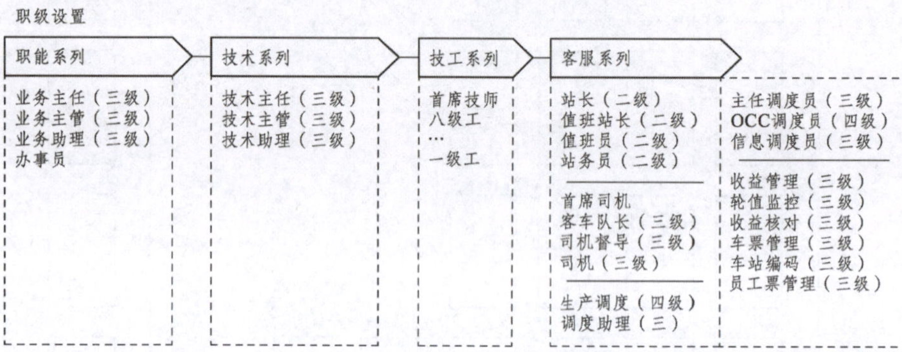

图 6.4　某地铁运营公司的职级设置

（2）三班两运转班制：即 1 个岗位上有 3 个班组在轮流倒班，1 个自然日有 2 个班组在上班（一个班组上早班，另一个班组上中班），1 个班组休息。早班时间为：运营开始——14 时 00 分，中班时间为：14 时 00 分——运营结束。上此种班制一般为 6 天中上 2 个早班、2 个中班、休息 2 天（参见表 6.1 所示李四的班表）。执行此种班制的一般为车站值班站长、各车间班组长、客服中心站务员等。

（3）四班两运转班制：即 1 个岗位上有 4 个班组在轮流倒班，1 个自然日有 2 个班组在上班（一个班组上白班，另一个班组上夜班），另外 2 个班组休息。上此种班制的一般为 4 天中 1 个白班、1 个夜班、休息 2 天（参见表 6.1 所示王五的班表）。此种排班制度的时间比较灵活，由部门领导根据各个工种的差异分配具体的上班时间。执行此种班制的一般是控制中心调度员、车站行车值班员、车站客运值班员、维修部门的维修人员等。

（4）五班三运转班制：即 1 个岗位上有 5 个班组在轮流倒班，1 个自然日有 3 个班组在上班（一个班组上白班、一个班组上中班、还有一个班组上夜班，平均每个班组 8 小时），另外 2 个班组休息。具体上班时间由部门领导根据具体情况统一分配。

表 6.1　某地铁站班表示例

	1	2	3	4	5	6	7	8
张三	常白	常白	常白	常白	常白	休	休	常白
李四	早	早	中	中	休	休	早	早
王五	白	夜	休	休	白	夜	休	休

备注：常白班：9：00—17：00；早班：5：30—14：00，中班：14：00—23：00；
白班：8：30—20：30，夜班：20：30—次日 8：30。

任务小结

本任务介绍了城市轨道交通系统的运营特征、运营公司的组织机构、岗位设置和轮班工作制度。通过本任务的学习，学生能了解运营公司的组织机构、岗位设置和轮班工作制度，为将来入职工作打下基础。

课后习题

一、填空题

1. 城市轨道交通一般只有______业务，没有______业务。

2. 城市轨道交通轮班制度一般有常白班制、三班两运转制、__________和五班三运转制。

3. 三班两运转班制：即______个岗位上有______个班组在轮流倒班，1 个自然日有______个班组在上班，______个班组休息。

4. 四班两运转班制：即 1 个岗位上有______个班组在轮流倒班，1 个自然日有______个班组在上班，另外______个班组休息。

5. 五班三运转班制：即 1 个岗位上有_____个班组在轮流倒班，1 个自然日有______个班组在上班，另外______个班组休息。

二、简答题

城市轨道交通系统的运营特性有哪些?

任务二　熟悉行车组织

任务目标

1. 知识目标

（1）熟悉列车运行图。
（2）了解城市轨道交通行车调度作业。
（3）了解城市轨道交通车站和车辆段的作业组织。

2. 能力目标

（1）会用专业知识，通过专业书籍、多媒体课件和图片资料获得帮助信息。
（2）会口头表达本次任务的知识要点及学习成果。

3. 素质目标

（1）具有良好的职业意识。

（2）能自主学习新知识、新技能。

（3）具有高度的职业责任心和正确的学习态度。

（4）具有团队协作能力和吃苦耐劳的精神。

案例导入

钢轨断裂，小交路运行

某地铁线路如图 6.5 所示，正常运行时列车运行方式从 A 站至 F 站进行大交路折返。

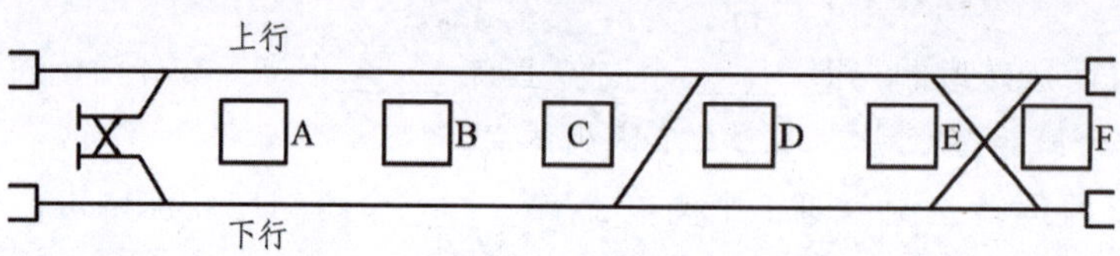

图 6.5　线路图示

1．事故概述

某日，行车调度员接到工建维修人员报告，早上运营前在检查时发现在 E 站至 F 站下行区间有钢轨断裂现象，列车无法运行。行车调度员接报后立即通知相关维修部门组织抢修，同时将列车运行计划进行调整。

2．事故处理

行车调度员封闭 E 站至 F 站的下行区间，下令所有列车改变运行路径。下行列车经 D 站折返线折返至 D 站上行；A 站至 D 站采用小交路方式运行；E 站至 F 站上行区间采用单线双向方式运行；D 站至 E 站采用短途公交接驳方式。

知识链接

城市轨道交通运输系统都要通过列车开行才能实现将乘客运送到目的地的目标。本任务介绍城市轨道交通行车组织的相关基础知识，主要包括编制列车运行图、行车调度作业、车站行车作业组织、车辆段行车作业组织等。

一、列车运行图

（一）列车运行图基本概念与作用

1．列车运行图基本概念

列车运行图是列车运行的时间与空间关系的图解。它规定了各次列车占用区间的次序，各次列车在区间的运行时分，在车站的到达、出发或通过的时刻，在车站的停站时间和在折返站的折返作业时间，以及列车交路和列车出入车辆段时刻等，能直观地显示出各次列车在时间上和空间上的相互位置和对应关系。

2. 列车运行图的作用

（1）列车运行图是列车运行的基础。

列车运行图规定了各次列车占用区间的顺序，在每个车站到达、出发或通过的时刻，列车在区间运行时间，以及列车在车站的停站时间和在折返站的折返作业时间及列车交路与出入停车场时刻等。它能直观地显示列车在时间和空间上的关系，能直观地显示列车在各区间的运行及在各车站的停车或通过的状态。

（2）列车运行图是轨道交通运营的综合性计划。

城市轨道交通是由信号、车辆、通信、线路和机电等多个部门组成的技术密集型的交通系统，它要利用多种技术设备，要求多个部门和工种的协调配合才能完成运输任务。因此，城市轨道交通企业通过列车运行图将整个运输生产活动联系成一个统一的整体，把和列车运行相关的部门组织起来，在保证合理、安全运营的前提下，按照列车运行图的需要制订各自的生产计划，并按照一定的程序进行工作，共同保证列车安全、正点运营。例如，控制中心根据列车运行图指挥列车运行；车站根据列车运行图安排行车组织和客运组织工作；车辆维修部门每天运营前要整备好运营需求的列车；车辆运转部门要根据列车运行图的要求确定列车的派出时刻和乘务员的作息计划；工务、通信、信号、供电和机电等部门也要根据列车运行图的规定安排施工计划和维修计划。

（二）列车运行图图解

在列车运行图上，对列车运行时空过程的图解可以分为两种方式。一种是以横坐标表示时间，纵坐标表示距离，这时，运行图上的水平线表示车站的中心线，垂直线表示时间；水平线间的间隔表示车站间的距离，垂直线间的间隔表示时间的单位。另一种是以横坐标表示距离，纵坐标表示时间，这时，运行图上的水平线表示时间，垂直线表示车站的中心线；水平线间的间隔表示时间的单位，垂直线间的间隔表示车站间的距离。在我国，列车运行图的图解现采用第一种方式。如图 6.6 所示。

图 6.6 所示的列车运行图上有横线、竖线和斜线 3 种线条，它们的含义如下。

（1）横线：横线将纵轴按一定比率划分，代表车站的中心线。

（2）竖线：竖线将横轴按一定的时间单位进行等分，此处为 1 分格。

（3）斜线：斜线是列车运行的轨迹，代表列车运行线。一般以上斜线表示上行列车运行线，下斜线表示下行列车运行线。列车运行线与车站中心线的交点就是列车在车站的到达、出发和通过时刻。

（三）列车运行图的格式

根据竖线等分横轴的时间单位不同，列车运行图主要有以下 4 种格式。

（1）一分格运行图，横轴以 1 min 为单位进行等分。

（2）二分格运行图，横轴以 2 min 为单位进行等分。

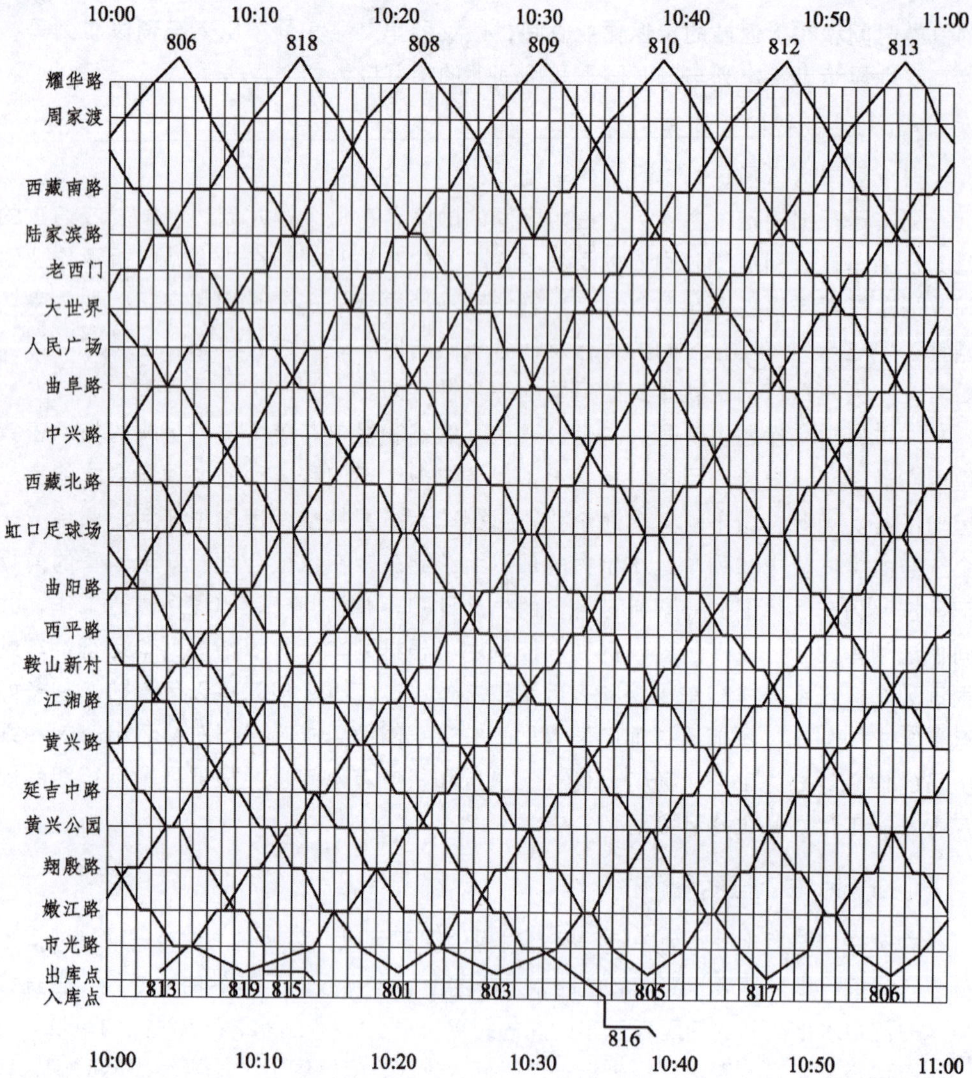

图 6.6　列车运行图

（3）十分格运行图，横轴以 10 min 为单位进行等分。十分格运行图是市郊铁路日常使用的列车运行格式。

（4）小时分格运行图：横轴以 1 h 为单位进行等分。小时分格运行图是编制旅客列车方案图、机车周转图或客车周转图时采用的格式。

我国地铁和轻轨常采用一分格运行图格式。

（四）列车运行图的分类

（1）按区间正线数目分：单线运行图和双线运行图。

（2）按列车间运行速度差异分：平行运行图和非平行运行图。

（3）按上下行方向的列车数分：成对运行图和不成对运行图。

（4）按同方向列车运行方式分：连发运行图和追踪运行图。

（5）按使用范围分：日常运行图、节假日运行图及其他特殊运行图（如分为冬季、夏季运行图，施工运行图等）。

城市轨道交通系统的列车运行图因为系统特征的原因，一般均为双线成对追踪平行运行图。

（五）列车运行图的要素

列车运行图包含的要素很多，下面主要介绍以下几种要素：区间运行时分、列车停站时分、列车折返时分和列车发车间隔时间。

1．区间运行时分

列车区间运行时分是指列车在相邻车站之间的正常运行时间标准，它是通过牵引计算和试验查定相结合的方法确定的。计算列车区间运行时分的基本参数包括区间距离（按车站中心线的距离确定）、运行速度、加减速度和线路的横纵断面条件。

2．列车停站时分

在车站上列车常常需要进行有关作业，列车在车站作业时所需要的最小停留时间即为列车停站时分。

城市轨道交通的列车在车站上的作业主要有客运作业和技术作业。其中，客运作业是指乘客上下车作业，技术作业是指设备接发列车作业和列车在车站的折返作业。影响列车停站时分的主要因素有车站上下车人数、平均上下一个乘客所需要的时间（和车门宽度、车厢内装修布置方式、站台高度、车站客运组织措施等有关）、开关门时间、车门和屏蔽门不同步的时间、确定车门关妥及信号显示时间等。

3．列车折返时分

列车折返时分是指列车到达终点站或折返站后转线运行所需的时间。有时列车折返能力直接决定一条线路的通过能力。列车折返时分的确定需要根据折返线设置的不同、折返方式的不同分别进行计算。目前，列车折返方式主要有站前折返和站后折返两种。

站前折返（见图 6.7）时上下客可以同时进行，站后折返（见图 6.8）则要求列车在一侧下客完毕后，列车进入折返线折返至另一侧后再进行上客作业。

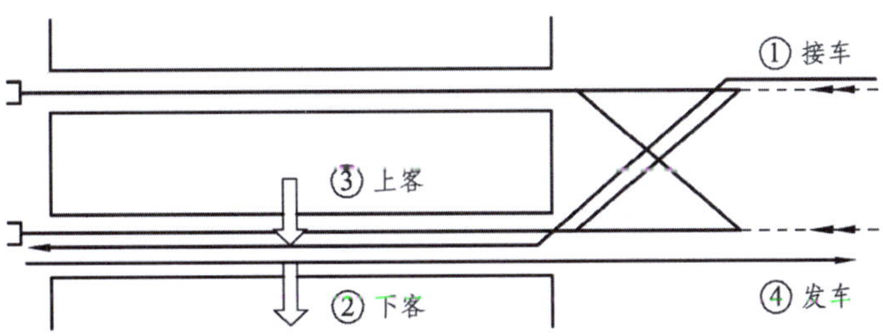

图 6.7　站前折返

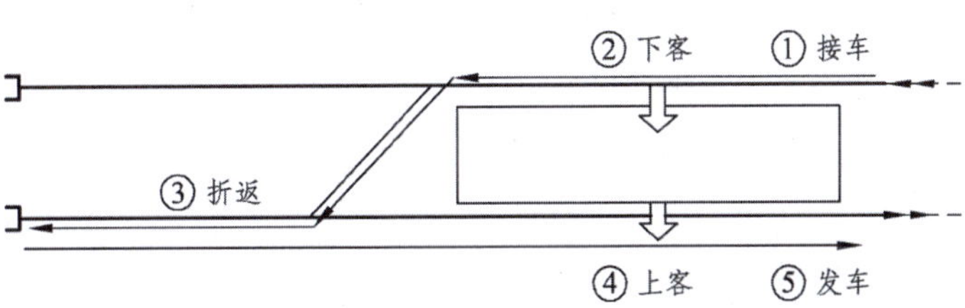

图 6.8　站后折返

4．列车发车间隔时间

列车发车间隔时间是指在自动闭塞条件下，前行列车与后行列车之间的时间间隔。列车发车间隔时间的长短和信号类型、列车性能、线路状况、行车组织等因素有关。随着列车运行控制技术的不断发展，实现更短的列车间隔的移动闭塞是城市轨道交通发展的趋势。

二、行车调度工作

（一）城市轨道交通调度机构

为了实现安全正点地行车，进行不间断的组织指挥和监督，城市轨道交通运营单位都会设置运营控制中心。运营控制中心是城市轨道交通系统运营日常管理、设备维修、行车组织的指挥中心，通常设置行车调度员、环控调度员、电力调度员和客运调度员等调度工种。各调度员就是在运营控制中心完成对列车运行、车站和设备运行情况的监视、控制、协调、指挥和调度，以保证各条线路的安全运营。调度机构设置如图 6.9 所示。

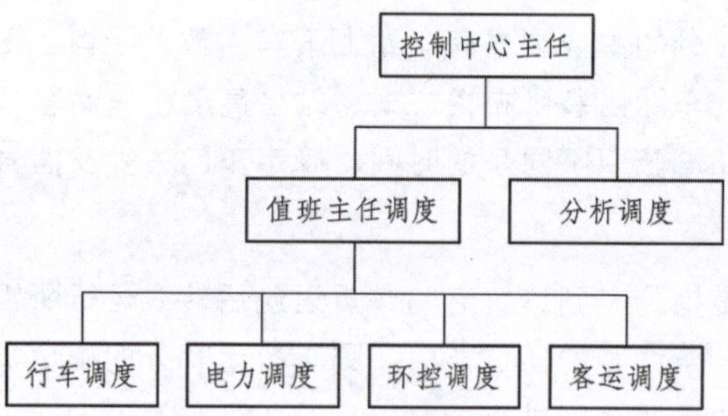

图 6.9　调度机构设置框图

1．控制中心主任

控制中心主任全面负责本线路的调度指挥工作。

2．值班主任调度

值班主任是调度班组工作的领导者。在值班中，值班主任接受控制中心主任的领导，负责统一指挥协调各种调度工种及车站、车辆段的相关人员的工作，并组织处理运营中出现的各种故障和事故。

3．行车调度

行车调度是一个调度区段行车工作的指挥者，负责监控列车的运行状况，掌握列车的运行、到发情况，发布调度命令，检查各站、段执行和完成行车计划的情况；在列车晚点或发生事故时，组织和指挥车站工作人员、列车乘务员及相关的各个部门及时采取相应措施，尽快恢复列车运行，减少运营损失。其行车组织指挥层次示意图如图 6.10 所示。

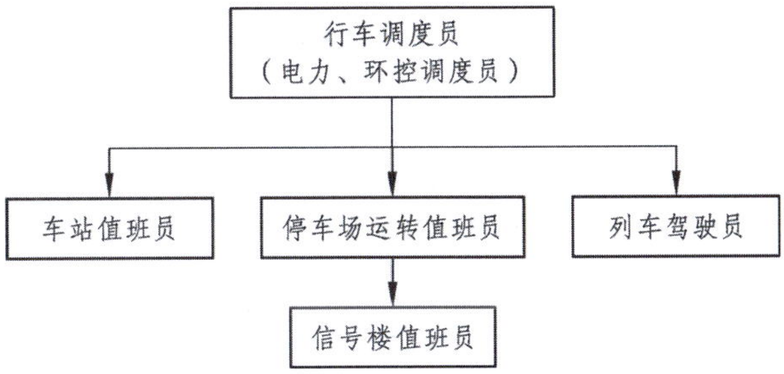

图 6.10　行车组织指挥层次示意图

4．电力调度

电力调度的职责主要是监控变电所、接触网及供电相关的各种设备，并及时采集各种数据，保证各个车站和列车供电的可靠性与安全性。

5．环控调度

环控调度的职责主要是监控通风、空调、给排水等和环境相关的各种设备，及时调节所管辖区段内的温度、湿度、空气流动速度和含尘量等各种参数，以保证候乘环境的质量，满足乘客的出行需求。

6．客运调度

客运调度负责监控全线各站的客流状况，根据行车调度的列车调整指令，向有关车站下达客流组织指令。例如，当行车调度下达列车越站指令时，客运调度就要通知相关车站进行车站广播，以免乘客误乘。尤其在发生非正常运营状况时，客运调度必须配合行车调度的调整计划，拟定相关的信息告知用语，通知相关车站，通过车站广播、车站乘客信息屏的发布、临时公告等方式告知乘客，以实现对车站客流的有序组织，保证对行车命令中需要乘客配合的部分能有效执行。

7．分析调度

分析调度是通过对日常运输工作进行综合分析，肯定成绩，总结和推广先进经验，及时反馈日常运输中存在的问题，查明原因，并提出相应的解决措施。因此分析调度不仅仅是对日常运输工作进行事后分析，而且要通过分析研究，预见运输工作发展的趋势和可能出现的问题，减少运营损失。

（二）正常情况下的行车调度工作

行车调度工作采用信号联锁、自动控制方式进行列车运行组织。行车调度员是列车运行的组织者和指挥者。一个运营周期内的行车调度工作主要包括运营前的准备工作、列车出场作业、监督列车运行作业及施工组织管理作业等环节。

1．运营前的准备工作

（1）确认线路出清：检查当天晚上的所有施工是否完毕及销点，确认线路出清。

（2）检查 ATS 系统状况：确认 ATS 系统符合运营要求。

（3）道岔测试：测试道岔使有关道岔处于正确位置并符合行车条件。

（4）确定车辆运营计划：根据运营计划，行车调度员与车辆段调度员共同确认当日车辆运营计划。

（5）确认各系统正常，人员到岗，运营有关的设备状况良好。

（6）核对时间：确认车站、控制中心、车辆段等地的时间一致。

2. 列车出场作业

列车按照车辆段调度员排列好的路径，凭信号及显示的绿灯由车辆段运行至出入段线，经行车调度员批准后进入正线运行。列车在出入段无码区按照 RM 模式（限制人工驾驶模式）限速运行，行车调度员给每趟列车设置车次号，列车运行接收到速度码后，以 ATO 模式投入正线运营。遇到特殊情况，列车可以凭行车调度员下达的命令投入运营。

3. 监督列车运行作业

列车进入正线后，行车调度员主要的工作就是时刻关注列车运行动态，利用调度指挥设备，组织列车按照运行图安全、准点地运行，尽量均衡在线列车的运行间隔。

4. 施工组织管理作业

运营结束后，行车调度员按要求组织列车回车辆段，根据施工计划向车辆段、车站发布书面调度命令，组织工程车/调试列车从车辆段进入正线。施工前的准备工作妥当后，相关的施工队则可以开始请点。施工结束后，各施工队销点，完成施工统计，并开始做运营前的检查工作。

（三）特殊情况下的行车调度工作

在城市轨道交通运营过程中，特殊情况下需要调度员调整列车运营方式的情况较为常见。例如，发生列车故障、信号系统故障、区间进人、道床伤亡等故障时，行车调度员要从安全、高效、尽量减小对客运服务影响等方面综合考虑，将故障影响降到最低。

1. 列车调整

列车运行调整时，有自动列车运行调整和人工列车运行调整两种方式。

当 ATS 设置为自动列车运行调整模式时，系统使用时刻表对早点或晚点时间在一定范围内的图定列车自动进行列车运行调整。

当列车早点或晚点幅度大时，行车调度员可以通过人工调整列车停站时间的方式来调整列车的运行，通过组织好乘客上下车以压缩列车停站时间、折返站加快客运作业以压缩折返时间。列车调整方式主要有变更运行交路、停运加开列车、备车加开等。

2. 信号系统故障

正常情况下，列车由 ATS 子系统完成列车运行的控制任务，行车调度员只需要监督即可，列车根据 ATP 子系统提供的信息，由 ATO 子系统自动驾驶运行。当信号发生故障时，改为人工控制方式来组织列车运行。例如，采用电话闭塞法行车，车站值班员通过发出电话记录号码确认区间空闲来办理闭塞的方法，车站通过手摇道岔方式转换道岔位置。

3．区间进人

列车在区间运行，司机若发现区间有不明身份人员进入时，应立即报告行车调度员，行车调度员通知后续列车在该区间减速运行，查找可疑人员。

4．道床伤亡

列车在运行时若发生人员伤亡应及时封锁事故区段，阻止后续列车进入该区段，并及时确认事故列车位置及人员伤亡情况，车站值班站长立即负责组织人员保护现场，将伤亡人员抬离运行线，尽快使列车恢复运行。

三、车站行车作业组织

车站是城市轨道交通运营的重要组成单位，在行车运营过程中，可供列车到发、通过，某些车站还具有折返、检修和临时待避的功能。车站的行车作业主要包括接发列车作业和列车折返作业。接发列车作业的主要内容是办理闭塞、准备进路和接送列车。车站列车折返作业的主要内容是清客和办理列车折返进路。

（一）信号系统正常时的行车组织

信号系统在正常情况下，由运行控制中心行车调度员集中控制，车站值班员负责现场设备的监管和乘客的引导工作，确保行车的安全和正点。在站台发生事件时（如屏蔽门故障、乘客晕倒等），第一时间处理，尽可能减少因事件而产生的延误。

（二）信号故障时的行车组织

在 ATC 系统中，设置在站控室的现场控制工作站，在车站接收信号控制权后，可以实现信号系统的本地控制。正常情况下，信号系统由控制中心的中央 ATS 系统控制行车，在信号故障的情况下，经过行车调度员授权，可以将控制权转移到车站进行控制。如果信号系统无法正常显示，经过行调授权，还可以实行电话闭塞行车法，由车站值班站长负责所辖区域内的行车控制。

四、车辆段行车作业组织

城市轨道交通车辆段担负着一条或几条线路车辆的停放、检查、维修、清洁和整备任务。车辆段还负责乘务人员的组织管理、出乘、换班等业务工作，并配有乘务值班室等设施。车辆段内根据检修作业范围可分为架修库和检修库。独立设置的停车场功能较车辆段简单，一般具备列车停放、日常检修等功能。车辆段具备停车、检修、洗车的功能，并配置了一定的管理用房。

车辆段行车作业一般分为列车出入段作业和车辆段内调车作业。

（一）列车出入段作业

地铁运营生产主要在正线进行，列车的存放和检修在车辆段内进行，正线和出入段线由行车调度员统一指挥管辖，车辆段属于运营前准备场所，由车辆段调度员统一指挥管辖。司机到达列车，先进行车辆检查，检查结束后，按照指令组织列车出入段。

（二）车辆段内调车作业

车辆段内调车作业由车辆段信号楼指挥完成调车。调车作业的种类主要有以下 3 种。

1. 列车解体和编组

列车需要大修作业时进行的解体和编组作业。

2. 取送物资所需的调车作业

车辆段内需要取送运营所需的物资或设备时，可以通过取送车进行段内调车作业送达。

3. 转线作业

车辆段内的线路主要包括停车线、检修线、洗车线等。当列车需要进行相应的作业时，产生转线的需要，在信号楼的指挥下，司机完成所需的转线作业。

任务小结

本任务介绍了列车运行图的定义与作用、行车调度工作、车站和车辆段的行车组织，讲述了运行图的格式、列车运行图上各线条的含义、要素等。通过本任务的学习，学生能了解列车运行图的定义、行车调度工作的环节、车站和车辆段的作业组织，熟悉列车运行图上各线条的含义，熟悉运行图的格式和包含的主要要素。

课后习题

一、填空题

1. 列车运行图是____的图解。

2. 在我国，列车运行图的图解通常以横坐标表示____________，纵坐标表示_______。

3. 在我国，列车运行图的横轴代表_______________。

4. 运行图上的斜线代表列车运行线。一般以___________表示上行列车运行线，______________表示下行列车运行线。列车运行线与车站中心线的交点就是________________________。

5. 城市轨道交通系统的列车运行图因为系统特征的原因，一般均为________平行运行图。

6. 列车运行图按区间正线数目不同分为______运行图和________运行图。

7. 列车运行图按列车间运行速度差异分为_______运行图和_______运行图。

8. 列车运行图按上下行方向的列车数分为_______运行图和_______运行图。

9. 车站的行车作业主要包括____________作业和____________作业。
10. 信号系统正常情况下，由____________________集中控制。
11. 车辆段行车作业一般分为____________作业和__________________作业。
12. 车辆段内调车作业由____________________指挥完成调车。

二、简答题

1. 列车运行图的作用有哪些?
2. 列车运行图主要有哪些格式?
3. 列车运行图的主要要素有哪些?
4. 正常情况下，一个运营周期内的行车调度工作主要包括哪些?

任务三 了解车站客运组织

任务目标

1. 知识目标

（1）了解车站区域的划分。
（2）了解车站客运服务的内容与技巧。
（3）了解车站客流组织。
（4）了解车站票务组织的相关内容。

2. 能力目标

（1）会用专业知识，通过专业书籍、多媒体课件和图片资料获得帮助信息。
（2）会口头表达本次任务的知识要点及学习成果。

3. 素质目标

（1）具有良好的职业意识。
（2）能自主学习新知识、新技能。
（3）具有高度的职业责任心和正确的学习态度。
（4）具有团队协作能力和吃苦耐劳的精神。

案例导入

某地铁值班站长的一天

（1）8 时 00 分，进行交接班作业，组织召开接班会，向当班员工布置工作。

（2）8 时 30 分，检查车站各类台账、表格，对保洁卫生完成情况及质量进行检查。

（3）9 时 00 分，值班站长与客运值班员进行清点和补币工作。

（4）10 时 00 分，巡视各岗位作业情况，巡视各出入口、站厅、站台消防情况，做好记录。

（5）10 时 20 分，填写班中台账，查阅近期文件及会议精神，做好来文登记。

（6）11 时 00 分，检查客服中心工作情况及处理站厅的乘客事务。

（7）11 时 30 分，安排当班员工用餐。

（8）13 时 00 分，到票务室检查客服中心岗结账及客值配票情况，对当班票务岗位做一次封窗查账和票务事务的审核。

（9）14 时 00 分，检查客服中心交接情况。

（10）15 时 00 分，检查客服中心工作情况，处理站厅乘客事务及客流组织。

（11）16 时 00 分，处理新下发的文件，进行车站巡视。

（12）22 时 00 分，与夜班客值更换 TVM 的钱箱并清点，共同清点补币备用金，准备下班。

知识链接

城市轨道交通主要是通过合理的客运组织来完成大量的客运任务。客运组织通过合理布置客运有关设施设备，以及对客流采取有效的分流或引导措施来组织客流运送工作，同时在乘客完成整个乘车的过程中，为乘客提供优质的服务。

一、车站区域的划分

城市轨道交通客流的集散地一般由出入口及通道、站厅层、站台层、设备用房、管理用房等几部分构成，其中站厅层又分为付费区和非付费区。但有些简易车站无站厅层。

（一）车站出入口及通道

地铁出入口一般设有开关站、首末班车时间表、导向标识、电扶梯、楼梯等设备，是乘客进站的大门。

（二）站厅

1．站厅非付费区

站厅非付费区即闸机与护栏围壁以外的区域，乘客通过检票闸机（如图 6.11）进出付费区。站厅非付费区一般设有自动售票机、自动检票机、自动验票机和客服中心等设施，供乘客购票、充值、查询及咨询各类信息。

图 6.11　检票闸机

2．站厅付费区

站厅付费区即闸机与护栏围壁以内的区域，这里一般设有电扶梯、垂直电梯、导向等设备。

（二）站台

站台即乘客乘车层，一般设有候车椅、导向子系统（PIS）、屏蔽门、男/女洗手间、无障碍洗手间等客运服务设备，如图 6.12 所示。

图 6.12　站台

二、客运服务

城市轨道交通服务既是一个城市文明的窗口，也是反映城市轨道交通运营管理水平的重要标志之一。对一个城市轨道交通运营公司来说，客运服务能直接反映企业的口碑，优质、高效、满意的服务可以吸引越来越多的乘客，提高城市轨道交通在市场中的竞争力。

（一）客运服务的内容

城市轨道交通提供的产品是为乘客运输服务，即将乘客从出发站输送到目的站的过程。城市轨道交通服务主要体现在乘客整个乘车活动的每个环节（包括进站、购票、候车、换乘、出站等）的人性化服务。

1．引导服务

车站应在出入口、自助购票机、闸机、站台等明显区域设置导向标识以引导乘客顺利进出站，或者在特定的客流密集区安排人员引导乘客。例如，在站外设置站外导向标识，在出入口设置进出站标识，在自助购票机处设置购票操作指引等。出站导向标识如图 6.13 所示。

图 6.13　出站导向标识

2．问讯服务

乘客在进站乘车的过程中，会产生问讯的需求，一般包括票务信息查询、乘车路线查询、周边建筑位置查询等内容。车站提供的问讯服务分为有人式问询服务和无人式查询服务两类。车站工作人员应积极向乘客提供问讯服务，另外随着信息化时代的发展，车站的问讯服务向自助式服务方向发展。例如，通过采用自动查询机，可供乘客查询票价及各类票卡的金额等。

3．售检票服务

目前，我国城市轨道交通售检票服务的主要形式是以自动售检票为主，人工售检票为辅。采用自动售检票系统替代人工售检票，可提供更为准确的售检票服务，提高服务效率和水平，减少因差错而导致的票款损失。乘客自助购票的场景如图 6.14 所示。

图 6.14　自助购票

4．组织乘降

在运营期间，站台应配置人员维持站台乘车秩序，确保乘降安全有序。站台设有明显的候车安全线，车站工作人员提示乘客站在候车安全线内候车，提示乘客在列车进站未停稳、车门未完全打开之前不要越过安全线，以防发生意外。在乘降过程中，组织乘客先下后上，在指定时间内完成乘降作业，同时留意屏蔽门和车门等的设备状态，在突发情况下第一时间进行处理。组织乘客乘降的场景如图 6.15 所示。

图 6.15　组织乘客乘降

（二）客运服务的技巧

城市轨道交通客运服务质量的保证对运营来说至关重要，而车站又是服务的重要窗口。因此，车站工作人员需掌握一定的服务技巧，为乘客提供优质的服务。

1. 票务服务技巧

处理票务事务应遵循“一分析”“二解释”“三处理”的原则。出售票卡应遵循“一收”“二验”“三售找”“四清”的原则。收取票款验明真伪后将票卡找零一并交给乘客，待乘客离开窗口后将票款清理放入抽屉。

2. 问讯服务技巧

问讯服务人员应遵循“一问”“二听”“三答”的原则询问乘客需求，耐心倾听乘客需求，耐心解答。

3. 便民服务技巧

车站要主动发现乘客需求，遵循“一观”“二问”“三帮”的原则，观察乘客需求，主动询问并提供帮助。引导乘客的场景如图 6.16 所示。

图 6.16　引导乘客出站

三、客流组织

（一）日常客流组织

为了科学地组织好地铁车站的客流，车站会定期根据日常客流统计以及客流增长速度，预测未来的客流，预先做好客流组织方案，指导车站的客流组织工作。一般情况下，客流预案的修改时间为半年。如果车站周边建筑、活动对车站客流有较大影响，车站需根据实际情况，实时调整客流预案。日常客流组织的方式主要有车站售检票位置设置、售检票设备开关、车站导向标识设置、售检票设备数量的配置、用于引导和控制的工作人员配备、摆放铁马、调整自动扶梯方向等。进行日常客流组织时，应特别考虑以下几个原则：

（1）合理安排售检票位置、出入口、楼梯，行人流动路线应简单明确，尽量减少客流交叉对流。

（2）保证城市轨道交通与其他交通工具换乘的便利性。人流与车流行驶路线分开，以保证行人的安全和车辆驾驶不受干扰。

（3）完善乘客导向系统，快速分流，使客流聚集和过分拥挤现象较少出现。

（4）满足乘客换乘的便利性、安全性和舒适性等基本要求。例如，适宜的换乘步行距离、换乘等候时间、无障碍通道设计、应急系统等。

（二）大客流组织

1．大客流的定义

大客流是指在某一集中时段，集中到达的客流量超过车站正常客运设施或客运组织措施所能承担的流量时的客流。

2．大客流的分类

根据大客流产生的影响和后果不同，可分为一级大客流和二级大客流。

一级大客流的判定标准：各车站根据本站的正常乘客数量进行比较，站台聚集人数达到或大于站台有效区域的80%，并且持续时间大于实际行车时间间隔。这种情况会给乘客及轨道交通运营安全造成影响，存在明显的安全隐患。

二级大客流判定标准：各车站根据本站的正常乘客数量进行比较，站台聚集人数达到站台有效区域的70%，并有持续不断上升的趋势。这种情况下，乘客的正常出行和轨道交通所提供的服务水平受到一定程度的影响，车站比较拥挤，乘客感觉比较压抑，但尚未对乘客及轨道交通运营安全造成影响。

3．大客流产生的原因

（1）早晚高峰时段、节假日、重大活动期间的爆发性客流超出车站承载能力。

（2）换乘客流在车站换乘通道交汇对冲。

（3）遇到自然灾害、突发性运营故障、火灾、治安案（事）件、恐怖袭击等情况，造成车站乘客滞留拥挤等。

4．大客流的组织原则

车站大客流组织的基本原则如下：

（1）地铁运行控制中心（OCC）负责地铁线路的客流组织工作，车站客流组织由值班站长负责。

（2）在大客流情况下，车站应采取有效的措施对车站的人流进行控制。客流控制应遵循由内至外，由下至上的原则。

（3）当站台乘客数量大于站台容积能力时，必须对进入闸机控制点的客流进行控制，控制乘客前往站台的数量。

（4）当站台乘客数量大于站台容积能力、站厅乘客数量大于站厅容纳数量时，就必须对出入口控制点进行控制，临时限制进站客流。

5．大客流的组织措施

（1）增加列车运能。

可以根据预测客流量，提前编制针对大客流的特殊情况下的列车运行图，保证运能。一般可根据大客流的方向，在大客流发生时，利用就近的折返线、存车线增开临时列车，个别区段增开短交路列车等，从而保证最大限度地把乘客送出。

（2）增加售、检票能力。

售、检票能力不足是大客流疏散的主要障碍，因此车站在设置售、检票位置时，应考虑提供疏散大客流的通道。在进行大客流疏散时，可事先做好票务服务及相关服务设备设施的准备工作。例如，确保售检票设备能正常使用、车站有足够的车票和零钞、临时售票亭准备妥当、临时导向标识和人员准备到位等。

（3）合理疏散和限制客流。

一般情况下，需要车站疏导的客流主要为进站大客流和换乘大客流。车站进行大客流组织时应有序组织乘客进站、加快出站速度、合理引导换乘客流，视客流情况采取合理的限流、疏散措施。可以通过调整售检票能力、改变扶梯运行方向、调整闸机的进出方向、设置隔离栏限流等措施进行客流控制。

四、票务组织

城市轨道交通票务组织是轨道交通运营方为有效进行票务收入管理，合理配置运营设备、运营模式资源而建立的一套满足城市轨道交通票务管理需求的系统组织。城市轨道交通票务组织主要是制定票价等运营策略，对车票制作、车票出售、检票和补票服务进行有效监督和管理。城市轨道交通票务组织系统是城市轨道交通票务收入和结算的基础，只有通过安全、可靠和完备的自动售检票系统，才能有效实施票务的结算和清分。

（一）票务安全

票务收益是城市轨道交通的主要收入来源，而且票务收益接触人群较广（包括乘客和员工），因此票务安全管理尤为重要。城市轨道交通必须建立相应制度，加强票务安全管理。

1．提高票务用房安全等级

票务用房一般包括票务室、客服中心、AFC设备机房等。一般情况下，只有正在当值票务工作的员工，在工作需要的情况下才可以进入票务用房，其他人员必须得到值班站长的授权，并在专人陪同下才能进入。

票务用房一般装有保安门禁系统与闭路电视监控系统。每次进出都需使用门禁卡方可开启房门，且门禁系统每次进出房门都有进出记录。AFC票务室内的保险柜需要用钥匙和密码才可以开启。

2．加强对车站现金、票卡的安全管理

（1）监督确认。

设备盘点和票款清点工作必须双岗作业，共同监督和确认。双岗收取票款如图6.17所示。

图 6.17　双岗收取票款

（2）确认身份。现金押运人员每日到车站收取票款，在交接票款前，车站工作人员需确认现金押运人员的身份。

（3）加强监控。

保险柜的钥匙由客运值班员保管，收取票款的过程由闭路电视全程监控。

（4）及时上缴。

车站内在每班开始前对所有的车票、卡都要进行核数确认，对于已损坏车票及一卡通要定点存放、定时上缴。

3．及时求助，启动报警装置

车站工作人员在执行票务工作的时候，如果遇到威胁，工作人员应保持冷静，观察环境，及时求助，在保证自身安全的前提下，启动AFC设备配备的有关报警器，其他员工收到报警后，立即采取行动支援。

（二）票务服务

票务收入是城市轨道交通运营的主要收入，票务管理工作包括制订票价、确定票制及票务日常管理。

1．票　制

（1）单一票制。全线网按统一票价核收，称为单一票制。

（2）计程票制。计程票制指按乘客乘坐距离的长短计算票价的制度。

（3）计时票制。计时票制指按照乘客在轨道交通停留的时间计费的票制。

（4）综合票制。综合考虑乘客运距、乘客占用收费区（刷卡进入的区域，包括站厅层和站台层）时间、乘坐时间段（如节假日与工作日、高峰与低谷等）等因素核算票价。

2．车票种类

（1）按制作材料和工艺分类。

按制作材料分，车票可分为纸质车票、磁卡车票和智能卡车票 3 种。其中，磁卡车票可分为单程磁卡和储值磁卡；智能卡车票可分为接触式 IC 卡和非接触式 IC 卡。我国城市轨道交通大多采用智能卡车票。

（2）按车票内容分类。

按内容不同，车票可分为单程票、储值票、纪念票、日票、次票、团体票、儿童票等，如图 6.18 所示。

（a）　　　　（b）

图 6.18　车票

3．票务处理

（1）车票超程。

车票超程是指乘客在付费区所持车票余额不足以支付其起点站到终点站的单程车费。处理超程单程票时，售票员应收取所欠票款后更新车票，乘客持原票出站。

（2）车票超时。

车票超时是指乘客持票卡进入付费区后，在付费区逗留时间超过系统规定时间即为超时。处理超时单程票时，售票员应在收取超时费后更新车票，乘客持原票出站。

（3）车票无效。

车票无效是指车票在使用时因为人为或者设备原因导致车票无法进、出闸机，且无法通过窗口制票机（BOM）进行更新。对于乘客在付费区损坏的无效车票，售票员将废票回收，补收票款后乘客凭售票员发售的有效车票出站；对于乘客在付费区产生的由于轨道交通设备原因产生的废票，售票员回收废票后发售免费出站票供乘客出站。对于非付费区的无效车票，若是人为损坏的则回收车票，请乘客重新购票；若是设备发售的无效车票，则在 BOM 上免费发售给乘客等值单程票。

任务小结

本任务介绍了车站区域的划分、车站客运服务的内容与技巧、车站客流组织、车站票务组织的相关内容。通过本任务的学习，学生需了解车站区域的划分，特别是站厅付费区与非付费区的范围，熟悉车站客运服务的内容与技巧，了解日常客流组织的方式和票务服务的相关内容。

课后习题

一、填空题

1. 站厅非付费区即闸机与护栏围壁__________的区域。
2. 站厅付费区即闸机与护栏围壁_________的区域
3. 票务用房一般包括票务室、客服中心、__________等。
4. 票务管理工作包括________、确定票制及票务日常管理。
5. 按制作材料分，车票可分为________、磁卡车票和智能卡车票 3 种。
6. 磁卡车票可分为单程磁卡和________。
7. 智能卡车票又分为________和非接触式 IC 卡。
8. 按票制的不同，车票可分为单一票制、计程票制、________和综合票制。

二、简答题

1. 城市轨道交通客运服务的内容主要表现在哪几方面?
2. 什么叫大客流? 根据产生的影响和后果分哪些级别?
3. 大客流产生的原因主要有哪三种?

拓展知识

调度命令

调度命令是行调在调度指挥工作中对行车有关人员发出的要求其配合完成某些行动的指令。

一、命令形式

调度命令有口头命令、书面命令两种。

（1）口头命令：为单个受令对象（列车司机）直接发布的短期性命令。

（2）书面命令：一般至少有两个受令对象，有时还需要送达司机。较长时间影响行车的命令一般为书面命令。

不管口头命令还是书面命令，都必须记录到台账上。

二、调度命令发布场景

（1）列车切除 ATP，切关门旁路，洗车模式动车（口头）。

（2）列车反方向运行（口头）。

（3）变更行车闭塞法（书面）。

（4）封闭/开通区间（书面）封锁/开通区间。

（5）列车清客（口头）。

（6）列车救援（3 个口头）。

（7）区间限速（视情况而定）。

（8）区间下人（口头）。

（9）载客通过（口头），载客通过不允许连续跳停超过三站。

（10）开行工程列车，调试列车（书面）。

（11）列车以 RMO（RMF）/CLOSE IN 方式越过红灯（口头）。

（12）行车调度员认为有必要的其他情况。

三、发布调度命令的一般情况

（1）调度命令应由当班行车调度员发布，发布前应详细了解现场情况，听取有关人员意见，命令内容应一事一令，先拟后发。书面调度命令必须由负责监护的调度员批阅后方可发布，发布口头命令可不签阅，发令时应用语规范、口齿清晰、语速中等。

（2）所有命令必须有命令号，书面命令每月由 1～100 顺序循环使用，口头命令每天由 101～200 顺序循环使用。抢修命令格式：“线路号 + 命令号”，线路号“1”开始至“99”；命令号由“01”开始至“99”循环使用，每一个循环期间不得漏号、跳号及重号。

① 受令处所若为沿线各车站及运转，根据标准填记车站全称。

② 发令人、受令人、复诵人、复核人必须填记全名。

③ 发令日期、发令时间按实际发令日期、发令时间填写。

在日常运行过程中，若无法及时将书面命令传递给司机，则应适时完成命令的补交手续。当调度命令发布后，需要更改时，必须取消原有命令，重新发布新的调度命令，不得在原有命令基础上进行补充说明。

项目七　城市轨道交通环境控制与安全管理

任务一　了解环控系统与给排水系统

任务目标

1. 知识目标

（1）了解地铁与轻轨的环境特点及环控系统应满足的要求。

（2）了解环控系统的分类与组成。

（3）了解给排水系统的组成及功能。

2. 能力目标

（1）会用专业知识，通过专业书籍、多媒体课件和图片资料获得帮助信息。

（2）会口头表达本次任务的知识要点及学习成果。

3. 素质目标

（1）具有良好的职业意识。

（2）能自主学习新知识、新技能。

（3）具有高度的职业责任心和正确的学习态度。

（4）具有较强信息搜集能力，会查找环控系统的新知识和新的发展动向。

（5）具有团队协作能力和吃苦耐劳的精神。

案例导入

上海地铁环境控制系统简介

上海地铁环境控制系统由以下几个分系统构成。

1. 车站站厅、站台环境系统

按设置站台屏蔽门系统设计，空调负荷只按站台、站厅乘客的散热量、动力设备及照明的发热量和新鲜空气进车站的热量计算。在车站内设置各类风机、风道和空调制冷系统设备（冷水机组、冷冻泵和冷却塔等）。夏季采用空调运行方式，启动通风和空调制冷系统，给站台、站厅和有关设备用房送冷风。其他季节采用全新风运行方式，仅由全新风机和送风机将室外新鲜空气送至站厅、站台和设备用房，通过回/排风机将废气排至地面。

2．车站设备管理用房空调通风系统

车站设备管理用房有大量机电设备，部分房间内有值班操作管理人员，为保证设备正常运行和为管理人员提供一个良好的工作环境，需设置空调通风设备。部分管理用房内，选用立柜式分体空调，对管理人员短时逗留的区域仅设通风系统。

3．区间隧道活塞通风和机械通风系统以及站台下排热系统

列车在隧道内正常运行时散发的热量利用列车行进中的活塞风经风井排至地面。列车停靠在车站时，列车制动和空调冷凝器的发热量由站台下的排热系统经风井排至地面。夜间列车停止运行时，使用车站端头井内事故风机（兼作冷却通风机）通风，将隧道内余热排至地面。

4．事故通风及排烟系统

当列车因事故停留在隧道内时，为使列车空调机正常运行，由列车后方站事故风机向隧道内送入新风，并由前方站事故风机将隧道内空气排出地面，气流方向与列车前进方向一致。当列车在隧道内发生火灾时，在控制中心确认后，根据列车在隧道内的位置，决定通风方向。由隧道一端事故风机向隧道内送风，另一端事故风机将烟雾经风井排出地面。一般情况下，乘客疏散方向与气流方向相反，从而使乘客疏散区处于新风区。

知识链接

一、环控系统概述

（一）地铁与轻轨环境的特点

（1）由于地铁与轻轨的车站和区间隧道除出入口（地面线和高架线除外）等极少部位与外界相连通外，其余部位基本上与外界隔绝，所以只有通过人工气候环境才能满足乘客的要求。

（2）列车各种设备的运行和乘客自身都将释放出大量的热量，若不及时排除，将使车站和区间隧道的温度上升，乘客在此环境中将难以忍受。

（3）地铁与轻轨隧道是狭长的地下建筑物，列车及各种设备的运行产生的噪声不易消除，对乘客的影响较大。

（4）地铁与轻轨列车在区间隧道运行时产生“活塞效应”，若不能合理应用，会干扰车站的气流组织，使乘客感到不舒适，并影响车站的负荷。

（5）地铁与轻轨车站和区间隧道需要不分昼夜地照明，因此车站和车厢的亮度、色调、装饰和布置都会成为影响乘客心理的重要因素。

（6）当发生事故，尤其是发生火灾事故时，将导致环境恶化，不易救援，要采取有效措施。

由此可见，要建立一个能满足乘客、工作人员生理上和心理上要求的人工环境，是一项复杂的系统工程，它包括环境中空气的温度、湿度、空气流动速度、空气质量和环境照度、色调、装饰、布置以及噪声控制、安全措施等因素。

（二）环控系统应满足的要求

城市轨道交通环控系统也称为通风空调系统，它采用人工的方法，创造和维持满足一定要求的空气环境。其好坏直接影响乘客和工作人员的舒适性。乘客和工作人员舒适性的影响因素包括湿度、温度、空气流动、噪声、灰尘和气味等。城市轨道交通环控系统应满足以下要求。

（1）列车正常运行时，环控系统能调节车站站厅、站台、隧道设备及管理用房等的温度、湿度和空气质量，并对新风和回风中的粉尘、有害物质及人员呼出的二氧化碳进行过滤和处理。

（2）发生特殊情况时，环控系统能排烟和排热。

当发生火灾、生化、毒气等危害时，环控系统能根据预定的方案启动，进行排烟、送风等作业，以保证乘客的安全。例如，列车阻塞在区间隧道内，当列车采用空调时应向区间隧道提供一定的送、排风量，并将列车的热量带出区间隧道。列车在区间隧道或车站内发生火灾时，环控系统应能有效地排烟，并向乘客和消防人员提供必要的新风量，形成一定的迎面风速，让乘客安全撤离。

（三）环控系统的分类

环控系统按通风形式不同可分为开式环控系统、闭式环控系统和屏蔽门式环控系统。

1．开式环控系统

开式环控系统是应用机械通风或活塞效应将空气由隧道中间通风井引入隧道内，通过邻近车站打开的排风减压井排出。车站通过站台底部、隧道顶排风系统排风，这样可将干燥的冷空气送到站台和集散厅来完成空气的调节，达到冷却站台和隧道的目的。通过风井、管道等设备可使轨道内部与外界交换空气，利用外界空气可冷却车站和隧道。例如，北京地铁1号线采用开式环控系统，如图7.1所示。

图7.1　北京地铁1号线开式环控系统站台

2．闭式环控系统

闭式环控系统不引入外界空气，而是在站内采用空调系统。隧道风井中装设有具有关闭功能的阀门，在需采用空调的季节，阀门关闭，隧道不通风，系统内部基本上与外界大气隔断，仅供给满足乘客所需的新鲜空气量；在非空调季节，阀门打开，环控系统为开式系统。车站内采用空调系统，并利用站台排风系统使车站空气再循环后进入到车站空调系统中，这样能使进入系统的热、湿室外空气减至最少以达到降低车站空调负荷的目的。区间隧道的冷却是借助列车运行的“活塞效应”携带一部分车站空调冷风来实现的。闭式环控系统的特点是舒适性好，但费用较高。

3．屏蔽门式环控系统

屏蔽门式环控系统是指在车站站台和行车隧道之间安装一道带门的透明屏障，将站台与隧道隔开，车站内安装空调系统，隧道用通风系统（机械通风和活塞通风），这样就把正常从轨道进入公共区的热量大部分都隔绝了，站台的空调负荷减小了很多。站台底部排风系统通过隧道风井抽进新鲜室外空气来实现列车通道的通风，并且通过列车的活塞作用引起隧道空气与由站台底部排风系统吸进的室外空气进行交换，以实现隧道的冷却。屏蔽门系统的安全性、舒适性均较好，能有效防止隧道跌落事故的发生，并降低车站由于列车运行所带来的粉尘和噪声，但会增加城市轨道交通造价及后期维护保养成本。

（四）环控系统的组成

环控系统包括风系统和空调水系统。

1．风系统

风系统指空调、通风系统，它包括空调机、风机、风阀与风管路（风道）设备，可分为隧道通风系统、空调大系统和空调小系统。

（1）隧道通风系统。

它可以分为区间隧道机械通风（兼排烟）系统和车站隧道通风系统两部分。区间隧道机械通风系统的主要设备有隧道风机、推力风机、射流风机及相关的风阀；车站隧道通风系统的主要设备为轨道排风机、电动风阀和防火阀。活塞风是列车在隧道内运行过程中的强迫气流所形成的阵风，通过隧道和隧道活塞风道进出。隧道风机如图 7.2 所示，风阀如图 7.3 所示。

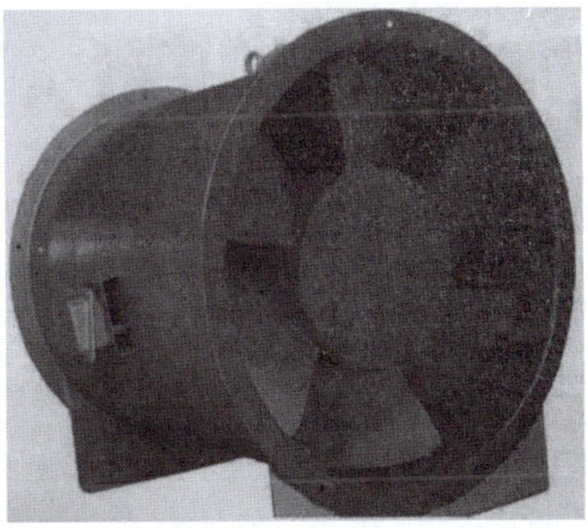

图 7.2　隧道风机

图 7.3　风阀

（2）空调大系统。

它是指车站站厅、站台公共区的制冷空调及通风（兼排烟）系统，简称大系统。大系统由组合空调机组（见图 7.4）、回排风机（见图 7.5）、新风机、排烟风机、各种风阀及防火阀等组成。

图 7.4　组合空调机组

图 7.5　回排风机

（3）空调小系统。

它是指车站管理及设备用房空调通风（兼排烟）系统，简称小系统。小系统由小空调机、排风/排烟风机（见图 7.6）、风阀、防火阀（见图 7.7）等组成。

图 7.6　小系统排风/排烟风机

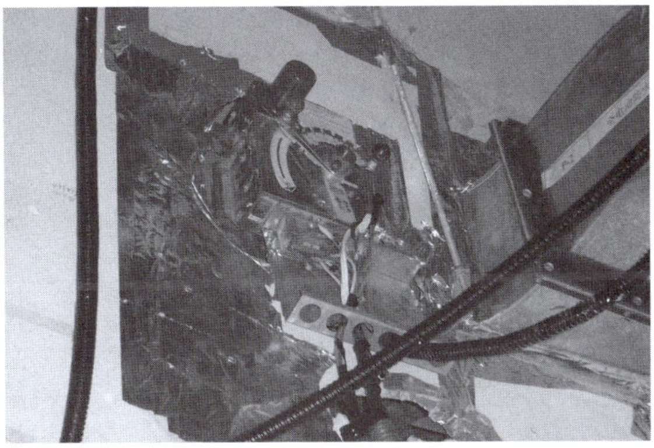

图 7.7　防火阀

2．空调水系统

空调水系统是指各车站为供给其大、小系统空调用水所设置的制冷系统，它由组合式空调机组、冷冻水泵/冷却水泵（见图 7.8）、冷却机组（见图 7.9）、集水器、分水器、冷却塔（见图 7.10）、风机盘管（见图 7.11）、水阀与管路等设备组成空调水系统示意图如图 7.12 所示。

图 7.8　冷冻、冷却水泵

图 7.9　冷却机组

图 7.10　冷却塔

图 7.11　风机盘管

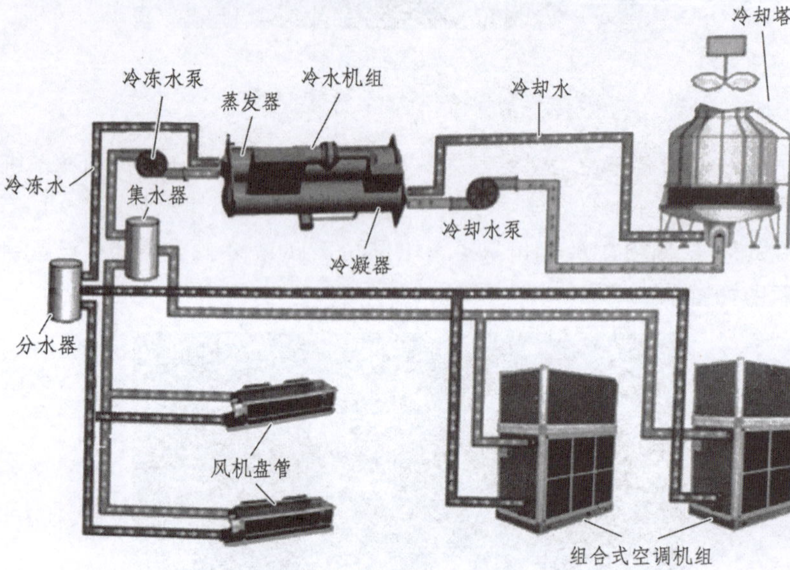

图 7.12　空调水系统示意图

二、给排水系统

（一）给水系统的组成及功能

城市轨道交通供水水源为城市自来水，车站生活生产给水系统主要由水源、蓄水池、水泵、水塔、管道、阀门、气压罐、水龙头等设备或构筑物组成。主要用来保障生产、生活用水，对水量、水质和水压有一定的要求。根据设计工艺不同，可采用水泵-水塔联合供水与变频变量恒压供水等工艺。水泵水塔联合供水方式是城市自来水进入水池后，经水泵提升至水塔，由水塔向车站的室外给水管网供水，室内各用水点从室外环状管网引入。水泵-水塔联合供水的主要工艺流程如图 7.13 所示。

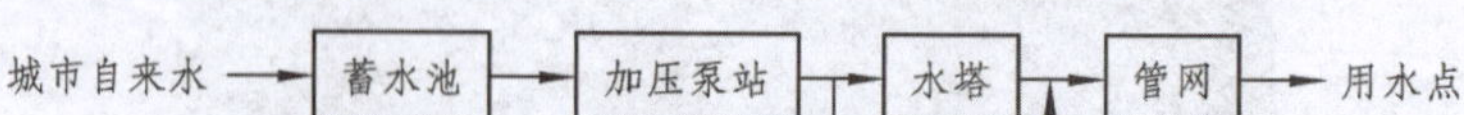

图 7.13　水泵-水塔联合供水主要工艺流程

（二）排水系统的组成及功能

车站排水系统主要包括污水排放系统、废水排放系统和雨水排放系统。它采用分流制的排水方式。

1．污水排放系统

车站污水系统主要由集水井、压力井、化粪池等组成。污水排放系统用排水管道将车站内的厕所、盥洗间、茶水间冲洗水等生活污水汇集到集水井，经潜水泵提升到压力井消能、化粪池简单处理后，排入市政污水管网。

2．废水排放系统

废水系统主要由集水井、压力井等组成。废水排放系统用排水管道或排水沟将车站内的生产水（车站冲洗水、通风空调机房废水）、消防废水、结构渗漏水及地下区间隧道的冲洗水汇集到集水井，经潜水泵提升到压力井消能后排入市政污水管网。

3．雨水排放系统

雨水排放系统主要由集水井、压力井等组成。雨水排放系统主要用于收集排除地铁车站建筑屋面上的雨雪水、区间轨道斜坡处的大量雨水。这些水经汇集流入集水井，由潜水泵提升到压力井后直接排入市政雨水管网。

任务小结

本任务介绍了地铁与轻轨的环境特点、环控系统应满足的要求、环控系统的分类与组成，介绍了给排水系统的组成及功能。通过本任务的学习，要求学生了解地铁与轻轨的环境特点，了解环控系统应满足的要求，理解开式环控系统、闭式环控系统和屏蔽门式环控系统的特点，了解环控系统的组成，了解给排水系统的组成及功能。

课后习题

一、填空题

1. 环控系统按通风形式可分为开式环控系统、闭式环控系统和__________环控系统。

2. 开式环控系统是应用__________________________将空气由隧道中间通风井引入隧道内。

3. 闭式环控系统不引入外界空气，而是在站内采用______系统。

4. 闭式环控系统在非空调季节，阀门打开，环控系统为______系统。

5. 闭式环控系统的特点是舒适性好，但______较高。

6. 环控系统包括风系统和_______系统。

7. 风系统可分为___________系统、空调大系统和空调小系统。

8. 城市轨道交通供水水源为__________。

9. 车站排水系统主要包括污水排放系统、废水排放系统和_____________排放系统。

10. 车站排水系统采用__________________排水方式。

二、简答题

1. 地铁与轻轨的环境有何特点?
2. 环控系统应满足哪些要求?
3. 空调水系统指什么?
4. 车站给水系统的组成及功能有哪些?

任务实施

任务二　了解消防系统及城市轨道交通安全管理

任务目标

1. 知识目标

(1)了解消防水系统和火灾报警系统的作用。
(2)了解城市轨道交通安全的定义及事故的分类。

2. 能力目标

(1)会用专业知识，通过专业书籍、多媒体课件和图片资料获得帮助信息。
(2)会口头表达本次任务的知识要点及学习成果。

3. 素质目标

(1)具有良好的职业意识。
(2)能自主学习新知识、新技能。
(3)具有高度的职业责任心和正确的学习态度。
(4)具有较强信息搜集能力，会查找轨道交通领域的新知识和新的发展动向。
(5)具有团队协作能力和吃苦耐劳的精神。

案例导入

国内外重大灾害案例

1969 年 11 月 11 日，北京地铁试运行期间，因车辆电器设备故障引起火灾，造成 3 人死亡、300 多人中毒受伤、2 辆客车被烧毁，地面交通中断一天，火灾造成直接经济损失 100 多万元。

1987 年 11 月 18 日傍晚，英国伦敦地铁国王十字站(King's Cross Station)自动扶梯下面的机房燃起大火，火焰随运行中的自动楼梯上窜并沿售票厅迅速蔓延，惊慌失措的乘客在混乱中夺路而逃。由于火势凶猛、车站地形复杂和消防队员没有戴防护面罩等原因，救援工作进展缓慢，大火在燃烧 4 个多小时后才被扑灭。火灾造成 32 人死亡、100 多人受伤。

1995 年 3 月 20 日早高峰时间，日本奥姆真理教的成员把装满“沙林”液体的塑料袋放在东京地铁内，然后用雨伞尖将其戳破，毒气随即弥漫在列车中、车站上。受到毒气突然袭击，许多乘客和地铁工作人员瘫倒在地，出现咳嗽、头晕、恶心和呼吸困难，现场秩序一片混乱。在投毒事件中，共有 16 个车站遭到毒气袭击，造成 12 人死亡、5 500 多人中毒、1 000 多人住院治疗。

1995 年 10 月 28 日夜间，阿塞拜疆首都巴库的一列地铁列车因电路故障起火，由于缺乏经验，司机把列车停在隧道内，给乘客撤离和组织救援带来不利，被困乘客纷纷打碎车窗玻璃夺路而逃，在浓烟中乱成一团。大火直到第二天凌晨才被扑灭。由于车辆燃烧过程中产生大量有毒气体，这场火灾造成 558 人死亡、269 人受伤。

1999 年 5 月 30 日，在白俄罗斯首都明斯克，因突然下起大雨，参加啤酒节活动的人群纷纷涌入一个地铁站避雨，在车站通道里，由于人多拥挤，发生踩踏，造成 54 人死亡、100 多人受伤。

2003 年 2 月 18 日上午，韩国大邱市地铁 1079 次列车上发生纵火事件，当时该列车正在驶入中央路站，3 分钟后 1080 次列车也进入中央路站，大火又迅速蔓延到 1080 次列车。大火在燃烧了 3 个多小时后才被扑灭，火灾造成 198 人死亡、146 人受伤，两个列车的 12 节车厢全部被烧毁，线路的恢复运营需要几个月的时间。

欧洲地铁多次发生由恐怖分子制造的爆炸袭击事件。2004 年 2 月 6 日早高峰时间，俄罗斯首都莫斯科一列地铁列车在运行中发生爆炸，造成近 50 人死亡、130 多人受伤。2004 年 3 月 11 日早高峰时间，在西班牙马德里的三个轨道交通车站先后发生列车爆炸事件，造成 192 人死亡、1 500 多人受伤。2005 年 7 月 7 日早高峰时间，英国伦敦地铁又发生系列爆炸事件，造成 56 人死亡、700 多人受伤。

分析上述轨道交通重大突发灾害案例，绝大多数轨道交通灾害与人的因素有关，是人为灾害。早期的轨道交通灾害，如火灾的发生大多是因为人、机方面的原因。近年来，恐怖组织多次将客流集中的轨道交通作为袭击目标，轨道交通灾害出现了新的情况，提高防恐、反恐能力成为轨道交通安全的重要课题。

知识链接

一、消防系统

地铁和轻轨中涉及的消防系统有很多，如防灾报警系统、消防水系统、自动气体灭火系统、机电设备监控系统、防排烟风机等。本任务主要介绍消防水系统、火灾报警系统。

（一）消防水系统

消防水系统主要供给车站及相邻区间、车辆段内的消防用水。消防水系统由水源（城市自来水）、消防地栓、水泵接合器、消防水泵、管道、阀门、消火栓（喷头）、水流指示器等组成。区间发生火灾，建筑设备自动化系统（Building Automation System，BAS）开启电动蝶阀，以保证区间的消防水压、水量。轨道交通车站、车辆段附属建筑物一般设有消火栓系统及自动喷水灭火系统。

1. 消火栓系统

轨道交通车站的站厅、站台、区间隧道和设备区域均按规范设置手动报警按钮和消防电话插孔。站厅、站台层一般在楼梯间的侧墙上和站台层两端头设置一个消火栓，呈交叉布置或单边布置。手动报警按钮如图 7.14 所示，消防电话插孔如图 7.15 所示。

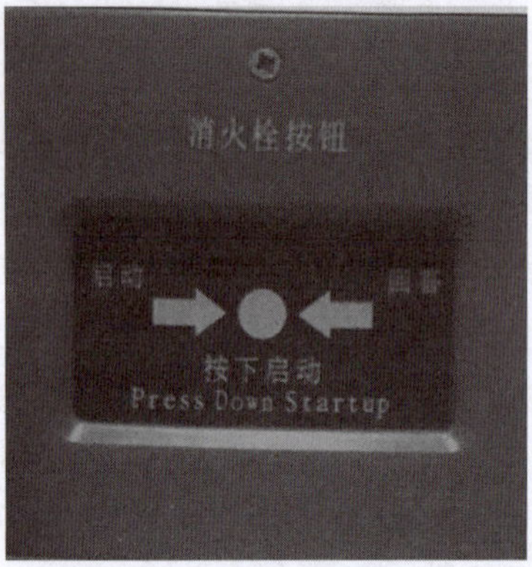

图 7.14　手动报警按钮

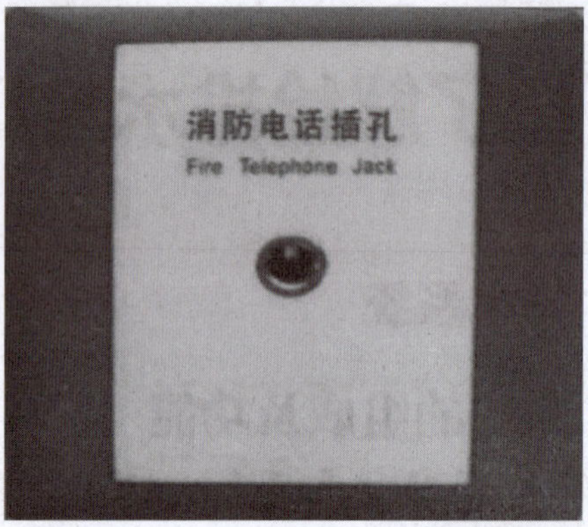

图 7.15　消防电话插孔

消火栓主要为扑灭火灾提供水源，根据环境条件，可分为室内消火栓和室外消火栓。室内消火栓是室内管网向火场供水的末端装置，带有阀的接口，是地铁车站站厅、站台、区间隧道、设备区等室内空间的固定消防设施，通常安装在消火栓箱内，与消防水带和水枪、灭火器等器材配套使用。室外消火栓是设置在建筑物外面消防给水管网上的供水设施，主要供消防车从市政给水管网或室外消防给水管网取水实施灭火，也可以直接连接水带、水枪出水灭火。

2. 自动喷水灭火系统

自动喷水灭火系统设备由玻璃球洒水喷头、报警阀组、自动喷水灭火系统由玻璃球洒水喷头、报警阀组、水流报警装置（水流指示器或压力开关）等组件，以及管道、供水设施等组成，它是能在发生火灾时自动喷水的灭火系统。玻璃球洒水喷头均布于房屋顶部，主要用来探测火灾。当发生火灾时房内温度高于玻璃球洒水喷头的额定温度，玻璃球的玻璃破碎后喷水，报警阀组开启，并通过报警器发出声光报警信号。

自动喷水灭火系统按喷头不同主要分为两种：一种是采用闭式洒水喷头的闭式系统，另一种是采用开式洒水喷头的开式系统。闭式系统的类型较多，其基本类型包括湿式、干式、预作用及重复启闭预作用系统等。其中，用量最多的是湿式系统。湿式自动喷水灭火系统如图 7.16 所示。

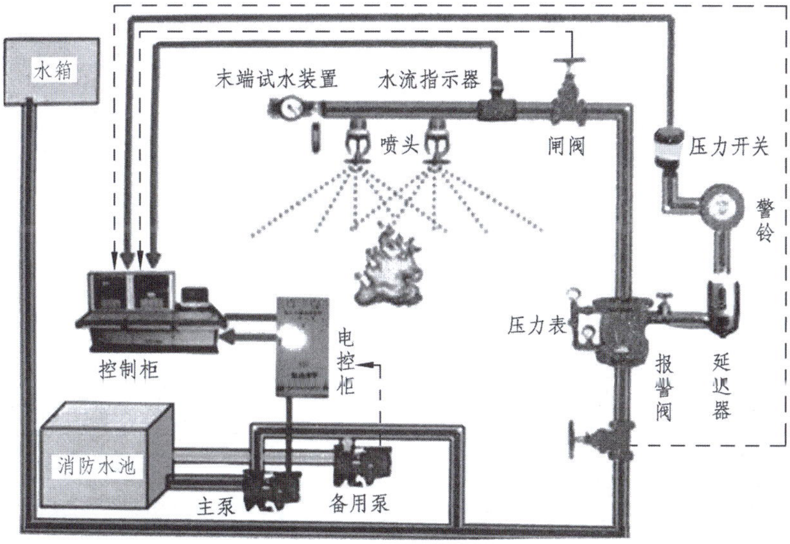

图 7.16　湿式自动喷水灭火系统

（二）火灾报警系统

1．火灾自动报警系统

火灾自动报警系统（Fire Alarm System，FAS）通过联动控制消防设施，启动有关的防火、灭火、防烟、排烟装置，或通过环境与设备监控系统、综合监控系统配合联动控制防烟、排烟装置，以便组织人员撤离，防止火灾发展和蔓延，及时控制和扑灭火灾。

（1）FAS 的组成。

城市轨道交通的 FAS 主要由设置在各车站、区间隧道、控制中心大楼、车辆段、停车场、主变电站等与轨道交通运营有关建筑与设施的火灾报警系统设备，相关网络设备和通信接口组成。系统分为 3 个控制级别：设置在运营控制中心的中央监控管理级、车站（车站与车辆段）监控管理级和现场控制级。

（2）FAS 的功能。

① 中央监控管理级的功能。

FAS 网络设备集中监控管理中心设置在运行控制中心（即 OCC），作为城市轨道交通消防指挥和控制中心，负责监视全线火灾报警系统设备的运行状态、接收报警信号、发布救灾指令等。控制设备消防指挥控制中心设有环控调度员（即环调），负责管理全线的火灾报警、确认火灾灾情，并向车站级发出消防救灾指令，指挥救灾工作的开展。

② 车站监控管理级的功能。

车站监控管理级主要设置在城市轨道交通车站控制室、车辆段等，能够对其所管辖的车站、车辆段范围进行独立监控管理，负责监视本站点火灾报警系统设备的运行状态、接收车站的灾害报警，及时与指挥中心联络，接收并执行中心救灾指令。值班站长、车辆段调度长主要负责火灾报警监视、火灾灾情确认以及与消防指挥中心取得联系及组织现场救灾等。

③ 现场控制级的功能。

现场控制级主要指构成火灾自动报警系统的现场设备，例如，感烟探测器、感温探测器、手动报警按钮、消火栓按钮、警铃、声光报警器等。其主要功能是采集辖区内火灾报警信息、报告自身故障及状态信息、执行车站监控管理级发出的指令。烟感探测器如图 7.17 所示，温感探测器如图 7.18 所示。

图 7.17 烟感探测器

图 7.18 温感探测器

2．自动灭火系统

在城市轨道交通工程中，自动灭火系统针对的主要是国家标准中的 A 类和 E 类火灾，即固体物质和带电设备的火灾。城市轨道交通的主变电站、变配电站、环控电控室、信号设备室、通信设备室、车站控制室、计算机房等重要部位的设备的价格不仅昂贵，而且发生火灾事故时容易导致城市轨道交通服务中断，影响运营安全。自动灭火系统按灭火材料的不同分为两大类：七氟丙烷气体灭火系统和混合气体灭火系统。

（1）自动灭火系统的组成。

典型的自动灭火系统由报警控制部分和管网部分组成。其中，报警控制部分由火灾探测器、气体灭火控制主机、气体灭火操作装置、声光报警器、警铃和气体释放指示灯组成，管网部分则由灭火气体储存瓶、启动瓶、启动电磁阀、止回阀、区域选择阀、喷嘴、喷嘴挡流罩及输气管道组成。气体灭火控制主机及显示屏如图 7.19 所示。

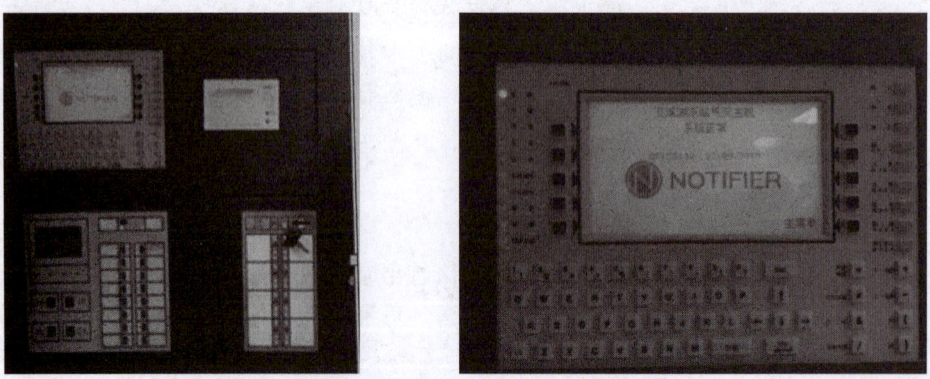

（a）气体灭火控制主机　　（b）显示屏

图 7.19 气体灭火控制系统

（2）自动灭火系统的功能。

自动灭火系统主要通过对保护区域内的火警信号进行采集，一旦监测到满足烟感、温感两个回路的触发条件，随即触发相应的自动灭火系统联动管路及气体喷放装置，实现灭火气体的喷放，迅速扑灭防护区内的火灾，达到保护重点区域的目的。在发生火灾时，自动灭火系统能自动报警，并按预先设定的控制方式启动灭火装置释放灭火剂。在延时气体灭火阶段，自动灭火系统能够实现人工手动取消气体灭火功能。在确认为火灾情况下，自动灭火系统可实现现场手动喷放操作。七氟丙烷气体灭火系统的组成如图 7.20 所示。

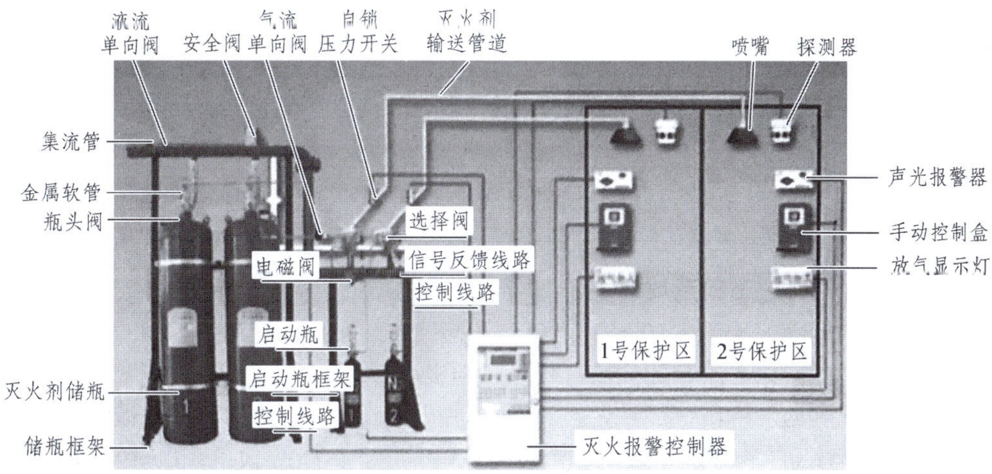

图 7.20　七氟丙烷气体灭火系统的组成

二、城市轨道交通安全管理

（一）概述

城市轨道交通是现代化大城市广泛采用的一种安全、快速、舒适、无污染、运量大的有轨运输工具。它由许多设备系统所组成，不同的设备系统完成着轨道交通不同的功能，而各个部门之间又是相互配合、紧密联系、互为整体的，犹如一架庞大复杂的联动机，在实现运营服务的过程中，如果某一环节出现问题. 就可能危及整个系统的运行安全。运行安全不但关系到整个系统的正常运作，而且关系到广大乘客的生命及国家财产的安全，所以运行安全是城市轨道交通的生命线、效益线。

城市轨道交通是城市中心的交通工具，它运送乘客的数量与其他交通工具相比多得多。特别是地铁车站，它一般设在地下，是个人口高度集中的场所，而紧急逃生口与地面不同，比较有限。另外地铁本身的建造运营成本也相当高，所以地铁的安全性尤为突出，尤为重要。人们非常重视地铁的安全，在地铁安全方面的投入也是相当大的，在地铁安全方面的管理也更为严格。

（二）城市轨道交通安全的定义与分类

1．安全的定义

安全与危险是相对的概念，它们是人们对生产生活中是否可能遭受健康损害和人身伤亡的综合认识。按照系统安全工程的认识论，无论安全还是危险都是相对的。

安全生产即是生产过程的安全，是指“不发生工伤事故、职业病、设备或财产损失”。城市轨道交通安全，即是“城市轨道交通运行或生产过程中不发生行车、客运人身伤亡、火灾爆炸、设备设施事故”等。

2．城市轨道交通事故及其分类

在轨道交通运营与非运营时间，由于作业人员违章作业、人为差错、技术设备故障或其他内外部因素，造成人员伤亡、设备损坏、中断正常行车或危及行车安全的意外事件均是构成事故的原因。

按照事故造成的损失，以及对正线列车运行的影响程度，将事故等级分为特别重大事故、重大事故、较大事故和一般事故。

（1）特别重大事故：是指造成全市轨道交通发生 6 h 以上停运；造成 30 人以上死亡、100 人以上重伤；造成 1 亿元以上直接经济损失；发生毒气、爆炸、恐怖袭击等社会公共安全事件。

（2）重大事故：是指造成两条以上轨道交通线路全线中断运营 3 ~ 6 h 或部分区段中断运营大于 6 h；造成 10 人以上 30 人以下死亡；造成 50 人以上 100 人以下重伤；造成 5 000 万以上 1 亿元以下直接经济损失的事故。

（3）较大事故：是指造成一条线路全线中断运营 1 ~ 3 h 或部分区段中断运营大于 3 h；造成 3 人（含 3 人）以上 10 人以下死亡；造成 10 人以上 50 人以下重伤；造成 1 000 万元以上 5 000 万元以下直接经济损失的事故。

（4）一般事故：分一般 A 类事故、一般 B 类事故、一般 C 类事故、一般 D 类事故四种。

一般 A 类事故：造成 2 人死亡；造成 5 人以上 10 人以下重伤；造成 500 万元以上 1 000 万元以下直接经济损失；中断运营正线行车 6 h 以上。

一般 B 类事故：造成 1 人死亡；造成 3 人以上 5 人以下重伤；造成 100 万元以上 500 万元以下直接经济损失；中断运营正线行车 2 h 以上；载客列车脱轨；载客列车冲突；列车爆炸。

一般 C 类事故（24 种）：中断运营正线行车 30 min 以上；火灾事故；运营列车分离；非运营列车脱轨；非运营列车冲突；电话闭塞法行车时无凭证发车；列车冒进信号；列车擅自退行；列车溜逸；载客列车未关闭车门行车；载客列车运行中开启车门；列车夹人走车或将人关在列车与屏蔽门之间走车；列车运行中，齿轮箱吊挂装置、空压机、牵引电机等车辆重要部件脱落；列车带电进入停电区。

一般 D 类事故（22 种）：调车脱轨；调车冲突；挤道岔；应停列车在站通过；载客列车错开车门；列车运行中擅自切除车载安全防护装置；作业人员违反劳动纪律、作业纪律耽误列车；错误操纵、使用行车设备耽误列车；运行中列车超过规定的临时限制速度运行。

按照事故的责任承担，事故分为责任事故和非责任事故。责任事故是指由于有关人员的过失造成的事故。责任事故还可进一步分为全部责任事故、主要责任事故和次要责任事故等，以及分为肇事者责任和管理者（领导者）责任等；非责任事故是指由于客观因素或外部原因造成的事故。

（三）城市轨道交通事故的处理、分析和跟进

城市轨道交通的事故救援组织工作应把地铁或轻轨视为一个开放系统，实行救援工作社会化。

1．事故处理

立即成立事故救援组织，相关人员及时前往现场，进行伤亡人员救护、火灾扑灭，线路信号整修，乘客疏散，事故现场保护等工作。各部门协助及配合运营人员进行事故的控制。事故现场的管理须统一指挥，集中调度，以事故处理领导为核心、运营控制中心协助，共同处理事故。

2．事故分析

事故发生后，对事故起因和事故处理过程的调查分析结果是划分事故责任的根据，也为有关部门加强安全防范工作提供科学依据。事故的调查一般从人的因素、设备因素、物资供给、制度完备性和环境因素等方面入手。

3．事故跟进

事故分析后，调查小组会出具调查结果。城市轨道交通运营公司会根据调查结果，落实事故责任，制订相应的跟进行动，监督落实方案。从而汲取教训，防止事故的再次发生，同时加强运营管理系统防御和处理事故的能力。

（四）轨道交通安全管理对策

1．强化安全责任心教育

为确保列车的运行安全，提高工作人员的素质和责任心是十分有必要的。因此，必须加强对工作人员安全责任心的教育和培养，以及对他们操作技能的培训，逐步建立一套完整的安全规章制度和人员培训制度，从而形成强有力的安全保障体系。图 7.21 为驾驶员操作技能的培训。

图 7.21　驾驶员操作技能的培训

2．提高设备的可靠性

设备方面的安全保障应是无处不在的，一是要在设计和维护方面进行完善，尽

量避免各类故障的发生；二是一旦发生故障就能监控到故障信息，以便及时采取措施，使之不至于发展为危及安全的事故。图 7.22 为钢轨探伤。

图 7.22　钢轨探伤

3．建立安全管理制度

为了确保运输安全，首先要建立完善、统一的安全管理制度。各工种岗位遵循同一套安全管理制度，才能确保运营系统协调运作。设备管理、运营管理、通信信号、车辆管理、行车管理系统和乘客服务管理等关键部门和系统，尤其需要严格的安全管理制度和安全控制措施。安全管理制度建立以后，定时通过演练、讨论，判断其科学性和可行性。

任务小结

本任务介绍了消防水系统和火灾报警系统的组成与作用，介绍了城市轨道交通安全的定义及事故的分类。通过本任务的学习，学生需了解消防水系统和火灾报警系统的组成，理解安全的相对性，了解事故的分类，增强责任心。

课后习题

一、填空题

1. 火灾自动报警系统的英文简称为________。
2. 消火栓主要为扑灭火灾提供________。
3. 自动喷水灭火系统是能在发生火灾时________的灭火系统。
4. 自动喷水灭火系统按喷头不同主要分为两种，用量最多的是_____系统。
5. 自动灭火系统主要针对固体物质和_____的火灾。
6. 按照事故造成的损失，以及对正线列车运行的影响程度，事故等级分为特别重大事故、重大事故、________和一般事故。
7. 造成全市轨道交通发生 6 h 以上停运的事故，属于________事故。
8. 造成 10 人以上 30 人以下死亡的事故，属于________事故。

9. 造成 3 人（含 3 人）以上 10 人以下死亡；或者造成 10 人以上 50 人以下重伤的事故，属于________事故。

10. 造成 2 人死亡，或者造成 5 人以上 10 人以下重伤的事故，属于____事故。

二、简答题

1. 火灾自动报警系统有哪几个控制级别？
2. 火灾自动报警系统的功能有哪些？

拓展知识

地铁消防安全知识

地铁在施工和运营期间可能发生的灾害可分为自然灾害和人为灾害两类。从世界地铁 100 多年的事故教训来看，地铁灾害中发生频率最高和造成危害损失最大的就是火灾。历史上的几次地铁火灾事例有：1991 年德国柏林发生地铁火灾，18 人送医院急救；2003 年 1 月英国伦敦发生地铁列车撞月台引起大火事故，至少造成 32 人受伤；韩国大邱地铁人为纵火事故等。要想做好地铁火灾的防火工作，就必须先了解地铁火灾的特点。

1．人的心理恐慌程度大，行动混乱程度高

地铁区间隧道出入口少、通道狭窄、疏散距离长、人员多，故造成的人员恐慌的可能性和行动混乱程度要比在地面建筑物中严重得多，易发生挤踩事故。

2．浓烟积聚不散

地铁内部封闭的环境使物质不易充分燃烧，发生火灾时可燃物的发烟量很大，而地铁的进排风只靠少量的风口，机械通风系统发生故障时很难依靠自然通风补救，烟雾的控制和排除都比较复杂。浓烟积聚不散，对人员逃生和火灾扑救都将带来很大的影响。

3．温度上升快，峰值高

由于地铁建筑物是一个相对封闭的空间，发生火灾后，大量的热量积聚无法散去，空间温度提高很快，火势猛烈阶段温度可达到 1 000 °C 以上。高温有时会造成气流方向的变化，对逃生人员影响很大，而且会对车站结构造成很大的破坏。

4．人员疏散难度大

人员从地铁内部到地面开阔空间的疏散和避难都要有一个垂直上行的过程，比下行更耗费体力，从而影响疏散速度。同时，自下而上的疏散路线与内部烟和热气流自然流动的方向一致，因而人员的疏散必须在烟和热气流的扩散速度超过步行速度之前完成。这一时间差很短，又难以控制，故给人员的疏散带来很大困难。

5．扑救困难

由于地下空间限制，以及浓烟、高温、缺氧、有毒、视线不清、通信中断等原因，救援人员很难了解现场情况，又由于大型的灭火设备无法进入现场，进入的救援人员需要特殊防护等特点，导致救人、灭火困难大。

针对以上特点，地铁防火首先就是要贯彻“预防为主，防消结合”的防火原则。依照国家的一系列规范及规定，从建筑结构防灾设计、监控报警与消防系统设计、地铁车辆防火设计、火灾时的应急方案等多方面来综合考虑，建立和完善地铁的综合防火系统。

参考文献

[1] 孙章，等. 城市轨道交通概论[M]. 北京：中国铁道出版社，2005.

[2] 孙有望，李云清. 城市轨道交通概论[M]. 北京：中国铁道出版社，2003.

[3] 佟立本. 交通运输设备[M]. 北京：中国铁道出版社，2005.

[4] 汪松滋，黄钟. 地铁概论[M]. 南京：南京出版社，1994.

[5] 张庆贺，等. 地铁与轻轨[M]. 北京：人民交通出版社，2005.

[6] 马德芹，蔺安林. 地下铁道与轻轨交通[M]. 成都：西南交通大学出版社，2003.

[7] 长春客车厂老年科学技术协会. 城轨车辆技术与应用[M]. 北京：中国铁道出版社，2005.

[8] 郭小碚，等. 中国城市及城际轨道交通发展与规划[M]. 北京：中国铁道出版社，2006.

[9] 周庆瑞，金锋. 新型城市轨道交通[M]. 北京：中国铁道出版社，2006.

[10] 吴祥明. 磁浮列车[M]. 上海：上海科学技术出版社，2003.

[11] 吴爽. 中等规模城市的快轨交通建设规划[J]. 都市快轨交通，2007（1）.

[12] 周巧莲. 上海城市轨道交通车辆基本性能分析[J]. 机车电传动，2007（3）.

[13] 汪文富，杜芳. 地铁牵引接触网的沿革与趋势[J]. 人民铁道，2004-01-04.

[14] 周文辉. 铁道概论[M]. 北京：中国铁道出版社，1997.

[15] 张冠增. 城市发展概论[M]. 北京：中国铁道出版社，2000.

[16] 叶霞飞，顾保南. 城市轨道交通规划与设计[M]. 北京：中国铁道出版社，1999.

[17] 胡懿洲. 建立城轨交通接触网评价体系的探讨[J]. 中国铁路，2007（11）.

[18] 张国宝. 城市轨道交通运营组织[M]. 上海：上海科学技术出版社，2006.

[19] 张国宝. 城市轨道交通运输组织[M]. 北京：中国铁道出版社，2005.

[20] 人力资源和社会保障部办公室，广州地铁总公司. 城市轨道交通概论[M]. 北京：中国劳动和社会保障出版社，2009.

[21] 王伟文. 城市轨道交通车站客运服务[M]. 北京：中国铁道出版社，2010.

[22] 赵矿英. 城市轨道交通概论[M]. 北京：电子工业出版社，2013.

[23] 王军峰. 城市轨道交通概论[M]. 山东：中国石油大学出版社，2015.

[24] 阎国强. 城市轨道交通概论[M]. 北京：人民交通出版社，2012.

[25] 崔宏巍. 城市轨道交通概论[M]. 北京：人民邮电出版社，2018.

[26] 慕威. 城市轨道交通导论[M]. 北京：人民交通出版社，2012.

附录一 轨道交通常用缩略语英汉对照（按字母顺序）

1. AFC	automatic fare collection	自动售检票
2. AGT	automated guideway transit	自动导向交通
3. AR	automatic reversal	自动折返
4. ARS	automatic route setting	进路自动排列
5. ATC	automatic train control	列车自动控制
6. ATO	automatic train operation	列车自动驾驶
7. ATP	automatic train protection	列车自动防护
8. ATR	automatic train regulation	列车自动调整
9. ATS	automatic train supervision	列车自动监控
10. ATT	automatic train tracking	列车自动跟踪
11. AVM	add value machine	自动加值机
12. AVM	automatic vehicle monitoring	车辆自动监控
13. BAS	building automatic system	环境与设备监控系统
14. BOM	booking office machine	半自动售票机
15. CC	central computer	中央计算机
16. CCR	central control room	中央控制室
17. CCTV	closed circuit television	闭路电视
18. CLOW	center local operation workstation	中央联锁工作站
19. CSC	contact less smart card	非接触式智能卡
20. CTC	centralized traffic control	调度集中
21. DCC	depot control center	车辆段控制中心
22. DMC	depot maintenance controller	车辆检修调度
23. E/S	encoder/sorter	编码/分拣机
24. ECS	environment control system	环控系统
25. EMCS	electrical and mechanical control system	机电设备监控系统
26. ENG	entry gate	进站检票机
27. ESB	emergence stop button	紧急停车按钮
28. EXG	exit gate	出站检票机
29. FAS	fire alarm system	火灾报警系统

30. IC	integrated circuit	集成电路
31. LOW	local operation workstation	联锁工作站
32. LRT	light rail transit	轻轨交通
33. LRV	light rail vehicle	轻轨车辆
34. MCC	maintenance control center	维修控制中心
35. MMI	man machine interface	人机界面
36. OCC	operation control center	运营控制中心
37. PIS	passenger information system	乘客信息系统
38. PM	people mover	专线型、中运量自动导向交通
39. PRT	personal rapid transit	网络型、小运量自动导向交通
40. PSD	platform screen door	站台屏蔽门
41. RM	restricted manual	（ATP）限速人工驾驶
42. RRT	rapid rail transit	快速轨道交通
43. RTU	remote terminal unit	远程终端单元
44. SC	station computer	车站计算机
45. SCADA	Supervisory Control And Date Acquisition	数据采集与监视控制系统（电力监控系统）
46. SM	supervised manual	（ATP）监控人工驾驶
47. TCM	ticket checking machine	自动验票机
48. TVM	ticket vending machine	自动售票机
49. UMT	urban mass transit	城市大运量交通
50. URM	unrestricted manual	（ATP 切除）人工驾驶
51. URT	urban rail transit	城市轨道交通
52. VVVF	variable voltage variable frequency	变压变频

附录二 轨道交通常用缩略语英汉对照（按专业类别）

综合类

名　称	全　称	中文名
FAS	Fire Alarm System	火灾报警系统
BAS	Building Automation System	建筑设备自动化系统
AFC	Auto Fare Collection	自动售检票系统
ATP	Automatic Train Protection	列车自动防护
ATS	Automatic Train Supervision	列车自动监控
ATC	Automatic Train Control	列车自动控制
ATO	Automatic Train Operation	列车自动运行
OCC	Operated Control Center	控制中心
HMI	Human Machine Interface	人机接口
UPS	Uninterrupted Power Supply	不间断电源
MOC	Ministry of construction	建设部
TCP/IP	Transmission Control Protocol/Internet Protocol	传输控制协议/网络互联协议
FTP	File Transfer Protocol	文件传输协议
API	Application Programming Interface	应用程序接口
IBP	Integrated Backup Panel	综合后备盘
LAN	Local Area Network	局域网
WAN	Wide Area Network	广域网
MTBF	Mean Time Between Failure	平均无故障时间
MTTR	Mean Time To Repair	平均修复时间
SNMP	Simple Network Management Protocol	简单网络管理协议
IEEE	Institute for Electrical and Electronic Engineers	国际电子与电气工程师协会
GB	Guo Biao	中国国家标准
EN		欧洲标准
OTN	Open Transport Network	开放传输网络
OSI	Open System Internet	开放系统互联
PC	Personal Computer	个人计算机

PIIS	Passenger Information and Indication System	旅客向导系统
PSD	Platforms Screen Door	安全门
QoS	Quality of Service	服务质量
RAMS		安全性、可靠性、可用性、可维护性
TB	Tie Biao	中国铁道部标准
CIF	Cost Insurance and Freight	到岸价格
UIC		国际铁路联盟
ITU-T		国际电讯联盟
IEC	International Electrician Commission	国际电工委员会
ISO	International Organization For Standardization	国际标准化组织
ANSI	American National Standards Institute	美国国家标准学会
NFPA	National Fire Protection Association	美国全国防火协会
BSI	British Standards Institution	英国标准学会
DIN	Deutsches Institut für Normung	德国标准化学会
JISC	Japanese Industrial Standards Committee	日本工业标准调查会
EIA	Electronic Industries Alliance	美国电子工业协会
CCIR		国际无线咨询委员会标准
ISO9001		质量安全体系标准
ISO14000		环境管理体系标准
RIA	Railway Industry Association	铁路工业协会
IDC I	Ntermodality Data Center	清结算数据中心
Tc	Trailer Car	带司机室拖车
T	Trailer	不带司机室拖车
Mp	Motor Car With Pantograph	带受电弓的动车
M	Motor Car	不带受电弓的动车
AW0		空载
AW1		每位乘客都有座位
AW2		每平方米 6 人
AW3		每平方米 9 人
CSC	Contactless Smart Card	非接触智能卡
CST	Contactless Smart Token	非接触智能筹码
EOD	Equipment Operating Data	设备运行参数

车辆系统

LRU	Line Replaceable Unit	线路可替换单元
TBD	To be Defined	待定义，待规定
TBEx	Trailer Bogie-External	拖车外转向架
TBIn	Train Bogie-Intermediate	拖车中间转向架

TBU	Tread Brake Unit	踏面制动单元
WSS	Wheel Speed Sensor	轮速传感器
PB	Powered Bogie	动车转向架
FDU	Frontal Display Unit	前部显示单元
IDU	Internal Display Unit	内部显示单元
TIMS	Train Integrated Management System	列车综合管理系统
DAA	Digital and Audio Announcements	数字语音广播器
MPU	Main Processor Unit	主控单元
APU	Audio Power Unit	放大器单元
VPI	Visual Passenger Information	可视乘客信息
VVVF	Variable Voltage Variable Frequency	变压变频

信号系统

ACS	Axle Counting System	计轴系统
AM	ATO Mode ATO	自动折返模式
AP	Access Point	接入点
AS	Access Switch	接入交换机
ATO	Automatic Train Operation	列车自动运行
ATP	Automatic Train Protection	列车自动防护
ATPM	ATP Manual Mode ATP	防护下的人工列车驾驶模式
ATS	Automatic Train Supervision	列车自动监控
BS	Backbone Switch	骨干交换机
CBTC	Communications-Based Train Control	基于通信的列车控制
CC	Carborne Controller	车载控制器
CI	Computer Based Interlocking	计算机联锁
DCS	Data Communication Subsystem	数据通信子系统
DSU	Database Storage Unit	数据库存储单元
EB	Emergency Brake	紧急制动
ILC	Interlocking Controller	联锁控制器
LCD	Liquid Crystal Displayer	液晶显示器
LED	Light Emitting Diode	发光二极管
MAL	Movement Authority Limit	移动授权
MR	Mobile Radio	车载无线台
OCC	Operational Control Center	运营控制中心
RM	Restricted Manual	限制人工模式
TOD	Train Operator Display	司机显示器

通信系统

MDF	Multiplex Distribution Frame	综合配线架
TBS	TETRA Base Station	TETRA 基站
PABX	Private Automatic Branch Exchange	专用自动小交换机
DDF	Digital Distribution Frame	数字配线架
ODF	Optical Distribution Frame	光配线架
ADF	Audio Distribution Frame	音频配线架
DxTiP	Digital Exchange for TETRA	数字交换机
ISDN	Integrated Services Digital Network TETRA	综合业务数字网
OMS	OTN Management System	管理系统
NCC	Network Control System OTN	网络控制系统
PCM	Pulse Code Modulation	脉冲编码调制
TETRA	Terrestial Trunked Radio	欧洲数字集群标准
TDM	Time Division Multiplexing	时分复用
PSTN	Public Switched Telephone Network	公用电话交换网
CDD	Configuration and Data Distribution Server	配置及数字分配服务器

自动售检票系统

CPS	Central Processing System	中央计算机系统
SPS	Station Processing System	车站计算机系统
PIN	Personal Identification Number	个人身份号码
ACC	AFC Clearing Center	轨道交通 AFC 清算管理中心
AGM	Automatic Gate Machine	自动检票机
TCM	Ticket Checking Machine	自动验票机
TVM	Ticket Vending Machine	自动售票机
SEMI-TVM	Manually Operated Ticket Vending Machine	半自动售票机
PVU	Portable Verifying Unit	便携式验票机
GATE		闸机

火灾报警系统

FAC	Fire Advisory Council	消防专项合格证书
I/O	Input/Output	输入/输出
EST	Edwards System Technology	爱德华系统技术
NCS	Network Control Station	网络控制工作站

环境监控系统

DCS	Distributed Control System	集散控制系统
PID	Proportional-Integral-Differential	比例-积分-微分调节
PLC	Program Logical Controller	可编程序控制器
RI/O	Remote Input/Output	远程输入/输出
EMCS	Electrical and Mechanical Control System	电力自动化系统